清华

学府往事系列
XUEFUWANGSHIXILIE

清华百年演义

QINGHUABAINIANYANYI

李子迟　王傅雷/著

潇南出版社

图书在版编目（CIP）数据

清华百年演义 / 李子迟，王傅雷著. —济南：济南出版社，2011.5（2023.5 重印）

（学府往事系列. 清华百年丛书）

ISBN 978-7-5488-0239-6

Ⅰ.①清…　Ⅱ.①李…②王…　Ⅲ.①清华大学 – 校史　Ⅳ.①G649.281

中国版本图书馆 CIP 数据核字（2011）第 062444 号

责任编辑　张慧泉
装帧设计　李兆虬　焦萍萍

书　　名　清华百年演义
作　　者　李子迟　王傅雷
出版发行　济南出版社
地　　址　济南市二环南路 1 号（250002）
发行热线　0531-86131730　86116641
编辑热线　0531-86131741
印　　刷　肥城新华印刷有限公司
版　　次　2011 年 5 月第 1 版
印　　次　2023 年 5 月第 3 次印刷
成品尺寸　170×240　1/16
印　　张　14.25
字　　数　237 千
定　　价　45.00 元

济南版图书如有印装质量问题，请与出版社出版部联系调换
电话：0531-86131736

目　录

第一部

第一章　史前史时期

【第1回】
外交官被大材小用
留学生赴西天取经

　　这是 1909 年 5 月 31 日，京城北京已是绿树成荫、青杏满枝的时节。一场大雨过后，位于东单附近的东堂子胡同外务部院内的莲叶碧绿剔透、晶莹可爱；一簇簇芍药微微吐出粉红的花苞，清风拂来，沾满露珠的花蕾摇曳多姿、煞是可爱。优

北京东堂子胡同外务部旧址

雅别致的房间内，一位 40 岁左右的中年人正在凝神阅读文件。

　　此人姓周名自齐，字子廙，出生在一个官宦人家，曾祖父周鸣銮、祖父周毓桂都为进士出身，其父早逝。1891 年，周自齐考入广州同文馆学习外语，被两广总督张之洞保送至京师同文馆深造。1894 年中顺天乡试副榜。1896 年被户部左侍郎张荫桓推荐给驻美公使伍廷芳，先后任驻美国公使馆书记（从六品）、参赞（从四品或正五品），驻纽约、旧金山总领事（从四品）；1908 年回国，署外务部右参议（正四品）。1909 年初升左参议。3 月 8 日，诏命周自齐与熙彦、劳乃宣、赵炳麟、谭学衡、荣庆、陆润庠、张英麟、唐景崇、宝熙等 14 人分日给宣统皇帝进讲，讲义由

孙家鼐、张之洞核定。除周自齐外，其他官员以一、二品居多。

1909年5月29日，周自齐接到外务部的紧急命令：负责留美学生事务。此举初听来，着实有些大材小用之嫌。其参议一职，在外务部仅居于尚书、左右侍郎、左右丞之下。外务部4个司主稿起草的呈文，都要先送丞、参堂审阅，此稿叫"堂批稿"。待丞、参批阅后，再抄写在规定的稿纸上，送侍郎、尚书画行，此稿叫"定稿"。而四司之一的考工司，掌管铁路、矿务、电线、机器、制造、军火、船政、聘用洋将洋员、招工、出洋学生等事务。留美事务正由考工司负责，而考工司除郎中、员外郎、主事各二人外，另有行走（不设专官的机构或非专任的官职）6人。区区留美一事，考工司郎中、员外郎或主事就绰绰有余，为何偏要左参议周自齐负责呢？这还得从"庚子赔款"说起。

早在1901年，八国联军（英国、法国、俄国、德国、奥地利、意大利、美国和日本）借口义和团运动强行入侵中国，强占北京，闯进紫禁城。西太后慈禧携光绪皇帝逃奔西安，命庆亲王奕劻与大学士李鸿章为全权大臣与各国商谈退兵和约。清政府抱定了"量中华之国力，结与国之欢心"的宗旨，被迫签订了中国历史上空前丧权辱国的条约——《辛丑条约》，赔偿此8国及另外6个"受害国"损失共计白银4.5亿两，由1902年起至1940年止分39年还清，年息4厘，本息共计9.8亿两，史称"庚子赔款"。这场战争和这个条约，使中国完全沦为半封建半殖民地社会，西方列强进而掀起瓜分中国的狂潮。

当时美国分得赔款总额的7.32%，本金合约白银7190多万两。按照条约，本息用黄金付给，而不是用白银付给，这便更加重了中国人民的负担。1905年，时任中国驻美公使梁诚在调查中发现："美国商民应收之款，仅计200余万；而当时海陆军费，已由飞猎滨（菲律宾）防次全案报销。"此项赔款，"实溢美金2200万元"。美国国务卿海约翰亦承认，向中国索取的赔款"原属过多"。梁诚遂积极谋取美国退还赔款超收部分，"以为广设学堂，派遣游学之用"，取得一定进展。不巧的是，是年正当中美关系低潮，中国国内发生抵制美货、收回粤汉铁路权、杀害传教士等一系列事件，故美方将此事搁置。

但梁诚并没有灰心，仍然积极活动，争取舆论支持。翌年，已在华传教数十年的公理会牧师明恩溥（英文名史密斯）会见时任美国总统罗斯福，力主退还赔款、接受中国留学生，得到罗斯福的支持。加之梁诚的多次艰难交涉与游说，1907年6月，美国终于正式同意退还赔款，作为中国"广设学堂，遣派游学"之用。次年5月25日，美国国会通过"庚子退款"议案，同意"退还"中国部分"额外"赔款，其款项将用于帮助中国发展教育事业，培养赴美的中国留学生。美国先后退还中国"庚款"

本利共计 2 792 万余美元。

是年 10 月 28 日,在双方 7 月 14 日照会的基础上,两国政府草拟了派遣留美学生规程:自退款的第一年(即 1909 年 1 月 1 日)起,清政府在最初的 4 年内,每年至少应派留美学生 100 人。如果到第四年就派足了 400 人,则自第五年起,每年至少要派 50 人赴美,直到退款用完为止。并规定学生之中应有 80%学农业、机械工程、矿业、物理、化学、铁路工程、银行等,其余 20%学法律、政治、财经、师范等。同时双方还商定,在北京由清政府外务部负责建立一所留美训练学校。

清政府一边"明修栈道",一边"暗渡陈仓"。1908 年 7 月 14 日,唐绍仪被任命为大清赴美专使兼考察财政大臣前往华盛顿。名义上是去感谢美国退还部分赔款,实则希望劝说美国政府支持他们提出的东三省借款计划,以抵御当时俄、日两国的侵吞。具体设想是:清政府设立资本金为 2000 万美元的东三省银行,在美国发行债券,以东三省的一部分收入和退还的庚款为抵押,然后以东三省银行的盈余用于派遣中国学生留学美国。

而美国则有着自己的小九九。早自 1898 年张之洞发表《劝学篇》,鼓励留学日本开始,中国留日学生日增。中国为发展近代教育,1904 年模仿日本教育制度,颁布《奏定学堂章程》,同时聘请大量日本教习来华任教。日本在华势力日渐扩大,引起了美国的高度注意。

1905 年中国声势浩大的抵制美货运动及中国与日俱增的赴日留学生的数目,令美国的一些人夜不成寐。伊里诺大学校长詹姆士声称:

"中国正临近一次革命……哪一个国家能够做到教育这一代中国青年人,哪一个国家就能由于这方面所支付的努力,而在精神和商业上的影响取回最大的收获……为了扩展精神上的影响而花一些钱,即使从物质意义上,也能比用别的方法获得更多。商业追随精神上的支配,比追随军旗更为可靠……我们可以不接受中国的劳工,但我们可以宽待学生,把我们的教育设施提供给他们。"

通过吸引中国留学生来造就一批从知识和精神上能成为美国支配中国的新的领袖,无疑最符合美国的利益。美国也无意在东三省问题上与日本及俄国发生冲突和对抗。1908 年 11 月 30 日,就在美国国务卿会见唐绍仪之前,美国以日本可在东三省以"和平手段"自由行动换取日本不侵略菲律宾的保证,与日本缔结"罗脱—高平协定"。同年,资产阶级同盟会机关报《民报》亦曾指出:"美之返岁币也,以助中国兴学为辞",实则是"鼓铸汉奸之长策"。

但梁诚从利大于弊的角度考虑,仍始终为此而努力。后人对此事作了较公允的评价：

　　"促成美国退还'庚子赔款'，并以此款派遣学生赴美之最大功臣，我驻美公使梁诚先生当之无愧。他不但有在国内独持广设学堂派遣青年游学之远见，在美国亦由其首倡减退'庚子赔款'之议……若无梁氏百折不挠、努力不懈之精神，则绝不会……有其后之'游美学务处'、'清华学校'、'国立清华大学'，先后为国家造就无数英才之事实。"

　　1909 年 3 月，美驻华使节柔克义照会清政府外务部，催促清政府尽快选拔留美学生，指出第一班赴美留学之期将至，美国方面已为接收中国留学生做好准备。"外部愿中国速选学生筹备一切，迅来美国就学为盼。"由于美国学校大多是在 9 月开学，美公使馆参赞丁家立要求清政府"急速选派，尚可及时。如再稍事稽延，则入学势必逾期"。故外务部尚书梁敦彦紧急命周自齐负责留美事务，迅速拟定留美事宜。

　　6 月 2 日，当外务部主稿的《收还美国赔款遣派学生赴美办法大纲》奏折稿送交学部时，军机大臣张之洞主管的学部并未立即同意会同上奏，而是就选派第一格、第二格学生的年龄问题等方面，提出了不同的意见。外务部以梁敦彦为首，主张招收 16 岁以下的幼年生赴美留学，这样能使其英语达到专精、成熟的程度，否则对外国语言"绝无专精之望"。而学部则认为幼年生"国学既乏根基，出洋实为耗费"，主张招收 30 岁以上的中年人出国。

　　双方针锋相对，各不让步。有一次竟闹出了这样的笑话：在两部评阅考卷的时候，外务部英文取第一名之人，在学部竟一分未得；而学部取第一名之人，又在外务部一分未得。谁去谁留，双方各执己见，互不相让。

　　直到 7 月 8 日取折中方案后，学部才最后同意与外务部会同上奏。7 月 10 日，《收还美国赔款遣派学生赴美办法大纲》一折上奏并于当日得获准朱批。同日，清政府颁布《遣派游美学生办法大纲》，确定具体的招生办法。两部还提出全国各省名额分配办法：学生名额，自应按照各省赔款数目分匀摊给，以示平允。其满洲、蒙古、汉军旗籍以及东三省、内外蒙古、西藏亦应酌给名额，以昭公溥。

　　奏折批准后，外务部和学部立即通知各省选送考生进京考试。7 月 20 日，奏准在京师设立游美学务处，由外务部会同学部共同管辖，负责选派游美学生，并拟"在京城外择清旷地方，建肄业馆一所"（即西直门外清华园），"选取学生入馆试验，择其学行优美、资性纯笃者，随时送往美国肄业"。总办须是与两部都有关系的人担任。于是，由外务部署左丞、左参议周自齐任总办，学部员外郎范源濂和外务部候补主事唐国安会办，驻美公使馆参赞容揆兼任驻美学生监督，均系中西学问皆精通之士。周自齐等人抓紧拟订考试大纲,确定考试科目。学务处先是租赁东城侯位胡同一所民房开始办公,第一批留美学生选拔考试结束后搬迁到史家胡同。

"夜久叶露滴,秋虫入户飞。"凉风乍起,北京的清晨已有一丝秋意。自1905年废除科考以来,宣武门内学部考棚(一说在史家胡同)外曾一度"门前冷落车马稀"。这个平素一点也不显眼的地方,今日却车水马龙,行人如梭,又恢复了往日的喧嚣。本来游美学务处这一机构设立还不到几天,但由于它和美国的"庚子退款"甚有瓜葛,于是马上就扬名在外了,报考者多达630余位。

考棚内正进行第一批直接留美招生考试。周自齐穿着清朝官服高坐堂上,旁边考试官按省籍唱名:"浙江听点"、"江苏听点"……周自齐用朱笔点名。待点名结束后,考生就座开考。

在周自齐、范源濂、唐国安三人旁边,坐着一位身着西服、颇有欧美"绅士风度"的官员。他一直默不作声,注视着前来报名的一个个考生,仿佛在完成自己一生中最重大的事业。是啊,对于此项目,他付出了多少心血啊!他就是梁诚。他接连几小时坐在椅子上,观察着这群蜂拥而来的全国各地的考生。大多数都是清秀的青年学子,他们没有纨绔之气,其神态举止都具有青年人所特有的朝气,眼睛里都透露着一种强烈的求知欲。

9月4日考国文,9月5日考英文。前两场为初试,只有通过初试者才能参加其余各场考试。9月8日是初试的张榜日。名单大大出人意料。630人参加初试,却只有68人进入复试,远远不足100人。原来,周自齐等人恪守的原则是"宁缺毋滥",对学生的要求极其严格,即"中文通达,身体强壮,性情纯正,相貌完全,身家清白,恰当年龄";中文程度须能作文及有文学和历史知识,英文程度能直接入美国大学和专门学校听讲(此时游美学务处已经意识到,有必要对学生进行长期的留美预备教育,故才有后来清华学堂的诞生)。

9月9日复试考代数、平面几何、法文、德文、拉丁文。第三日考立体几何、物理、美史、英史。第四日考三角、化学、罗马史、希腊史。待到张榜日,张榜处仍然是里三层、外三层,围得水泄不通。此届共录取47名考生,他们是:

程义法、邝煦堃、金涛、朱复、唐悦良、梅贻琦、罗惠桥、吴玉麟、范永增、魏文彬、贺懋庆、张福良、胡刚复、邢契莘、王士杰、程义藻、谢光基、裘昌运、李鸣和、陆宝淦、朱维杰、杨永言、何杰、吴清度、徐佩璜、王仁辅、金邦正、戴济、严家驺、秉志、陈熀、张廷金、陈庆尧、卢景泰、陈兆贞、袁锺铨、徐承宗、方仁裕、邱培涵、王健、高仑瑾、张子高、王长平、曾昭权、王璡、李进隆、戴修驹。

若干年后，徐佩璜回忆道，自己在看榜时，见旁边一位不慌不忙、不喜不忧的考生也在那儿看榜。看他那种从容不迫、神清气闲的态度，觉察不出他是否考取。后来在出国的船上碰见，经彼此介绍，才知道是梅贻琦。书中暗表，这批学生中，有未来的两位清华校长梅贻琦、金邦正，以及化学家张子高、生物学家秉志等，可谓人才极盛。

早在此 30 多年前，中国朝廷洋务派提倡"中学为体，西学为用"，便由容闳带队，派出几批留美幼童。为显示大清威仪，他们是一身中式打扮：瓜皮帽，蓝缎褂，崭新的黑布鞋，每人一条乌黑油亮的小辫子，排着整齐的队伍踏上美国的土地。30 多年以后，首批考取的 47 名庚款留美生，则身穿 250 元银洋特殊订制的洋装，在外务部主事兼游美学务处会办唐国安、学务处英文文案唐孟伦等人的率领下，乘"中国号"轮船由上海起程赴美，前往"西天取经"。

1909 年 11 月 12 日，星期六，轮船安然抵达美国的三藩市（即今旧金山）。这批怀揣着救国、强国梦想的留美生，翻开了历史崭新的一页。

所以可以这么说，清华正是屈辱与庆幸、失败与开放、腐朽与进步的共同结晶。从建校伊始，清华便始终同祖国的兴衰和民族的命运紧密联系在一起。清华的初期发展，虽然渗透着西方文化的影响，但学校一直十分重视研究中华民族的优秀文化瑰宝。

【第 2 回】
诸大臣畅游清华园
众学子相聚美利坚

1909 年 10 月 25 日，一场大雨过后，秋风瑟瑟，北京城一团肃杀之气。在近郊清华园外，出现了几位官员的身影。其中一位年约 30 岁，生得眉清目秀，眉宇间透着坚毅和稳重。此人正是学部员外郎、游美学务处会办范源濂。

范源濂，字静生，湖南湘乡人，早年就学于长沙时务学堂，戊戌变法失败后流亡日本，先后在大同学校、东京高等师范学校、东京弘文书院、法政学校学习。1904 年回国，曾任清政府法政学堂主事、学部参事，倡导妇女留学，并组织护送一批女学生到东京学习。1905 年任学部主事。翌年创办殖边学堂。是年兼任游美学务处会办。

当时，总办周自齐正请假回山东省亲，不久母亲去世；而另一会办唐国安正在赴美途中。范源濂特奉军机大臣、外务会办大臣那桐之命，与外务部郎中长福一起，同奉宸院（管理各园亭的机构）官员铭山举行肄业馆交接仪式。因为他们深知，尽早确

二校门"清华园"牌坊

定肄业馆址并好生修缮完工，以迎接新生入住并接受预科教育，已成为当务之急。

范源濂远远望见那围墙大都坍塌，仅剩10余丈断壁残垣，不禁皱了皱眉头。他走进大宫门（后被称为"二校门"），见两棵参天古柏分立大宫门两旁。大宫门大殿曰"永恩寺"，看去影影绰绰，几位和尚走进殿内。木鱼敲打声、诵经声不绝于缕。穿过大宫门就是清华园，只见园内空空荡荡，荒草疯长，花木凋零，黄叶纷飞，一派破败景象。远远望去，远处二宫门上悬挂的咸丰皇帝所书"清华园"3个大字倒是遒劲有力，颇为醒目。

一旁陪同的铭山介绍道：

"'清华园'系文宗显皇帝（咸丰）所书。此园最初是圣祖仁皇帝（康熙）的行宫熙春园，后成为康熙三子诚亲王胤祉（后改名允祉）之私园，始建于康熙四十六年（1707），是圆明园的附属园林。康熙曾先后10次莅临熙春园，多次在这里接受皇子们的祝寿。世宗雍正八年（1730）允祉获罪被囚于景山，熙春园收归内务府；之后转赐给康熙十六子庄亲王允禄，为其别墅。高宗乾隆三十二年（1767）允禄死后，将熙春园收归，改建为御园。此后26年间，乾隆时常来此憩息、观麦、赏景、题诗。仁宗（嘉庆）即位后亦为御园，也年年临幸于此。

"到宣宗道光二年（1822）时，熙春园被一分为二，东部叫'涵德园'，西部叫'春泽园'，道光分赐三弟惠亲王绵恺和四弟瑞亲王绵忻。数年后，东边的园子仍恢复原名'熙春园'，道光另将其赐予五子惇勤亲王奕誴，俗称'小五爷园'；西边的园子名为'近春园'，则赐予四子咸丰奕詝，俗称'四爷园'。而近春园西北角，

近春园风景一

近春园风景二

亦是圆明三园之一'长春园'的一部分。咸丰登基后(1850),将东边的熙春园改名为'清华园',地域大约2顷又61亩,并亲题匾额。咸丰十年(1860)英法联军焚烧圆明园后(当时仅一墙之隔的近春园、清华园却幸免于难),曾有重修圆明园的计划。因近春园在其近旁,所以园内的斋堂轩榭尽被拆卸。但后未果,而近春园却因此沦为'荒岛'。惇勤亲王去世后,清华园为其长子载濂贝勒爷所有。义和团运动期间,贝勒爷与拳匪交往甚密,庚子年(1900)支持他们在清华园中设坛,因此被削职为民。清华园被内务府收回后,由于财政吃紧,无钱修缮,至今已闲置近10年!"

范源濂想到那就在清华园隔壁的圆明园,自英法联军焚烧后,也已经面目全非,曾经辉煌的大清国势竟如江河日下,不禁默然不语。只见前、后两大殿中间以短廊相接,俯视恰似一"工"字。铭山介绍道:"此处便是'工字殿'了。"院内曲廊曼折,勾连成一座座独立的小套院。来到工字殿西端,过"藤影荷声之馆"(吴宓命名),只见眼前一垂花门,额曰"怡春院",当年为安置伶工的场所。与工字厅西院一巷之隔,有一处独立的小庭院,称"古月堂"。此处原为园主的专用书房。工字殿、怡春院、古月堂三处的房屋,虽然陈旧,稍加修葺便可以居住。

绕过工字厅后门,3人来到清华园内最引人入胜的景区——"水木清华"。人们常把它同颐和园内的"谐趣园"相比,称之为"园

"水木清华"建筑

中之园"。铭山道:"'水木清华'的正廊,本为工字殿的后厦。正额'水木清华'4字,据传为康熙帝的墨宝,庄美挺秀。""水木清华"典出晋朝谢混《游西池》诗:"惠风荡繁囿,白云屯曾阿。景昃鸣禽集,水木湛清华。"

在"水木清华"背后,一个小小的圆池中生着

"水木湛清华"诗歌刻石

田田的莲叶,有一两枝红荷已绽开了花朵。圆池周围是一带土山,种满了树木,翁翁郁郁,给人以森然之意。四周清凉、静谧,实在是休憩的极佳之地。

平素忙于公务、今日有幸"偷得浮生半日闲"的范源濂,凝视着正中朱柱上悬挂的楹联,讲道:

"'槛外山光历春夏秋冬万千变幻都非凡境,窗中云影任东西南北去来澹荡洵是仙居。'好像这是礼部侍郎殷兆镛老先生的名联。殷老先生是道光年间的进士,历咸丰、同治、光绪3代,都恪尽职守。"

范源濂之所以中意于清华园,还出于另一层考虑。他心里有一个规划,想在肄业馆的基础上,再不断发展扩充,创设正规的留美预备学校(Training School)。如果有必要,还准备在中国其他城市设立分校。这主要是有鉴于当时各省新制学堂设立不久,完全依靠从这些学校的学生中考选合格的直接留美生,实在难以满足需要。

清华园地处城郊,"与西山诸名胜相距咫尺",清静幽雅,有房舍数十间,稍加修葺,即能开设学堂。而且它四周有很多荒地,以后学校发展扩大,征用土地非常方便。更令人满意的是,它远离京城的繁华,能使学生安心读书,不去沾染恶习。后来,清华学校的学生即使身为达官子弟,也不敢在校园内公然穿华丽的衣服。黑布或蓝布衣服,就是清华学生的校服。当时选择清华园为校址,实为高瞻远瞩之举。

此后范源濂便整天在学务处和肄业馆两头跑,忙得不可开交,以至焦虑不已。周自齐本丁母忧,在朝廷的一再催促下只得返京。他一回京,便马不停蹄地投入到游美肄业馆的建校工程中。第一步是修建围墙。乃先支银7172两,筑围墙

652 丈。随着围墙的合龙,校门也随之建成。接着修缮工字厅、怡春院、古月堂等原有较完善的建筑,拆掉马圈、车房、黄花院、佛楼等已坍毁的建筑。到 1909 年底,游美学务处将肄业馆建筑工程承包给奥地利建筑商斐士所经营的顺泰洋行,新建筑陆续开工。

又是一年桃花艳,又是一年柳絮飞,转眼是 1910 年。北京城内,杏树上翠绿的叶子之间,依稀可见几朵残留枝头如雪的杏花。游美学务处呈文外务部,提出本年考选留美学生及各省提学使考选留美学生办法。呈文称:除照上年招考第一格考生外,并招考第二格学生 300 名,各省按所缴庚款数额确定考生名额共 184 名,余 116 名作为在京招考的名额。要求各省提学使于 5 月底 6 月初举行选拔考试,于 6 月 21 日以前,把考取送京复试的第二格学生名单报到游美学务处。

北京的盛夏,其炎热程度一点也不比南方的几个"火炉"逊色。太阳从早到晚,一刻也不放松,炙烤着这座古城。7 月 21 日,第二次留美学生选拔考试初试在法政学堂讲堂举行。初试先考国文、英文。其中国文试题为"不以规矩不能成方圆说";英文试题则是"借外债兴建国内铁路之利弊说"。4 天后张榜晓示,报考之 430 余人(一说有 2000 余人),录取 272 名。7 月 26 日第二场考试,考高等代数、平面几何、希腊史、罗马史、德文、法文。翌日第三场考试,考物理学、动植物学、生理学、平面三角、化学。第三日下大雨,停考一天。7 月 29 日第四场考试,考立体几何、英史、美史、地理学、拉丁文。

对于初试和复试,考生胡适事后回忆道:

"留美考试分两场,第一场考国文、英文,及格者才许考第二场的各种科学。国文试题为《不以规矩不能成方圆说》,我想这个题目不容易发挥,又因我平日喜欢看杂书,就做了一篇乱谈考据的短文,开卷就说:'矩之作也,不可考矣。规之作也,其在周之末世乎?'下文我说《周髀算经》作圆之法足证其时尚不知道用规作圆;又孔子说'不逾矩',而不并举规矩,至墨子、孟子始以规矩并用,足证规之晚出。这完全是一时异想天开的考据,不料那时看卷子的先生也有考据癖,大赏识这篇短文,批了 100 分。英文考了 60 分,头场平均 80 分,取了第十名。第二场考的各种科学,如西洋史,如动物学,如物理学,都是我临时抱佛脚预备起来的,所以考得很不得意。"

另一考生赵元任回忆道:

"7 月 21 日是考试的第一天,考试的题目是从《孟子》第四章来的"无规矩即不能成方圆",我写了 500 多字。午饭给我们吃了几个馒头。下午考英文作文,时间 3 小时。要是国文和英文及格,5 天后考其他科目。我的朋友们都及格了。然后考代数、平面几何、希腊史、罗马史、德文或法文,我选择了德文。次一天考的是物理、植物、动物、生理、化学、三角。第三天凌晨两点钟,我便起床温习立体几何、英国史、世界地理、拉丁文,最后一项是选习的。天开始下雨,等到我乘坐骡子拉的轿车到达地安门附近的考场时,街道上积满了雨水,轿车的车轮几乎有一半没在水中。到了8时左右,430名考生只有100人左右到场。那时一个斋役手中拿着告示牌,写着考试因雨延期于明天举行。"

赵元任在江南高等学堂读书的时候,相当刻苦,差不多有古人闻鸡起舞之风。他和同窗好友章元善两人卧榻相连。那时又没有闹钟,要尽早起床,怎么办呢? 两个人便头顶头睡,枕头上用绳子连着,谁先起来,就把绳子一牵,两个人就一同下床,利用时间到校园广场高声练习英文发音,互学互教。

8月2日,游美学务处发榜录取竺可桢、张彭春、胡适、赵元任等70名考生。复试第一为杨锡仁,赵元任排名第二,后人称之为"榜眼及第"。张彭春排名第十。仅排名第五十五名的胡适对他们赞誉有加,常说他那一届最聪明的两位正是考第一的杨锡仁和第二的赵元任。本次考试还录取备取生143名,等新建肄业馆落成后即入高等科。

胡适在《追想胡明复》一文里曾讲述发榜的趣事:

"那一天,有人来说,发榜了。我坐了人力车去看榜,到史家胡同,天已黑了。我拿了车上的灯,从榜尾倒看上去。看完了一榜,没有我的字句很失望。看这头上,才那一张'备取'的榜。我再拿灯照读那'正取'的榜,仍是倒读上去。看到我的名字了!仔细一看,却是'胡达(胡明复)',不是'胡适'。我再看上去,相隔很近,便是我的名字了。我抽了一口气,放下灯,仍坐原车回去了,心里却想着,那个胡达不知是谁,几乎害我空高兴一场!"

接下来的行程,赵元任回忆道:

"我于8月10日恢复写日记时,已经到了上海准备去美。我们须去美国领事馆办理入境手续。这时我才知道,我的生日壬辰年九月十四日,是西历1892年11月3日。我们必须换穿西装,最重要一点是剪掉发辫。我告诉理发师剪掉辫子时,他问了我两次,以便确定我要那么做。他说有一个人(不是我们团体之一)剪掉了辫子,他的太太竟而自杀。我们每人获得旅行津贴,做全套西装和购置旅行装备,包括一个衣箱和一个大皮箱。我带了一顶圆顶硬毡帽和一个便帽,后来我发觉很少场合需要戴圆顶帽。在我们快起程前,美国总领事举行园游会,请我们全班。"

8月16日,英文文案唐孟伦和学务提调胡敦复护送70名学生依然搭乘"中国"号赴美。

赵元任回忆道:

"搭的船名为'中国'号,10200吨,我们须坐小火轮到'中国'号停泊的地点。我在3号舱,和陆元昌、路敏行同舱;对面的舱由周仁和王预住。吃饭以敲锣为号,由于餐厅面积有限,必须分两次吃,先是中国旅客,第二批是西方人。我们发觉念菜单和学外国吃法颇不容易,对我们来说无异是上了一课。那天在海上航行时间不多,所以我们都兴高采烈离开中国驶向美洲。"

当年秋,赵元任、胡适、胡明复、胡宪生都获准进入康乃尔大学。首批庚款留美生到美时,由于美国大学都已开学,学生们只得暂入补习学校,等待明年再进入各大学攻读。此时,清华先后两批中国学生在美国大学校园里相聚。

从1909年到1911年,游美学务处先后选派3批直接留美生,共180人(第一批47人,第二批70人,第三批63人)。这些留美生因是经过"品学甄别考试"后送去留美的,故又被称为"甄别生"。

这一时期是清华的前身和雏形,校友们称之为"清华的史前史时期"。

第二章　清华学堂时期

【第3回】
冰雪天清华迎骄子
芳菲日学堂新开张

如果说俄国圣彼得堡起源于一展帐篷，而清华大学的起源就是那座历史悠久的巍巍工字厅。彼得大帝从帐篷里开拓了一座城市；清华大学则从工字厅开始，奋斗成中华名校。水清木华，钟灵毓秀，清华园发散着独特的精神魅力。

1910年8月25日，周自齐陪海军大臣载洵出访美国，行程两个多月，于十一二月间回国。12月21日，根据范源濂的提议，游美肄业馆向两部呈文申请延长学制和扩大办学规模，设立初等、高等两科。初等科招收300名，高等科招收200名，各为4年毕业，高等科毕业后才准许出国留学。高等科分科教授，参照美国大学办理，毕业学生不仅限于留美一途。

两周后，学部批准游美肄业馆改名为清华学堂，将初等科改称中等科，并规定学堂设正、副监督（相当于正、副校长）3人，由总办周自齐和会办范源濂、唐国安分别兼任。

翌年1月18日，游美学务处向外务部呈文，报告拟定的学生考试期限。呈文通知1910年7月录取的143名高等科学生，于1911年2月28日前来京报到。各省咨送的184名第二格学生，于2月18日前来京复试。《大公报》刊登了游美学务处关于招生的广告。

1911年，清华一院（学堂大楼）、二院、三院、北院、同方部、校医院等陆续落成，其中学堂大楼成为早期清华的象征。随后，游美学务处和肄业馆相继迁入清华园,并正式将肄业馆改名为清华学堂。

"燕山雪花大如席,片片吹落轩辕台。"1910 年末的一场大雪,把北京城打扮得银装素裹、妖娆动人。由于全国普降大雪,原计划在京进行的复试,因交通问题各省学生不能按时到京而延期。当年旅途的劳苦,从陕西省咨送生吴宓的日记中可知一二。

1911 年 1 月 19 日,吴宓在父亲的陪同下,与另一名同学从西安起程,向京城进发。

清华学堂

数人雇两辆骡车,日行百余里。土路颠簸,山道崎岖;雄关拥雪,古渡寂然。这种境遇,给少年诗人不少作诗的灵感。"骊宫峰冷晓寒重,野店霜严人迹疏。"途中,登骊山,望太华;过潼关,经渑池。晓行夜宿,10 天之后到达洛阳。在客栈里,吴宓度过了辛亥年的大年初一。"雪映晴空颜色丽,韶华客里忍蹉跎。"有北京客人谈到游美肄业馆,吴宓心向往之。初二在洛阳乘上火车去郑州,然后转车去北京;初三火车行驶在华北平原上,雪歇风起,天地皆白;雪随风走,如涛如浪。吴宓透过车窗欣赏着雪景,赞叹火车的飞速。直到晚 8 点,火车才抵达北京前门车站。从 1 月 19 日到 2 月 1 日,吴宓一行人用了整整 14 天,才到达北京。

此年 3 月,各省经初试录取后保送的学生 184 名、在京招考的学生 141 名、中等科的学生 325 名,在宣武门内学部考棚参加考试。当天考 3 科,国文、历史和地理;6 日考英语和算术。这只是一次甄别性考试,学生全部通过。其中 3/5 被编入中等科,其余入高等科学习,成为清华最早的一批学生。他们当中有后来的化工专家、"侯式制碱法"发明人侯德榜,中国真菌学的创始人戴芳澜,国学大师吴宓等。此时各省保送的名额数量,因其分摊赔款的多少而定。由于其中有一部分名额把持在地方官绅势力之手,他们的子弟常被优先录取,以至在后来的清华学生中,兄弟、叔侄、舅甥联袂入学者不乏其人。如时任外务部副大臣曹汝霖的儿子,便是顶替新疆省的名额,未经考试即送入清华的。

"草树知春不久归,百般红紫斗芳菲。"初春的响雷,惊醒了杏树、桃树、李树、

紫荆枝头的蓓蕾。清华学堂内,东一枝西一枝的花朵,笑语嫣然。1911年3月30日,清华学堂中等科在工字厅举行暂开学仪式。吴宓在日记中写道:

工字厅大门

"(1911年)3月30日(三月初一),星期四。11时举行开学礼,职员、学生俱在。礼堂设于甲所,即高等科学生之住所也。管理人分学生为6排,依次入,行谒见至圣礼(三跪九叩)及谒见职员礼(三揖)而退。旋由总办周、职员某某、监督范先后演说,言此校亦以退还之赔款成立,凡学生一切皆系官费云云。"

4月1日,高等科在工字厅举行暂开学仪式。4月3日(星期一),清华学堂暂行上课。当时有学生460余名,教师30多人。

1911年3月11日,外务部会同学部上奏折:

"已传示诸生分起入堂,于三月初一日暂行开学。俟其余工程一律完竣,于暑假后定期举行开学礼式。"

1911年4月29日,虽校园诸建筑工程尚未彻底完工,清华学堂仍于工字厅宣布正式开学,所有办学方法均参照美国学堂实行,这是清华历史的真正开端。以后学校规定,每年4月最末的星期日为校庆日,延续至今。

几天前还春寒料峭,此时已是暑气袭人。6月23日至29日,清华学堂举行高等科期末考试,即第三次留美学生选拔考试。考试由134名高等科学生参加,选定姜立夫、陆懋德、杨光弼等63人赴美留学,49人继续在清华学堂学习。学堂开学之初共有学生468人,体检38人不合格,余430人。63人赴美后,校园顿时空荡了许多。周自齐等决定于暑假招收100名插班生,以补充不足的学生名额。8月4日至12日,考试在清华学堂举行,有500人报名,录取100名,其中高等科71名、中等科29名。

哲学家金岳霖是经过两次初试后才参加复试入选的,中等科没有考取,反而考取了高等科,成为清华招考历史上的一件趣闻。对于当初的落选和插班考试,金岳霖回忆道:

"重要的东西是头一场考试:国文、算学、英文。英文我觉得不怕,算学靠运气,怕的是国文。我在湖南考过留美预备的中等科。湖南的国文题目是《'士先器识而后文艺'论》,我不知道这是唐朝裴行俭的话,落选了。北京考场的国文题目是《'人有不为而后可以有为'义》,这就好办了……我考取了(指高等科)。"

近现代教育家陈鹤琴回忆道:

"考试分两场。头场有国文、英文、算学;二场有史地、科学。若头场不及格,第二场就不得参加……这两场考试,一共有一星期的工夫。每天,天还没有亮,我们就要出去考了。到了考场里,我看见考试官周自齐戴了大红顶子,穿了缎子马褂,端端正正坐在上面,一本投报的名册摆在桌子旁边。唱名的把名字一个一个地唱出来,他老人家用大红银珠笔在名册上一个一个地点着。名点好,考生就各按座位坐下来受试。第一场共取了160名,我列在第82名。第二场共取100名,我取在第42名。考取之后,必须由同乡官作保。承姚天造兄的厚爱和介绍,请到范烟泰先生来做我的保证人。到了清华,我被排在高等科一年级。那时清华还没有改为全学制的大学,不过是一个初级大学(Junior College),等于大学3年的程度,所以我就在清华读了3年。"

清华学堂尽管在教学上"所有办法均照美国学堂",但在行政管理上还是封建王朝的一套。清华校名全称是"帝国清华学堂",英文校印用"Tsing Hua Imperial College"。那时的学生,嘴里讲的是洋文,脑后却拖着长长的辫子。学堂设西学部和国文部,西学部采用西学教材。建校之初,清政府外务部就由美国青年会推荐聘请教师来清华任教。1911年2月,共有17名美籍教师(男8人、女9人。一说为18人)到校执教,他们也是清华第一批外籍教师。美籍教师承担西学部大部分教学工作,中等科课程主要是英语训练,高等科则是学习美国大学自然科学、社会科学和人文科学的基础课程,课程中渗透着美国的影响。

"学堂监督"下设三"长"。教务长胡敦复负责教务管理;庶务长唐孟伦负责庶务管理;斋务长陈筱田(天津人)负责学生管理。庶务长除校园建设外,还主管会计处,负责全校的财务工作,包括校内办学经费和国外留学经费。此时学生入学后所花费用不多,学宿膳费免交,一个学期只交体育费1元,以及预交期终可退还的赔偿费5元。伙食费一月7元(相当于当时一个工人的月薪)。

斋务长严格管制学生的一举一动。学生未得许可,不得擅自离校;不准饮酒吸烟;每周至少洗澡一次;身上不许带钱;不许看"闲书";早晨7点起床,必须于7点20分准时到食堂吃早饭等等。斋务处制定了奖惩规定:奖励有物质和名誉奖;惩罚按情节分训诫、思过、记过、开除等。思过房内地势低洼,冬天冷夏天潮,室内空无所有,旁边还有斋务处人员监督。学生一进入思过室,就有进入监狱的感觉。

1915 年入学的梁实秋回忆道：

"事后想想，像陈筱田先生所执行的那一套管理方法，究竟是利多弊少，许多做人做事的道理，本来是应该在幼小的时候就要认识。许多自然主义的教育信仰者，以为儿童的个性应该任其自由发展，否则受了摧残以后，便不得伸展自如。至少我个人觉得，我的个性没有受到压抑以至于以后不能充分发展。"

清华学堂以"培植全材，增进国力"为宗旨，以"进德修业，自强不息"为教育方针。学堂曾被称做"国耻学校"，一代代清华学子感同身受，牢记国耻，一份爱国情怀使他们发愤自强，追求真理。

学堂虽属初创，但各方面的规章制度都已制定出来了。学堂正慢慢走向正轨。

【第 4 回】
美教恣睢敦复辞职
革命爆发学子停课

"西窗白，纷纷凉月，一院丁香雪。"在清华学堂里，工字厅外，那一串串白色、紫色的丁香花缀满树枝，竞相开放。空气中弥漫着淡淡的素雅的清香，沁人心脾。开学伊始，清华学堂就爆出了首任教务长胡敦复的辞职风波。

胡敦复生于江苏无锡，祖父为当地知名教谕；父亲和仲叔是颇有影响的教育家和水利事业家。他早年就读于上海南洋公学，师从蔡元培，后在复旦公学学习。1909 年 7 月获美国康乃尔大学理学学士学位，回国后在南京江南高等学堂任教。1910 年 4 月，游美学务处总办周自齐聘任他为学务提调，负责游美肄业馆的招生和教学工作。胡敦复参与了 1910 年第二批直读

工字厅

留学生的考选工作。次年游美肄业馆更名为清华学堂后，25 岁的胡敦复成为清华学堂第一任教务长。

对于胡敦复辞职的缘由，学堂监督周自齐曾解释：

"胡先生为人才学极富，但诸事自拿主意，不与众商量，所以同那些美国教员很不和睦……众职员亦不喜他，而且学生中又有许多谣言。"

字里行间，虽透露出对胡敦复办事能力的肯定，却对其为人不免有所批评。《吴宓日记》亦评价胡敦复"为人才学极富，且就任以来办事亦极有条理。但诸种举动皆嫌过于专制，自拿主意，不与众商量，所以同那些美国教员很不和睦，而且性气高傲"。看来，"同那些美国教员很不和睦"的确道出了胡敦复辞职的原因。

作为"太上皇"的美籍教师，在清华早期的教职员中待遇甚优，其月薪平均是中国教师的 3 倍多。在住房条件上，美籍教师与中国教师更是有着天壤之别。北院住宅区造价高昂，有整套的卫生设备，区内还有俱乐部、体育场，每套住宅都有 5 个以上的房间，后院还配有"下房"，时被讥为"小租界"。而数十位中国教师，多数要租赁附近民房，少数分到中式住所，尚需付租金。这让教务长胡敦复极为愤懑。此时，10 位中国教员朱香晚、华绾言、顾养吾、吴在渊、顾珊臣、周润初、张季源、平海澜、赵师曾、郁少华，和胡敦复一起成立立达学社，以研究学术、兴办学校为职志，胡敦复当选为社长。

由于清华学堂的中等科和高等科各采用一套试卷，一次招考 4 个年级的学生，因此学生的年龄、文化程度各有差别。如吴宓之前已接受较为系统的中学教育，考入清华的目的是为圆出国梦。吴宓曾在日记中写道："将来果能靠住往新大陆一游，则静待几日亦无可奈何之计，否则机会不易得也。"胡敦复针对此种情况，在国内首次采用选课制。

何谓选课制？这是一种分组教学形式。学生没有固定的年级，课程安排打破中、高等科的界限，按各个学科课程的深浅程度分成级别；同时依据学生所掌握知识的程度，安排在相应的级别就读。胡敦复把全学堂的主修课程分成 10 大类，按课程的难易程度确定 8 个级别；对应中等科至高等科的 8 个年级，每个级别再分为上、下学期。通过对学生进行测试，给他们安排相应难度的课程，为每位学生制订了一张课程表。然而，美籍教师大都是美国普通中学教员，难以适应胡敦复这种类似大学教育的制度。

此外，胡敦复重视理工科，而美籍教师重视英文、欧美史地等课程。美籍教师主张"学生先把英文学好，还要着重学美国历史、地理，自然科学课程可到美国去学，在校内只学点最浅的"。再则，胡敦复聘请的多位中国教师，不少人是其南洋公学同学,擅长数学、理化等科学,学生甚为钦服。而美国教师薪俸远比中国教师高,但只能授低浅之课程,为学生所轻视,于是对胡敦复渐生不满。美国公使出面干涉。胡敦复遂以"不能遵办"而愤然辞职。

对此事件,1911 年 5 月 15 日吴宓在日记中写道:

"晚,监督范出示,言教务长胡业已辞职,新聘之张伯苓先生刻难莅任。自明日起,凡有关教务之事,均归本监督代理。"

此时的中国社会形势风起云涌,变化迅猛。10 月 10 日,辛亥革命在武昌打响了第一枪,之后全国各省纷纷响应,络绎独立,实可谓摧枯拉朽,势如破竹。但北京戒严并封锁消息。吴宓在日记中写道:

"日来警报纷纭,一日数起,闻之殊令人惊惶异常。现北京各报,已为政府禁止登载各省乱事,以故一切详情难得确知……京师亦已戒严,派兵分驻各所。而市上各银行,日来迭遭倒闭。缘商民人等自闻乱事,纷纷执钞票向钱店索支现银。该银行等一时存款无多,不能应付,故有此现象。余入城时,信成银行及其他钱店门口,皆有多人拥挤喧嚣。巡警群驻,力为排解保护。而虽用现银至钱店亦不能兑得银圆,经济界之恐慌盖可想。"

10 月 28 日午后,监督范源濂、唐国安到校,在食堂对学生发表演说:

"谓此时危险之说摇撼人心,诸生纷纷离校,我亦实不敢必留诸君在此。但如此随便来去,殊于本校前途大有妨碍,自今日起,一概不准请假。凡欲去者,皆当作为自行退学,不能再算本校生徒;如留此者,则当照常上课。校中管理、教授一切事宜照常进行,与平日无异。据我思之,亦不致有甚危险。即有危险,我当竭力保护,然确当完全与否,则亦不敢断言也。"

10 月 30 日午后,唐国安再次对学生发表演说:"今日所下 5 道诏谕,言自此乱事可平,诸生在此自无忧患矣。"吴宓写道:"然此令下后,诸生之去者仍滔滔不绝,率皆自请退学。"

学生希望争取学堂能准他们请假离校而不作为退学,遂派代表与学堂谈判。范源濂、唐国安二人作出让步,"遂改订凡请假者以一月为限,如逾一月则必开除云云"。

随着全国革命形势的发展,11 月 1 日,清廷宣布解散皇族内阁,任命袁世凯为内阁总理大臣。由于清政府挪用"退还"的庚款去弥补支绌的军费,清华学堂的经费来源断绝;而立达学社 10 位教员也集体辞职。11 月 5 日傍晚,范源濂在高等科发表演说:

"谓现在事情紧急,人心惶恐更非昔比。而学生中多数出校,现在诸位中国教员又皆纷纷请假辞退,教课之事殊难进行。故现在决定停课一月,如一月后事尚未定、人尚未齐,当再议延长之计。现在功课停止后,诸生中有愿意回家及他往逃避者,即可自由他往。如不愿他往及不能回家者,可仍留校中温理学课。饭食一切及管理诸事均如常日,诸管理员并美国教员及其眷属皆居此不去。"

范源濂表示,清华学堂校警已经全部由满人更换为汉人,且从 18 人规模扩大到 20 人,并将进一步扩充校警队伍。因此,留居清华未必有危险。接着,清华学堂监督唐国安与 3 名美国教师相继登台演说,亦劝慰同学不必惊慌。

当晚,学生邓立斋等人在食堂召集同学开会,建议向校方提出申请,将学堂所有现金提出,分散给诸生,使各自奔逃回家。

随着形势的发展,美国公使函致清华学堂美籍教员,称事变紧急,使馆兵额不足,自顾不暇,无法派兵守护此园。于是,许多美籍教员搬出清华,或暂住城内,或避居日、韩。这些美籍教员,巴不得学堂放此"长假",以借机游历日本、韩国等国,或者去青岛、上海等地游览。

11 月 8 日晚 8 时,清华校方宣布:

"事情紧急,美兵既不来保护,则实无法维持。故现定办法,将本学堂暂行解散,现仅余存款 3000 金,当分给诸生作旅费各谋他适,计每人可得 20 元,明晨发给。凡职员、学生人等,统即于明晨搬出⋯⋯"

陈鹤琴回忆道:

"自 11 月 9 日起,清华学堂停课。学校发遣散费,每人送路费 20 元。那时全校学生都开始离校南返,我还是独自文绉绉地在房间里读书,不愿离开!幸而同乡杨炳勋促我一同南返,但是我们走得太迟了。我们从北京乘车到天津,在天津坐太古邮船南下。船上的房票,不论大菜间、官舱、舱房、通舱,统统卖光了。我们就买货舱票,睡在货舱里一口棺材旁边。其实货舱里也拥挤得不堪,连走路地方也都没有了。这是我一生中的第一次逃难。"

到任不过 3 个月的张伯苓,见学生都走光了,自己这个教务长已形同虚设,加上他又惦念着自己创办的南开学堂,总觉得自己的根还在南开,因此,他向学堂递了一封辞呈,回天津去了。

范源濂、唐国安等人见他们苦心经营的清华学堂,刚开学还不到一年,学生们就一哄而散,心中不由得生出了几丝悲凉。

第三章　清华学校时期

【第 5 回】
应盛邀梁启超演讲
遭排挤周诒春辞职

中国的革命形势,继续白云苍狗般急剧变幻。1911 年 11 月 13 日,已蛰居河南乡下多时的野心家袁世凯再度出山,抵达北京,并于 11 月 16 日组织新内阁。周自齐署左丞,为外务部第三号人物。由于度支部副大臣陈锦涛"叛逃南方",此年 12 月周自齐升任度支部副大臣。

大礼堂

1912 年 1 月 1 日,孙中山在南京宣誓就任中华民国临时大总统。3 月,袁世凯提名唐绍仪为国务总理。3 月 30 日,宣统皇帝退位,清朝完结。4 月孙中山辞职,临时参议院推举袁世凯接任临时大总统。

待北京局势甫一稳定,清华学堂即在国内各大报纸上发布通告,宣布恢复上课。1912 年 5 月 1 日,清华学堂重新开课,返校学生仅 360 人。临时政府外交部宣布裁撤游美学务处,清华学堂划归外交部。此前,周自齐已出任山东都督兼民政长;范源濂升任陆征祥与赵秉均内阁之教育总长。10月,根据教育部《普通教育暂行办法》,清华学堂改称清华学校,仍为留美预备学校性质,监督改称校长。唐国安任清华学校第一任校长,周诒春为副校长兼教务长。自此清华进入清华学校时期,至1928年改为国立清华大学,前后凡17年。

唐国安,字介臣,广东珠海人。1874年被曾国藩选送为第三批留美幼童官费生,赴美国留学。1880年考入耶鲁大学法律系。因清政府中断留学计划而回国,后任上海《南方报》英文版主笔。1887年任外务部司员。1910年正式担任外务部考工司主事,主持1910、1911年留美生考试。

辛亥革命爆发后,中华民国政府无力支付赔款,因此也就没有所谓"退款",清华再无钱资送学生留洋。清华学校重新开学后,原计划这年留洋的高等科三年级学生延期至1913年出国,共有16人。著名化工专家侯德榜即属于这一级。

1913年春,清华学校将相邻的"四爷园"近春园并入;近春园西隅的"长春园"(旧名水磨村,属圆明园边沿)等邻近地界亦并入,合计达680余亩。清华既有充裕的经费,又得景致幽美的园林作为校园,学习环境得天独厚。

唐国安尽心尽力地想把学校办好,不料竟很快病逝于校内寓邸,临终前将自己的藏书全部献给清华学校图书馆,并推荐周诒春继任校长。对于唐国安,陈鹤琴回忆道:

"他是一个基督徒,待人非常恳挚,办事非常热心,视学生如子弟,看同事如朋友。可惜做了不多久,他得病去世了。我们都觉得很悲痛,好像失掉了一位可爱的慈母。"

此时的清华学校是外交部管辖下的独立于普通高等教育系统之外的一所留美预备学校。改名之后,其办学模式完全仿效美国。学校设西学部和国文部,其课程设置、教材、教学方法乃至课外活动,深受英美式"自由教育"(又称"通才教育")的影响,强调科学教育。学制分中等、高等两科,各为4年。中等科为高等科之预备,高等科毕业生全部资送赴美留学,插入美国大学二、三年级学习。其后,派遣留美生的数量逐渐增加。

清华学校有严谨的校风、频繁的考试、苛严的计分、较高的淘汰率以及出洋的机会,这一些都促使学生们刻苦攻读。在1911年至1921年间,学校共招收1500名学生,除在校学习的383人外,毕业的只有636人;而历年被开除的有301人、退学的135人,算上死亡的45人,淘汰率高达32%。在1959年公布的中科院学部委员中,清华这一时期学生达28人之多,如马寅初、梁思成、竺可桢、金岳霖等大师。

周诒春，祖籍安徽休宁，生于湖北汉口。1907 年毕业于上海圣约翰大学，1912 年任南京临时政府外交部秘书。他在主政清华期间，卓有成效地实行了一系列方针，使学校生机勃勃地成长起来。

他极力提倡德、智、体三育并举，推行"造就完全人格之教育"（或称"德育教育"），鼓励学生全面发展，提高综合素质，成为适应现代社会的国家公民。对于德育，学校总的出发点是："盖以学校教育之精神，不徒在教授生徒以高深之学理，亦当养成其高尚之德性。""提倡德育，端品励学，增进其自治之基。"清华希望学生有强健的体魄，所以对于体育特别重视。周诒春曾推行著名的"强迫运动"：每天下午 4 时至 5 时为运动时间，图书馆、教室、宿舍一律锁门，学生都必须到户外操场或体育馆内去锻炼。除平日积极提倡外，学生毕业前，必须通过最低标准之 5 项运动（游泳、百码、跳高、跳远、掷铁球）；如有任何一项不及格，即扣发毕业文凭，取消出洋资格。自 1913 年至 1925 年间的 12 次华北运动会中，清华 7 次获得团体第一名。

1915 年，14 岁的梁实秋考入清华学校中等科，8 年后赴美留学。对于清华的体育活动，梁实秋亲切而生动地回忆道：

"清华对于运动素来热心。校际球类比赛如获胜利，照例翌日放假一天，鼓舞的力量很大。跻身于校队，则享有特殊伙食以维持其体力，名之为'训练桌'，同学为之侧目。记得有一年上海南洋大学足球队北征，清华严阵以待。那一天朔风刺骨，围观的人个个打哆嗦而手心出汗。清华大胜，以中锋徐仲良、半右锋关颂韬最为出色。徐仲良脚下劲足，射门时球应声入网，其疾如矢。关颂韬最善盘球，左冲右突不离身，三两个人和他抢都奈何不了他。其他的队员如陆懋德、华秀升、姚醒黄、孟继懋、李汝祺等均能称职。生平看足球比赛，紧张刺激以此为最……"

早在 1911 年，清华学堂于初创时，就提出"以进德修业、自强不息为教育之方针"（《清华学堂章程》）。为加强学生训育，清华经常请名人来校作演讲，杜威、罗素、泰戈尔、梁启超、蔡元培、李大钊、陈毅、颜惠庆等国内外各界名人均曾亲临演讲，校园内辩论风气亦非常盛行。

1914 年 11 月 5 日，当时正在清华园工字厅后部的西客厅"赁馆著书"的近代著名国学大师、资产阶级启蒙宣传家梁启超，应周诒春邀请来到同方部为学生们演讲。

此日，天气甚为晴朗。清华园地处郊区，天空显得格外明净。梁启超整整衣裳，走上讲台，以《君子》为题演讲，勉励清华学子异日出膺大任，挽既倒之狂澜，做中流之砥柱。他的国语带有一点广东方言，但是铿锵有力，一字一句地传到了大家的耳里。他说：

"……乾象曰:'天行健,君子以自强不息。'坤象曰:'地势坤,君子以厚德载物。'乾象言,君子自励,犹天之运行不息,不得有一曝十寒之弊……坤象言,君子接物,度量宽厚,犹大地之博,无所不载……清华学子,荟中西之鸿儒,集四方之俊秀,为师为友,相蹉相磨,他年遨游海外,吸收新文明,改良我社会,促进我政治,所谓君子人者,非清华学子,行将焉属……"

这次演讲以后,清华便确定以"自强不息,厚德载物"作为校训,制定校徽。1917 年大礼堂竣工后即以巨徽嵌于正额,并一直沿用至今,影响无比深远,激励着一代又一代清华人把自己的命运同祖国的命运紧密结合起来,为中华民族的伟大复兴而奋斗不止。

清华的生活不是寡然无味,而是多彩多姿的。陈鹤琴回忆道:

"课外活动,周校长是非常热心提倡的。他素来不主张我们读死书。所以我们的课外活动就蓬蓬勃勃油然开展了。什么辩论会、演说比赛,什么足球比赛、篮球比赛,什么化装表演,什么音乐会,像雨后春笋般产生了。我们毕业的时候,还表演一出《威尼斯商人》呢!"

对于日常生活,梁实秋亦兴致盎然地回忆道:

"……清华园以西是一片榛莽未除的荒地,也有围墙圈起,中间有一小土山耸立,我们称之为西园。小河经过处有一豁口,可以走进沿墙巡视一周,只见一片片的'萑苇被渚,蓼苹抽涯',好像是置身于陶然亭畔。有一回我同翟桓赴西园闲步,水闸处闻泼剌声,俯视之有大鱼盈尺在石坂上翻跃,乃相率褰裳跣足,合力捕获之,急送厨房,烹而食之,大膏馋吻。

"孩子没有不馋嘴的,其实岂止孩子?清华校门内靠近左边围墙有一家'嘉华公司',招商承办,卖日用品及零食,后来收回自营,改称为售品所,我们戏称去买零食为'上售'。零食包括:热的豆浆、肉饺、栗子、花生之类。饿的时候,一碗豆浆加进砂糖,拿起一枚肉饺代替茶匙一搅,顷刻间 3 碗豆浆一包肉饺(10 枚)下肚,鼓腹而出。最妙的是,当

校训石

局怕学生把栗子皮剥得狼藉满地，限令栗子必须剥好皮才准出售，糖炒栗子从没有过这种吃法。

"在清华那几年，正是生长突盛的时期，食量惊人。清华的膳食比较其他学校为佳，本来是免费的，我入校那年改为缴半费，我每月交三元半，学校补助3元。8个人一桌，四盘四碗四碟咸菜，盘碗是荤素各半，馒头、白饭管够。冬季四碗改为火锅。早点是馒头稀饭咸菜四色，萝卜干、八宝菜、腌萝卜、腌白菜，随意加麻油。每逢膳时，大家挤在饭厅门外，我的感觉不是饥肠辘辘，而是胃里长鸣。我清楚地记得，上第四堂课《西洋文学大纲》时，选课的只有四五人，所以就到罗伯森先生家里去听讲，我需要用手按着胃，否则肚里会鸣鸣地大叫。我吃馒头的最高纪录是12个。斋务人员在饭厅里单占一桌，学生们等他们散去之后，纷纷喊厨房添菜，不是木樨肉就是肉丝炒辣椒，每人呼呼地添一碗饭……"

到1916年，清华已度过了5年的"创建时期"，进入"发展时期"。周诒春着眼于民族教育事业的独立自主，要求外交部增加学额，并提出把清华逐步过渡到一所完全的、独立的大学的设想。他认为，清华有良好的基础，为图久远之计，将清华"逐年扩充至大学程度"，是学校今后发展的"当务之急"。否则，到1940年庚款还清后，清华经费来源中断，经营了多年的清华学校就要关门，那未免就太可惜了。因此不如未雨绸缪，渐求扩充，早定基础。

是年7月，周诒春呈文外交部，从3个方面讲述清华改办大学的必要性：第一，"可增高游学程度，缩短留学年期以节学费也"；第二，"可展长国内就学年限，缩短国外求学之期，庶于本国情形不致隔阂也"；第三，"可谋善后以图久远也"。此为清华成为中国独立教育事业之开端。

周诒春任内，因财政比较宽裕，故对外设法扩充留美学额。自1914年起，清华更间年选派专科女生10名（有时不足额）留美，由公开考试决定。

此外，硬件如民国清华四大建筑（大礼堂、科学馆、图书馆、体育馆）的兴建，也是周诒春主政时期外国设计师的手笔。英国哲学家罗素访问清华时，便感觉"清华学校恰像一个由美国移植到中国来的大学校"。

正当周诒春积极推动清华改办大学计划之时，1917年下半年，亲日派成为北洋政府中的主要势力。周诒春被诬以"妄糜巨款，营私害公"的罪名。经外交部派人核查，攻击之词大多不实。尽管清华师生都劝告周校长"止谤莫若自修，不予置辩"，但周诒春却认为"既遭时忌，愿让贤能"，加之劳顿成疾，毅然辞职。

1918年1月4日是周诒春的辞职日，对清华的教职员工、学生们来说则是一个悲伤的日子。离校当天，全校集合，学生们身着军操制服，一齐鸣枪向他致敬。清华校友陈宏振高度评价周诒春道：

"他是母校的拓荒者,母校的创建人,筚路蓝缕,惨淡经营,播下精选的种子,收获到丰硕的果实,建立了优良的传统,奠定下巩固的基础,尤其是培育出母校同学个个引为自豪的清华精神。"

陈鹤琴饱满热情地回忆道:

"周校长办事认真,毫不敷衍。校规不订则已,一订了我们非遵守不可。他常常对我们说:'我不要你们怕我,我要你们怕法律。你们读书,总要研究得透彻,不要马马虎虎,一知半解。你们做事,总要实事求是,脚踏实地,要从小做到大,从低升到高。若是脚没有着实而攀得高高的,那一跌下来,就要跌死的。'周校长处处能以身作则,他不爱名,也不贪利,说起话来总是诚诚恳恳,切切实实。清华校长换了好几位,而养成清华纯洁学风的,就是周校长。凡是在清华读过书的,没有一个不爱戴他。他真是我们的良师呢!从上看来,清华的师长不但顾到学生学业的增进,而且能注意到学生人格的培养。周校长一方面以身作则做我们的模范,一方面常常对我们训话,做我们的晨钟暮鼓。"

周诒春辞职后,外交部令副校长赵国材代理校长,后派外交部参事、秘书张煜全担任校长。翌年,一场以大学生为主的爱国运动爆发。

【第6回】
一多夤夜贴满江红
长桐五四率清华军

这天晚上,残月如钩,夜凉如水,清华学校的花木犹在酣睡。因为是星期日,偌大的清华园里呈现着一片假日的气氛。寂静的饭厅前,蓦地出现一个清癯的身影。只见他将一张大纸贴到门口,之后便悄悄地消失在夜色中。此人正是闻一多,时为高等科二年级学生。

次日清晨7点20分,热气腾腾的饭桌前空无一人。学生们全都聚集在饭厅门口,只见纸上书写着南宋抗金名将岳飞的《满江红》。

"怒发冲冠,凭栏处,潇潇雨歇。抬望眼,仰天长啸,壮怀激烈。三十功名尘与土,八千里路云和月。莫等闲,白了少年头,空悲切!靖康耻,犹未雪。臣子恨,何时灭?驾长车,踏破贺兰山缺!壮志饥餐胡虏肉,笑谈渴饮匈奴血。待从头,收拾旧山河,朝天阙！"

原来,清华地处北京郊区,远离闹市,偏僻闭塞,交通不便,学校实行严格的封闭式管理,许多学生处于埋头读书、准备出洋、很少过问时事的状态。他们还不知道,5月4日,北京城内十几所学校的3000余名学生,以北京大学为主,在陈独秀等人领

闻亭石(纪念闻一多)

导下,举行了轰轰烈烈的游行示威。他们火烧赵家楼,痛殴卖国贼,已有32名学生被捕。北大学生谢绍敏还咬破手指写下血书。起因是当时第一次世界大战结束,巴黎和会不顾中国也是战胜国之一,美、英、法、日、意等国在《凡尔赛和约》中,把原德国在山东所强占的一切特权全部让给日本。这就是后来在中国历史上著名的里程碑式的五四运动,它宣告了中国近代史的终结与中国现代史的开端。

5月3日进城的同学返校后,将在城内的见闻好生演说了一通。清华学生们听罢纷纷怒火中烧,久已压抑的爱国热情像火山一样喷发出来,清华园顿时一片沸腾。5月5日上午9时,高等科和中等科的科长(级长)、各会社负责人立即召开联席会议,参加会议的共有57人。会上组织了临时领导机构——清华学生代表团,决定召开全校同学大会。议决:

对外:(一)派代表进城调查北京情形;(二)一切进行与他校取一致行动;(三)要求国会弹劾陆(宗舆)、曹(汝霖)、章(宗祥)诸贼;(四)通电巴黎专使请缓签字;(五)通电巴黎和平会议请维持公道;(六)要求总统对于山东青岛问题取坚决手段,上书或派代表。

对内:(七)本晚开全体学生大会;(八)周刊加发号外,并有滑稽画;(九)本校各种出版物加"勿忘国耻"等字样;(十)不用日货;(十一)通俗演讲及传单。

陈长桐、罗隆基、何浩若等同学被推选为代表,负责进城与各校联系,了解运动详情。进城代表们参加了此日下午在北大三院举行的三千人集会;并在会上宣布,从即日起,清华与各校一致行动。

当晚7时半,清华全体学生大会首次在刚刚落成的体育馆(时名"罗斯福体

育馆",以纪念当年罗斯福总统对于清华学校成立的贡献)前召开,陈长桐为主席,向同学报告运动形势。大会决定,从5月6日起全校罢课。毕业班同学则提出:"山东问题一日不解决,则我们一日不出洋!"表示要斗争到底。

5月9日,清华学生、中国教员及20余名美国教员在体育馆举行"国耻纪念会"。清华学生庄严宣誓:"口血未干,丹诚难泯,言犹在耳,忠岂忘心。中华民国八年五月九日,清华学校学生,从今以后,愿牺牲生命以保护中华民国人民、土地、主张,此誓。"会后,大家将所购日货摆在操场上焚烧,观者欢呼。

5月18日,北京各专门以上学校在北大举行联合会议,议决北京专门以上学校于19日实行全体一律罢课。此案在京议决后,清华即召集代表团会议及全体学生会议,当即全体表决,与城中各校坚持到底,一致行动。6月3日,数以千计的学生涌向街道,开展大规模的宣传活动。

时清华中等科四年级学生梁实秋,于若干年后回忆道:

"清华远在郊外,是五四过后第二三天才和城里的学生联络上。清华学生的领导者是陈长桐。他的领导才能是天生的。他严肃而又和蔼,冷静而又热情,如果他以后不走进银行而走进政治,他一定是第一流的政治家。他的卓越的领导能力,使得清华学生在这次运动里尽了应尽的责任……自5月19日以后,北京学生开始街道演讲。我随同大队进城,在前门外珠市口,我们一小队入店铺里搬来几条木凳横排在街道上,人越聚越多,讲演的情绪越来越激昂。这时有三两部汽车因不得通过而乱按喇叭,顿时激怒了群众,不知什么人一声喝打,七手八脚地捣毁了一部汽车。"

6月3日,军警逮捕学生170多人。清华有100余名同学进城演讲,被捕达40余人。4日,北京学生被捕者700多人。当天清华进城演讲人数增至160余人,被捕者近100人。梁实秋回忆道:"北京学生千余人在天安门被捕,清华的队伍最整齐,所以集体被捕,所占人数也最多。"

6月5日,清华几乎所有在校学生都进城宣传,而且每人都随身携带了毛巾牙刷、水壶干粮,准备被捕坐牢。北京各界人民热烈支持学生的爱国运动。北京商界决定,如果当天下午5时政府还不撤退军警,就立刻宣布罢市。

面对强大的社会舆论压力,反动当局不得不在这天下午5时左右撤走看守北大法学院等处的军警,表示释放学生。6月8日,各校被捕学生在回校前,又在中华门、总统府等地举行游行示威,受到成千上万市民的欢迎。清华还派了代表和军乐团、义勇军第二连,列队前往前门车站欢迎被捕同学胜利返校。6月9日晚,全校举行联欢会,庆祝斗争的胜利。6月28日,巴黎和会中国代表拒绝在《凡尔赛和约》上签字。曹、陆、章相继被免职，总统徐世昌提出辞职。五四运动取得胜利。

对于五四运动的经过始末，著名经济学家、国际活动家冀朝鼎回忆道：

"五四以前，清华学生的政治兴趣很淡薄，一心一意只想留美……在清华学校内因政治事件而轰动了全校的，以五四为第一次……五四在清华是个群众运动……运动中清华的领导人是罗隆基、陈长桐、何浩若等……学生会日夜开会，我记得会上以罗隆基、何浩若等人的发言影响最大，可以说思想上是罗、何二人领导，组织上则陈长桐做的事多。这时期大家都是日夜干，布置宣传，参加游行……"

五四期间，吴宓尚在大洋彼岸的哈佛留学。他后来回忆道：

"五四运动初起，北京学生殴打曹汝霖、章宗祥、陆宗舆，毁其住宅，又逼劝商人抵制日货，宓以为此系反对日本之爱国运动而已。虽其后得见五四运动成为提倡新诗、白话文、国语、打倒'孔家店'、攻击旧礼教之新文化运动，兼及新教育，聘请杜威与罗素赴中国讲学。而终不知五四运动急转直下，6月3日已变成'六三运动'，此时即有《向导周报》杂众刊物中出现，但显然为共产主义者之机关报。演变至1949年遂有中国共产党，在毛主席领导下，解放了全中国，统治着全中国，且进而指导世界人民革命。如此丰功伟烈，岂宓当年在美国所能梦见者哉！"

吴宓这段回忆，对早先见事不明流露出无限的悔恨。这也正是当时只知埋头学问者共同的悲剧。

梁实秋回忆道：

"五四运动原是一个短暂的爱国运动，热烈的，自发的，纯洁的，'如击石火，似闪电光'，很快就过去了。可是年轻的学生们经此刺激震动而突然觉醒了，登时表现出一股蓬蓬勃勃的朝气，好像是蕴藏压抑多年的情绪与生活力，一旦获得了迸发奔放的机会，一发而不可收拾，沛然而莫之能御。当时以我个人所感到的而言，这一股力量在两点上有明显的表现：一是学生的组织，一是广泛的求知欲。"

"忽如一夜春风来，千树万树梨花开。"伴随着五四运动，各种新思潮涌入清华园，引起广泛的评议和关注，促进清华学生的觉醒，使他们更加关心社会现实。他们中的先进分子，开始积极探求救国救民之路。革命的火种也在清华园内悄悄点燃。

经过五四运动的洗礼，在清华园内，各种学生社团如雨后春笋般兴起。自1919年至1920年间，新成立的社团有50多个。社会上流行的各种思潮，如"实业救国"、"科学救国"、"平民教育"、"学生自治"、"工学主义"等均进入校园。在新思潮的影响下，清华学生要求实行校内民主与自治。12月17日，全体学生大会通过学生会章程。23日晚,清华全体学生聚集在饭堂,举行学生会成立大会。校长张煜全派巡警干涉,还把电灯关灭,引起学生公愤,遂罢课抗议。1920年1月底,生就体弱多病、终日与药瓶为伍的张煜全被迫辞职。

此前,张煜全刚呈文外交部"陈报筹设大学",决定逐年停办中等科,而以办中等科之力量与经费,改办大学。计划决定自1920年起,停招中等科一年级新生,3年后在校该科学生全部结业,中等科即告结束。高等科仍保留,并扩大学额。1921年又将高等科四年级改为大学一年级。

日晷

1920年暑假,该级毕业生集体在大礼堂前的草坪南端树立了一个中国古代用于记时的日晷石盘,后来成为清华大学校园最鲜明的标志之一;日晷上所刻的铭文"行胜于言",成为清华大学的优良校风。

1920年,外交部派罗忠诒继任校长,但同学们对罗忠诒表示拒绝,致其未能到校而请辞。"驱张拒罗"事件后,外交部一时派不出合适的校长来,只好暂由校董事会主席严鹤龄代理校长。严鹤龄精明强干,可惜其志不在清华。直到6个月后,即1920年8月,外交部方正式任命第一批庚款留美生金邦正为清华学校校长。

【第7回】

期末考因同情罢考
辛酉级为正义留级

1920年7月,北洋军阀最大规模的内战——第一次直皖战争爆发。由于北京政府大量挪用教育经费用于战争,故公立院校经费被长期拖欠,教职员工生活无法保障。翌年6月3日下午,北京22所公立学校的校长、八校(北大、高师、女高师、法专、农专、医专、工专、美术国立高等学校)教职员代表及学生共 1000 余人,在北大教授李大钊、马叙伦等人领导下至新华门请愿。

然而,代表们遭到了早有准备的军警们的残暴镇压。法专校长王家驹腰背、腹部受枪柄重击;医专代理校长张焕文头部遭创,血流满身;北京国立专门以上八校教职员联席会议主席马叙伦头部及左腰亦受重伤,全身是血;北大教职员代表沈士远教授额部被刺刀刺破,一脸鲜血。前来"调解"的教育部次长马邻翼也遭痛殴。受重伤者总计 30 余人,轻伤者 100 余人。这就是震惊全国的"六三惨案"。

惨案发生以后,北京市学联宣布罢课,抗议当局,同情与声援教职员。6 月 8 日,清华学生会在评议部上通过"清华学校明日罢课案",决定执行市学联的决议。当晚,全体学生大会经过 3 个小时的争辩,将评议部议案修改为"清华学生应该罢课,唯须与北京部立私立各校取一致行动"。6 月 10 日,清华全体学生大会以 292 票对 119 票通过"同情罢课案"。

按照清华的课程安排,原定 6 月 13 日举行期末大考。而学生们认为:大考不过是一种形式。根据清华的记分方法,平时分数占总成绩的 70%,大考仅占 30%;而这 30% 中,上学期的大考又占一半。因此,从成绩上说,85% 的优劣等级,早在本次期末大考之前便已决定。学生们还认为,只要"教潮"稍有转机,还可以举行补考。因此,大多数学生对罢课期内不参加大考一事,均采取坚持态度。

6 月 13 日大考,清华学生集体"蒸发"。面对学生罢考,清华教职员召开了整整一天的紧急会议。当晚,校长金邦正将会议结果报告董事会。董事会作出决议:"本期大考改于 18 日举行,不赴大考学生即认为自请退学。"清华学生会评议部、干事部主席接到金邦正校长关于董事会的决议后,立即召开全体学生大会。会上,愤愤不平的学生们提出了两个方案。第一案为"无论学校用何种胁迫,清华学生对于罢课案坚持到底",此案以 424 票对 2 票通过;第二案为"罢课终止时,全体要求学校实行补考",此案以 440 票对 1 票通过。

清华学生在同情罢考上的斗争,经受考验最大的是即将毕业赴美留学的 1921 级学生。1921 年是辛酉年,按照清华习惯,这一年级被称为"辛酉级"。在 3 月 4 日出版的《清华周刊》第 201 期上,已刊登学校为辛酉级放洋预订"中国"号船票 106 张,驶行日期为 8 月 12 日。随后不久出版的《清华周刊第七次临时增刊》上,亦刊布《本届高四各班同学赴美所习之学科拟入之学校一览》。另外,赴美留学者的制装费 360 元亦已下发,且已交上海一家成衣店制作。

6 月 13 日清华全体学生大会后,即将留洋的辛酉级连夜召开两次级会。在罗隆基、何浩若、闻一多等人的领导下,第一次级会决议"高四服从多数"。第二级会决议"在未正式宣布罢课终止以前,高四级不单独大考;未大考以前,不毕业出洋"。

亲历其事的当代民族学家、教育家吴泽霖回忆说:

"我级多数级友,都认为这一运动与五四运动性质不同。但我们清华学生现属北京学生联合会的成员,理应参加这一运动。我们赞成进城参加游行、进行街头宣传、散发传单等等行动,实际上我们的确也参加了。但起初我们并不赞成举行总罢课。不过时间一拖再拖,城内多数学校的教师都坚持罢课,学生联合会也通过了总罢课的决议,从而我们级友们的态度也变了,觉得我们理应与北京学生们行动一致。辛酉级是毕业班,部分教师给我们做了不少劝导工作,但我们仍决定同其他班级一致行动,参加了总罢课。"

6月17日,学校当局又议决两道校令。第一道为"本校大考事,经本校教职员议决定于20号举行,如不赴考,即以自行告退论";第二道为"本学期不赴考者,准其于本年9月12日起,来与复校考试,考试及格者,准其复校依次升级,唯各班须一律留级一年"。在这两道校令公布之前,报端披露政府将提出5条办法以收束"教潮"。

为此,一些学生主张参加大考。另一些人则反对停止罢课,认为:

(一)课既谨慎发之于前,当郑重将之于后,以争教育始者,当以争教育终,5条办法是否确实,教职员对于此5条是否满意,此在收束罢课以前当应有把握者也。(二)学生罢课,应自发自收,决不能因学校的压力,借题下台。(三)罢课时既与部立私立各校一致行动,收束时自不能单独径行。

6月19日,清华学生会评议部议决举行全校无记名投票,表决事项为:第一,罢课期内参加大考还是不参加大考;第二,服从多数还是不服从多数。投票结果:不考,服从多数:298票;考,服从多数:71票;不考,不服从多数:3票;考,不服从多数:40票;废票:25票。

对于无记名投票的结果,董事会主席、外交部参事刁作谦怀疑此为学生中个别领袖鼓吹所致,即提出举行第二次投票。投票"由校长执行",投票的"内容只有校长、董事、外交总长可阅看","总数可以报告学生"。第二次投票的结果,是主张单独参加大考者33票,而拒绝参加大考者为419票。

6月19日,当清华学生举行第二次投票时,级长熊祖同与浦薛凤、薛祖康认为"意气用事,反抗校方而继续罢课,留级1年,实不值得,何况吾级参加考试,其余各级继续罢课,听其自然"。他们3人"对于罢课情事,平素沉默寡言,不加可否",这次则"分头私自接洽",得到"级友多数赞成参与大考"。

次日,熊祖同以级长身份召集级会,讨论浦薛凤等提出的"高四级单独大考案"。结果是"单独大考案"以 36 票对 27 票通过。主张大考的学生认为,这是辛酉级多数人通过的决议,该级成员理应遵守。反对者则认为全校学生 600 余人,赞成单独大考的仅 36 人,属极少数,理应服从全校多数学生通过的决议。双方各不相让,各树一帜。同时,坚持罢考的罗隆基、何浩若、闻一多、吴泽霖等人则表示:"案虽通过,但行动仍属个人自由,不愿大考者,自可拒绝参加。"

6 月 21 日,清华学校发布两道校令:

"(一)关于本校期大考事宜,经本校全体教职员议决,定于本月 22 日开始大考,至 28 日考完,届时诸生务须赴考,如不赴考,即以自行告退论。(二)查学期考试日期,并声明如届时不赴考者,即自行告退论……如本学期届时不赴考者,准其于本年 9 月 12 日起,来与复校考试,考试及格者,准其复校,依次升级肆业。唯各班须一律留校多学 1 年,俟大学一年级学完考试毕业后,方能遣派赴美。"

翌日下午 1 时,当占辛酉级 2/3 的 50 余人走入科学馆考场时,全校众多拒绝大考的学生则集聚在门前"欢呼致贺"。

辛酉级拒绝大考的学生共 29 人。他们只好收拾行李,挥泪告别,各自回家。他们思想上也不免产生过矛盾,觉得在清华白耽了七八年,留学在望,机会就这样白白被送掉。但一看到那些参加考试的人望到自己就远避的窘态,他们又深感自豪,认为真理是在自己这一边,出洋机会可丢失,为正义不低头,这就是他们当时的心声。

清华学校当局对参加同情罢考的同学集体留级 1 年,和对辛酉级罢考学生以"自请退学"的处分,在社会上引起了强烈反响。八校教职员宣告复职之后,清华"同情罢考事件"成为北京舆论的焦点。清华董事会于 8 月初决定允许辛酉级罢考学生签具悔过书后,可留级 1 年,于次年放洋(因董事会认为开除他们,在经济上对美国很不合算)。对于其他 7 个年级的罢考学生,则仍坚持原处分。8 月 12 日,清华学生家长和监护人萨君陆等 30 余人向外交部上呈,认为清华学校对此事处置失当,要求撤销议决原案,以维教育,而慰众望。

8 月 26 日,辛酉级罢考学生的 3 项解决办法出台:

(一)高四补考及格者,作为毕业生,由校发给毕业证书。(二)在校研究 1 年者,作为研究生,一切费用由校津贴。其数目以学校所定各生之预算额为准。(三)如有因特别事故,由家长声明,经学校承认,不能在校研究者,于 1922 年即民国十一年夏季以高等科毕业生资格出洋。

对于其他 7 个年级的学生,仍作出多留校 1 年的处理。而其一切费用,仍照 1921 年高四之例,由校津贴。

9 月 12 日,清华学校暑后开学,辛酉级罢考之 29 人被迫留级 1 年。按照惯例,清华毕业生可以直接插入美国各大学二年级,但这 29 人因无课可上,学校亦无法另外编级,便称他们为"大二级"。清华学校有大二级者,仅此一届。开学时,全体学生相约拒不出席金邦正召开的开学典礼,金邦正只好以太平洋会议中国代表团随员为借口,悄然离校。学生会趁此机会去信,"请其不必作卷土重来之梦想",迫使金邦正辞职。

与此同时,清华同学从罢考事件中,进一步感受到教育管理权的重要性。为此决定从校内改革入手,发动改组董事会运动,要求吸收清华校友和国内教育家充任董事。

1922 年春夏之交,清华学生在又一次面临出洋之际,发动"取消留级运动"。4 月,清华学校当局为着处理比辛酉级低一届的壬戌级事宜,向外交部请示处理意见,并下达《取消留级部令》,将罢考行为歪曲成"罢课避考"。又将一些学生的请求,说成是全体学生都"深知改悔",已经接受"具结"、"悔罪"、"道歉"的条件。

是年毕业的壬戌级有 60 多人。全级除潘光旦、闻亦传等 8 人以外,都接受了"悔过"的条件。据潘光旦在一篇回忆中说,他们 8 人事实上也没有履行处分。学校为避免为他们寻找工作或留校进修的麻烦,也就把他们一起送走了事。于是,辛酉级受留级处分的 29 人,和壬戌级全体学生,同于此年赴美留学。

原来,当时新任校长曹云祥已上台。有人建议把这 29 人留在国内当办大学的试验品。但曹云祥认为条件还不成熟,所以仍签发了毕业证让他们出国。

而闻一多等少数几人,为笃信真理、坚持操守,始终就没有妥协过一丝一毫。

【第8回】
小荷才露蜻蜓立上
清华初建才俊辈出

清华学校建校时间极短,称得上是"小荷才露尖尖角";而一批学生小小年纪,却从中西文化中吸取珍贵的阳光雨露,在戏剧、体育、文学、音乐等领域崭露头角,真可谓"早有蜻蜓立上头"。

1912年秋,洪深考入清华学校高等科,编入丙辰级(1916年)。此时,清华学校每学期都要举行戏剧比赛。洪深表现出强烈的热情和浓厚的兴趣,经常乐此不疲地承担编剧任务。洪深回忆道:

"记得我从前在清华读书的时候,凡是学校里演戏,除了是特别团体为某年级的级会不容外人参加的以外,差不多每次有我的份;我又很高兴编剧,在清华4年,校中所演的戏,十有八九出于我手,虽然所编的只是一张没有对话的幕表。"

1914年,洪深改译并组织演出英国名剧《侠盗罗宾汉》。在演出《罗宾汉》话剧中,洪深饰演主角罗宾汉,周金台饰演小约翰王子,此外还有陈俊、张可治等19位演员参加演出。该剧许多情节发生在森林里,为再现逼真的场景,他大胆把"剧场"移至校园内丘陵树木密集之处(今闻亭附近),深得师生

闻亭(纪念闻一多)

的赞赏。是年 6 月 2 日《清华周刊》如是报道：

"闻该剧系本英国古代游侠扶弱救贫之事迹而作，演唱时宜藉山林溪泽之景以生情景逼真之妙，故该级已定本校大钟西南之隙地为剧场，户外演剧在本校实破题儿第一次也。"

除戏剧外，洪深还经常在校内刊物《清华周刊》上发表各种题材的文章、评论和小说，并与闻一多、陈达等一起组织国学研究会。此外，他还先后担任过校刊编辑、年报经理等。在清华校园的实践活动，为洪深日后成为中国现代话剧和电影的奠基人之一打下了坚实的基础。1916 年秋，洪深入俄亥俄大学学习烧瓷工程，接过戏剧编剧和演出接力棒的是闻一多。

1912 年，13 岁的闻一多经过初试与复试后，被清华留美预备学校中等科录取。由于闻一多入学清华时距大考只剩下了 1 个月，又加上英文基础较差，第二年被留级，编入将于 1921 年毕业的辛酉级。又由于同情罢考，受到推迟 1 年毕业的处分。清华的学制是 8 年，而闻一多在清华的时间是 10 年。

早在五四运动之前，清华学校里已渐次出现《清华周刊》、《清华学报》、《清华年报》等刊物。闻一多专栏"二月庐漫记"与洪深专栏"课余漫笔"、吴宓专栏"余生随笔"已颇有名气。五四运动之后，新文化运动兴起，中国文化领域内进行了一场深刻的革命。1920 年 1 月 8 日，清华学生会将"新闻科"改为"出版委员会"，《清华周刊》开始以白话文为主要体裁。

此年 12 月 11 日，酷爱文学的梁实秋与顾毓琇、吴文藻、翟桓、张忠绂、齐学启等壬戌级（1922 年）同学成立小说研究社。闻一多很钦佩他们的精神，提议成立清华文学社，以研究文学为宗旨，以交流读书心得和邀请名人演讲为主要方式。1921 年 11 月 20 日，清华历史上具有里程碑意义的清华文学社成立。闻一多任书记，梁实秋任干事。

梁实秋在《清华八年》中回忆道：

"进高等科之后，生活环境一变，我已近成年，对于文学发生热烈的兴趣。邀集翟桓、张忠绂、顾毓琇、李迪俊、齐学启、吴锦

老礼堂

铨等人组织'小说研究社'，出版了一册《短篇小说作法》，还占据了一间寝室作为社址。稍后扩大了组织，改名为'清华文学社'，吸收了孙大雨、谢文炳、饶孟侃、杨世恩等以及比我们高三班的闻一多，共约30余人。朱湘落落寡合，没有加入我们的行列，后终与一多失和，此时早已见其端倪。一多年长博学，无形中是我们这集团的领袖，和我最称莫逆。我们对于文学没有充分的认识，仅于课堂上读过少数的若干西方文学作品，对于中国文学传统亦所知不多，尚未能形成任何有系统的主张。有几个人性较浪漫，故易接近当时创造社一派。我和闻一多所做之《冬夜草儿评论》即成于是时。同学中对于我们这一批吟风弄月、讴歌爱情的人难免有微词，最坦率的是梅汝璈，他写过一篇《辟文风》投给《清华周刊》，我是周刊负责的编辑之一，当即为之披露，但是于下一期周刊中我反唇相讥辞而辟之。

"说起《清华周刊》，那是我在高四时致力甚勤的一件事。周刊为学生会主要活动之一，由学校负责经费开支，虽说每期五六十页不超过100页，里面有社论、有专论、有新闻、有文艺，俨然是一本小型综合杂志，每周一期，编写颇为累人。总编辑是吴景超，他做事有板有眼，一丝不苟。景超和我、顾毓琇、王化成4人同寝室。化成另有一批交游，同室而不同道。每到周末，我们3个人就要聚在一起，商略下一期周刊内容。社论数则是由景超和我分别撰作，交相评阅，常常秉烛不眠，务期斟酌于至当，而引以为乐。周刊的文艺一栏特别丰富，有时分印为增刊，厚达200页。"

当时，清华学校的规矩很严，每次早餐都要点名，一次不到者记一小过，二小过为一大过，满三大过者即开除。著名诗人朱湘就是因为不满清华的这种严苛制度，在毕业半年前故意顶撞，不肯去吃早饭，结果被清华开除。

对于顾毓琇等同窗好友，梁实秋回忆道：

"我清华最后一年同寝室者，吴景超与顾毓琇，不可不述。景超徽州歙县人，永远是一袭灰布长袍，道貌岸然，循规蹈矩，刻苦用功。好读史迁，故大家称呼之为太史公。为文有法度，处事公私分明。供职经济部所用邮票分置两纸盒内，一供公事，一供私函，决不混淆。可见其为人之一斑。毓琇江苏无锡人，治电机，而于诗词、戏剧、小说无所不窥，精力过人。为人机警，往往适应局势猛着先鞭。还有两个我所敬爱的人物。一个是潘光旦，原名光亶，江苏宝山人，因伤病割去一腿。徐志摩所称道的'胡圣潘仙'，胡圣是适之先生，潘仙即光旦，以其似李铁拐也。光旦学问渊博，融贯中西，治优生学，后遂致力于我国之谱牒，时有著述，每多发明。其为人也，外圆内方，人皆乐与之游。还有一个是张心一，原名继忠，是我所知的清华同学中唯一的真正的甘肃人。他是一个传奇人物。他嫌理发一角钱太贵，尝自备小刀对镜剃光头,常是满头血迹斑斑。在校时外出永远骑驴,抗战期间一辆摩托机车跑遍后方各省。他做一个银行总稽核,外出查账,一向不受招待。某地分行为他设盛筵,他闻声逃匿,到小吃摊上果腹而归。他的轶事一时也说不完。"

闻一多还与潘光旦、吴泽霖、闻亦传、刘聪强、孔繁祁这5人组成了一个小团体⊥社。"⊥"字是古"上"字,他们借此以时时上进自勉。且他们会友是6人,而"⊥"字又恰是我国数目中的6字。这些人正是上回提到的"辛酉学生运动"的骨干成员和积极分子。

另外,梁启超之子梁思成,则系癸亥级(1923年)毕业生。梁思成在校时担任过《清华年报》的美术编辑,为后来成为中国著名的建筑学家和建筑教育家,参加中华人民共和国国徽、人民英雄纪念碑等设计打下了牢固的基础。除此以外,他还曾担任清华军乐队首任队长。

作家、翻译家梁实秋亦是癸亥级毕业生。他回忆自己的毕业班生活又与人家不尽相同。

"高四的学生受到学校的优遇。全体住进一座大楼,内有暖气设备,有现代的淋浴与卫生设备。不过也有少数北方人如厕只能蹲而不能坐,则宁可远征中等科照顾九间楼。高四一年功课并不松懈,唯心情愉快,即将与校园告别,反觉依依不舍。我每周进城,有时策驴经大钟寺趋西直门,蹄声得得,黄尘滚滚,赶脚的跟在后面跑,气咻咻然。多半是坐人力车,荒原古道,老树垂杨,也是难得的感受,途经海甸少不得要停下,在仁和买几瓶莲花白或桂花露,再顺路买几篓酱瓜酱菜,或是一匣甜咸薄脆,归家共享……"

清华对体育成绩要求甚严。吴宓、梁实秋曾分别因为跳远、游泳不及格,经补考通过才得以毕业出洋。据闻一多之子闻立雕回忆,闻一多也差点栽在游泳上。然而有一人,却在体育领域如鱼得水,这人便是孙立人。

孙立人,曾任清华篮球队、足球队、排球队、手球队、棒球队队长。1920年,身高1米85的他任清华篮球队长,率队击败当时称霸京津篮坛的北京高等师范学院,获得华北地区大学联赛冠军。次年入选中国男篮代表队,担任球队主力后卫。翌年,孙立人作为中国国家篮球队先发阵容,参加在上海举行的第五届远东运动会,获得篮球冠军。这是中国在世界大赛中第一次获得的篮球冠军。

对于清华篮球队及孙立人,梁实秋回忆道:

"篮球赛之清华的对手是北师大,其次是南开,年年互相邀赛,全力以赴,互有胜负。清华的阵容主要的以时昭涵、陈崇武为前锋,以孙立人、王国华为后卫。昭涵悍锐,崇武习钻,立人、国华则稳重沉着。4人联手,如臂使指,进退恍惚,胜算较多。不能参加校队的，可以参加级队，不能参加级队的甚至可以参加同乡队、寝室队，总之是一片运动狂……"

孙立人后来担任蒋介石"五大主力"之一新一军军长，为中国军级将领中歼灭日军最多的一位，尤其是在打通中缅公路之战中表现出色，被欧美军事家称为"东方隆美尔"，官至国民党陆军总司令。但他在青云直上时却又深陷囹圄，被称为"张学良第二"，着实令人唏嘘、感叹不已。

清华学校成长的时代，正值新的留美潮蓬勃发展，因而有幸吸收到了当时最优秀的一批学生。学校的经费充裕、师资优良、管理严格，学生在外语、基本自然社会科学方面受到了良好的训练，对外国的一般文化、习俗都有不少了解，因而在国外大都适应能力很强，能够迅速吸取国外学术精华，回国后多有优异的表现。

【第 9 回】
骄子出自名师培养
教员不论中外俱佳

花开两朵，各表一枝。清华学校的老师们，好像只是衬托学生的绿叶，在光芒四射的学生们面前显得黯然失色。其实不然，学生和教师正像是梅与雪。"梅须逊雪三分白，雪却输梅一段香"，二者各有千秋。清华学校能涌现出大批优秀的学生，与诸多老师们的极高素养及辛勤培育是密不可分的。清华学生是骄子，清华教师是名师。而学生们对老师们的钦佩、怀念之情，更是溢于言表。

王文显 1915 年在英国伦敦大学毕业后回国，曾任中国驻欧洲财政委员，1921 年任清华学校英语系教授、副校长，1921 年金邦正辞职后还曾代理过一段时间的校长，1925 年清华大学成立后任外文系主任、教务长。

对于王文显，梁实秋曾饶有兴味地回忆道：

"他做教务长相当久，后为清华大学英语系主任，他的英文名字是 J.Wang Quincey。我没见过他的中文签名，听人说他不谙中文，从小就由一位英国人抚养，在英国受教育，成为一位十足的英国绅士。他是广东人，能说粤语，为人稳重而沉默，经常骑一辆脚踏车，单手扶着车把，岸然游行于校内。他喜穿一件运动上装,胸襟上绣着英国的校徽(是牛津还是剑桥我记不得了),在足球场上做裁判。他的英语讲得太好了,不但纯熟流利,而且出言文雅,音色也好,听他说话乃是一大享受,比起语言粗鲁的一般美国人士显有上下床之别。我不幸没有能在他班上听讲,但是我毕业之后任教北大时,曾两度承他邀请参加清华留学生甄试,于私下晤对言谈之间,听他叙述英国威尔逊教授如何考证莎士比亚的版本,头头是道,乃深知其于英国文学的知识之渊博。先生才学深邃,而不轻表露,世遂少知之者。"

林语堂1912年入上海圣约翰大学,毕业后在清华学校中等科任教。1919年秋赴美国哈佛大学文学系留学。对于林语堂等英文教员,梁实秋曾回忆道:

"在中等科教过我英文的有马国骥、林玉堂、孟宪成(实则是孟宪承)诸先生。马先生说英语夹杂上海土话,亦庄亦谐,妙趣横生。林先生长我五六岁,圣约翰毕业后即来清华任教,先生后改名为语堂。当时先生对于胡适白话诗甚为倾倒,尝于英文课中在黑板上大书'人力车夫,人力车夫,车来如飞……'然后朗诵,击节称赏。

"孟先生是林先生的同学,后来成为教育学家。林先生活泼风趣,孟先生凝重细腻。记得孟先生教我们读《汤伯朗就学记》(Tom Brown's Schooldays),这是一部文学杰作,写英国勒格贝公共学校的学生生活,先生讲解精详,其中若干情况至今不能忘。"

清华学校的国学课目,仅中国地理、博物、国文三四门。学校规定:学生国学课不及格、西学课及格可以毕业;反之,则不能毕业。这足以看出,早期清华重视英文、轻视国文的倾向。

对于国文的地位及老师,梁实秋回忆道:

"我的国文老师当中,举人、进士不乏其人。他们满腹诗书自不待言,不过传授多少给学生则是另一问题。清华不重国文,课都排在下午,毕业时成绩不计,教师全

古建筑遗址

住在'古月堂'自成一个区域。我怀念徐镜澄先生,他教我作文莫说废话,少用虚字,句句要挺拔,这是我永远奉为圭臬的至理名言。我曾经写过一篇记徐先生的文章,兹不赘言。陈敬侯先生是天津人,具有天津人特有的幽默,除了风趣的言谈之外,还逼我们默写过好多篇古文。背诵之不足,继之以默写,要把古文的格调声韵砸到脑子里去。汪鸾翔先生以他的贵州的口音结结巴巴地说:'有人说,国文没没趣味,国国文怎能没没有趣味,趣味就在其中啦!'当时听了当做笑话,现在体会到国文的趣味只可意会而不可言传,真是只好说'在其中'了。"

汪鸾翔曾求学广雅书院,为名儒朱一新的弟子,1923年清华校歌的歌词作者。

清华学校为留美预备学校,十七八位美籍教师担任的主要课程包括:英语、法语、德语、罗马语、拉丁语、物理、化学、数学、科学、生物、经济、历史、地理、演说学、音乐、绘画、手工、体育等,另外还兼任校医等职务。毫不夸张地说,清华早期,外籍教师在学校处于中心地位。

外籍教师在教学之余,还积极参加学生的课外活动。他们或充当顾问;或指导演说、辩论,并担任演说和辩论比赛的裁判员;或组织音乐和戏剧社团,指导学生练习、排演和演出;或定期向学生演讲,介绍美国的教育和文化。有时邀请学生到他们的住所去喝茶、聊天,与学生建立了亲密的感情。同时,他们也进行各种问题的研究和参观访问,常在《清华学报》等刊物上发表文章,或充当编辑。

梁实秋回忆道:

"教我英文的美籍教师有好几位,我最怀念的是贝德女士(Miss Baeder),她教我们'作文与修辞',我受益良多。她教我们作文,注重草拟大纲的方法。题目之下分若干部分,每部分又分若干节,每节有一个提纲挈领的句子。有了大纲,然后再敷衍成为一篇文字。这方法其实是训练思想,使不枝不蔓、层次井然,用在国文上也同样有效。她又教我们议会法,一面教我们说英语,一面教我们集会议事的规则(也就是孙中山先生所讲的民权初步),于是我们从小就学会了什么动议、附议、秩序问题、权利问题等等,终身受用。大抵外籍教师教我们英语,使用各种教材教法,诸如辩论、集会、表演、游戏之类,而不专门致力于写、读、背,是于实际使用英语中学习英语。还有一位克利门斯女士(Miss Clemens)我也不能忘,她年纪轻,有轻盈的体态,未开言脸先绯红。

"教我音乐的是西莱女士(Miss Seeley),教我图画的是斯塔女士(Miss starr)和李盖特女士(Miss Liggate)。我上她们的课不是受教,是享受。所谓如沐春风,不就是享受么?教我体育的是舒美科先生、马约翰先生。马先生黑头发绿眼珠,短小精悍,活力过人,每晨 10 时,一声铃响,全体自课室蜂拥而出,排列在一个广场上,'一、二、三、四,二、二、三、四……'连做 15 分钟的健身操,风霜无阻,也能使大家出一头大汗。"

陈鹤琴回忆道:

"我在清华读理科。教物理的是沃尔德(Wald)先生。他教起书来最详细、最清楚。他的实验功课也最有趣。他教课非常认真,没有一个学生敢拆烂污的。

"马隆(Malone)先生教我们西洋史。他是一个很漂亮的美少年。他教历史时,总是叫我们死记历史事实与重要日期。他对我很好,常常找我到他家里去玩。他有空的时候,常常到圆明园去研究残碑断柱。听说他后来回国再到大学读博士学位,就以圆明园为研究的对象。

"先生中有位皮克特(Pickett)两姊妹。姊姊教我们美国史,妹妹教我们德文。她们都是二十来岁的年轻姑娘,比我虽然大一点,但比起年龄较大的学生来,那只可以称小妹妹呢。她们既然做我们的老师,有时就不得不勉强装出一副老师的脸孔来。其实美国女子大多开朗、活泼的,她们在中国这种守旧的环境里面,确实感到非常拘束呢!

"史密斯(Smith)先生是一位四十来岁还未娶亲的男先生,教我们西方文学。还有一个四十多岁尚未出嫁的老姑娘斯塔尔(Starr)女士,是美术教师。她对于宗教非常热心。对待青年学生真是像自己的子弟一样。她教我们绘画,也教我们做人,像这种教师实在是难得!

"舒美科(Shoemaker)先生教我们体育。他是一个很好的体育教师。每天早晨(领着)我们全体学生做团体集合操。有时候,他叫我领操的。

"博尔德(Bald)先生是我们的校医。他的手术不能算差。听说现在美国做某医院的院长了。博师母虽然没有教书,但和学生非常之好。她也是一个很热心的基督徒,常常讲道给我们听的。

"布里斯(Breece)先生也是一位四十余岁还未娶亲的老先生。他教高年级的英文。他也是一个很热心的基督徒。

"塔尔梅奇(Talmage)女士是我们的英文先生。十余位美国教师中,她要算最热心、最严谨的了。她是一位沉默寡言的女子,在教室里是从来不笑的。同学中若有谁回答不出问题,她总要突着她那双大眼睛盯着他。那时候,她正教我们狄更斯的《双城记》。其中有一个叫 Madam de Vague 的女革命家,雄赳赳地领导群众去攻打牢狱。有同学就将这个女革命家的名字加在塔尔梅奇女士头上。其实她是一位很诚恳、很严厉的良师呢。

"教我们算学的是海因斯(Heines)先生。他非常和气,满脸总是堆着微笑,说话很轻,举止文雅,学问很好。我们做不出算题,他也不会发脾气骂人的。

"最受我们欢迎的要算是那位音乐教师了。她的名字叫西莱(Seelye),举止稳重,谈吐风雅。她待我们年轻的学生犹如她的小弟弟,教我们唱歌,教我们做人。后来我在纽约读书时,特地去拜访她。她嫁给华莱士(Wallace)博士。华博士是一位经济学家,6年前应政府之请来中国研究经济问题。西莱女士也同来中国。在上海,他们曾到我们家里吃过一餐饭,西莱还为我们全家小孩子在兆丰公园里拍过一张活动电影片子。不久前我看见报上一个噩耗,说她已经香消玉殒了。我一回想当初,不觉唏嘘不止。"

清华的第一首校歌,即由西莱作词谱曲。词为英文,题名《Tsing Hua College Song》,但并不出色。

1922年4月,外交部派该部官员曹云祥来清华接替代校长王文显。曹云祥,字庆五,自上海圣约翰大学毕业后赴美留学,后获哈佛大学商业管理硕士学位,号称中国第一位MBA获得者。1921年任北洋政府外交部参事。

到1923年6月,清华教职工为97人。此年10月的一份统计表明,返回母校任教的清华校友达31名,占教职工总数的1/3;而同时期外籍教师却只有17名。中国教师逐渐取代外籍教师,成为清华教师队伍的主角。

1923年前后,清华学校面向大家公开征求校歌。当时在高等科教授国文与哲学课的汪鸾翔,以其佳作《西山苍苍》应征。经校外名人审定膺选,又经张慧珍(英文文案处主任何林的夫人)配曲、赵元任编合唱,于是成为隽永流传、一直深受历代师生欢迎的佳作。

"西山苍苍,东海茫茫,吾校庄严,巍然中央。东西文化,荟萃一堂,大同爰跻,祖国以光。莘莘学子来远方,莘莘学子来远方,春风化雨乐未央,行健不息须自强。自强,自强,行健不息须自强!

"左图右史,邺架巍巍,致知穷理,学古

荷塘

探微。新旧合冶，殊途同归，肴核仁义，闻道日肥。服膺守善心无违，服膺守善心无违，海能卑下众水归，学问笃实生光辉。光辉，光辉，学问笃实生光辉！

"器识其先，文艺其从，立德立言，无问西东。孰介绍是，吾校之功，同仁一视，泱泱大风。水木清华众秀钟，水木清华众秀钟，万悃如一矢以忠，赫赫吾校名无穷。无穷，无穷，赫赫吾校名无穷！"

此作既有典雅、整饬、凝练的文辞与形式，在内容上又深蕴清华的风格、传统和精神，确实称得上是一流之作。

【第 10 回】
创大学新领导上任
国学院诸宗师云集

"暝槿无风落，秋虫欲雨鸣。"1923 年秋雨刚过，风轻云淡，碧空如洗。秋声中，一位中年人步履匆匆地行走在清华园内。此人名叫张彭春，时任清华学校教务长。说起张彭春的上任，还有一段小插曲。

五四运动过后，中国的教育界掀起了一轮教育改革运动，大学数量与日俱增。1912 年全国公立大学仅为 4 所，1922 年增至为 19 所，到 1925 年则增至为 47 所。而清华学校自周诒春辞职后，校长频繁更迭，清华改办大学一事进展缓慢。曹云祥上任后感叹道："周校长离校后，学风衰颓，校长数易，仅改组董事会以求维持局面，更无计划之可言矣。"针对全国激增的大学及学生的数量，曹云祥曾不无忧虑地指出：

"迩来中国学潮变迁，提高程度，各处中学专门学校纷纷改为大学，于是清华不改大学，则落于人后，不得并驾齐驱。"

清华的办学经费，主要是来自美国退还的庚子赔款。1923 年 2 月，随着庚子赔款的终止期限日益临近，曹云祥适时提出了"十八年（1923—1940）计划"，筹划逐步改办大学的具体方案。清华学校校方组织了"课程委员会"，策划改办大学的一切具体步骤与措施。课程委员会先后 3 次提出改办大学的方案，最后由教职工会议通过，决定自 1924 年起为大学筹备期。从这年秋天开始，逐年停招留美预备生。至此，清华学校改办大学的计划，由酝酿阶段正式进入实施时期。

　　鉴于前任清华学堂教务长张伯苓的声望及其创办南开大学的成功经验，曹云祥便请他举荐人才，以协助自己筹备清华学校大学部。"举贤不避亲"，张伯苓举荐的人才即为其胞弟张彭春。

　　张彭春绝非等闲之辈。他是天津敬业中学（南开学校前身）第一届学生，与梅贻琦同班。1910年，张彭春考取清华第二届庚款留学生，同胡适、竺可桢、赵元任等70人赴美深造，先后获得克拉克大学文学学士学位，哥伦比亚大学文学硕士、教育学硕士与博士学位，为美国著名教育家、实用主义哲学创始人之一杜威的弟子，曾考察过美国和欧洲各国的高等教育状况，并在南开大学创办过程中担任过专门部主任兼代校长。1923年9月，张彭春受曹云祥诚聘任清华教务长，携妻女迁居北京。

　　清华学校成立新课程委员会，由张彭春任委员长。除审定课程外，张彭春还负责筹划学校新教育方针的制定以及改办大学的计划。他在代表新课程委员会向全校教职员提交的报告中，明确提出创办清华大学的总纲领，希望清华能够成为"一造就中国领袖人才之试验学校"；强调"教育应特别奖励创造学习、个人研究及应付中国实际状况及需要之能力"。1923年11月初，清华教职员会议通过《清华大学总纲》。清华明确了学校的任务是培养国家急需人才，尤其要造就各方面的领袖人才。

　　次年4月，在清华历史上颇有影响的《清华学报》正式创刊。《清华学报》与《清华周刊》为见证和荟萃清华学术、文化、思想、历程的两个重要渊薮。

　　1924年，印度文豪、1913年诺贝尔文学奖获得者泰戈尔访问中国，清华园是他行程的重要一站。泰戈尔接受梁启超邀请，并由徐志摩陪同兼翻译，在钟灵毓秀的清华园驻留了近一个星期（4月29日—5月5日），下榻工字厅，受到非常细致周到的款待。他与辜鸿铭会晤，发表演讲，并就宗教、社会及人生等问题与清华师生进行了

古建筑遗址

广泛、自由的交流。

泰戈尔的这次访华，与此前罗素、爱因斯坦、杜威访华等一并成为20世纪中国文化界的大事。他回国后，1925年在印度加尔各答将在华演讲结集出版，题为《在中国的谈话》，其中第三部分"与学生的谈话"主要是他在清华的讲演，反映出文豪对美丽的清华园、对热情好客的清华师生深刻的印象。

1924年10月，张彭春主持制定《清华大学之工作及组织纲要（草案）》，提出清华大学的教育体制格局，包括普通科、专门科以及研究院各部。该纲要成为1925年4月23日外交部批准的《清华学校大学部暂行章程》的蓝本。同时，清华学校又组织了大学临时校务会议，曹云祥兼任主席，张彭春兼任副主席。不久，清华正式组成新校务会议，张彭春当选为旧制部主任兼大学普通部主任。他还聘请了一批精通新学的教师，以增强国学师资力量。

1925年4月，外交部批复同意《清华大学之工作及组织纲要》。学校随即按照《纲要》成立"临时校务委员会"，由曹云祥、张彭春等10人为委员。临时校务委员会负责将清华学校改组为大学部、留美预备部和研究院3个部分，停办中等科（翌年又停招高等科）；并决定到1929年旧制生全部毕业后，留美预备部停办。

此年5月，清华学校大学部正式成立，并开始招生。这年共招收大学普通科一年级学生（称"新制生"，而留美预备部学生则称为"旧制生"）132人，报到者有93人。这便是清华历史上第一级真正的大学生，其中有王淦昌、夏坚白、张大煜、李健吾等人。清华学校大学部"以在国内造就今日需用之人才为目的，不为出洋游学之预备"为办学方针。自1926年起规定学制为4年，大学部改成4年一贯制的正规大学。

1926年，清华学校大学部共设有17个系（分为文、理、法3个学院），其中已开出课程的为11个系：国文学系、西洋文学系、历史学系、政治学系、经济学系、教育心理学系、物理学系、化学系、生物学系、农业学系和工程学系。暂未开出课程的有6个系：哲学系、社会学系、东方语言学系、数学系、体育学系和音乐系。至此，清华改办大学的初步框架业已形成。

清华学校在成立大学部的同时，又增设了一个研究院（因先只办国学一门，所以又称国学研究院、国学门），是作为对当时社会上批评清华不重视中文的回应的一个阶段性改进举措，成为校内与新制大学部、旧制留美预备部并列的3个相对独立的教学单位之一。研究院成立的原因大致有4点：其一，20世纪20年代，国内民族主义思潮日益高涨，社会上部分舆论猛烈抨击清华学校。部分人指责清华为"买办学校"、"洋奴学校"，培养的学生是"感化受美最深"，"未'出'而先'洋'"，"预备'留美'，而未尝预备'回国'，可耻孰甚"。对此，梁启超曾指出："清华学生除研究西学外，当研究国学，盖国学为立国之本，建功立业，尤非国学不为功。"其二，当年的留美学生在回校任教后，也认为"虽把留美作为入清华的目的，可是留美已不是最终目的了"。其三，清华学校以"为中国造就领袖人才"为教育的方针，鼓励学生研究国情。其四，新文化运动期间，胡适等人发起"整理国故"运动。1921年，北京大学率先成立国学研究所，作为具体推动这一运动的机构。

　　基于以上原因，1925年2月12日，清华即开始筹建国学研究院。校长曹云祥延聘清华学校毕业生吴宓出任研究院筹备主任。1917年，23岁的吴宓赴哈佛大学留学，与陈寅恪、汤用彤并称为"哈佛三杰"。吴宓主张维持中国文化遗产的应有价值，尝以中国的白璧德（吴宓、梁实秋、梅光迪等人在哈佛的导师）自任。清华正是看重他对中西文化的会通，而聘他为国学研究院筹备主任。

　　吴宓之所以能入曹云祥的法眼，有一件趣事不得不提。1923年下学期，清华学校高等科四年级（本年即将毕业留美）学生梁实秋等几人到南京东南大学游览、参观，顺便听了时在该校任教的吴宓的几堂课。梁实秋当即为吴宓之风采和学问所倾倒。后据《吴宓日记》载：

　　"梁君本人，连听宓课两三日。适值宓讲授《欧洲文学史》，正至卢梭之生活及其著作。梁君回校后，即在《清华周刊》中著论，述东南大学学风之美，师饱学而尽职，生好读而勤业。又述其听宓讲卢梭课，宓预先写大纲于黑板，讲时，不开书本，不看笔记及纸片，而内容丰富，讲得井井有条，滔滔不绝。清华今正缺乏良好教授，此人之所共言。吴先生亦是清华毕业游美同学，而母校未能罗致其来此，宁非憾事哉！云云。"

　　梁实秋的文章发表之后，在清华园里引起了较大的反响，也引起了立志改革、正准备兴办国学研究院的校长曹云祥的重视。1924年春夏之交，东南大学裁并西洋文学系，吴宓"决然就聘东北奉天大学"。曹云祥于是适时向吴宓抛出了橄榄枝。吴宓待一学期结束后，即欣然回母校就职，住在"水木清华"旁的"藤影荷声之馆"里。但他不久即有了"热肠频洒伤时泪，妙手难施救国方"的感叹。

　　吴宓还记得当初自己对校长曹云祥的一席肺腑之言：

　　"我3年来致力于《学衡》杂志的编辑，全在弘扬国学，重塑中华文明形象于世界。我的老师白璧德先生，向来就认为中国之文化可以卓立世界。民国四年（1915），我还在清华读书。当时我是《清华周刊》的总编，就曾经打过比方，大概的意思就是我国虽然积弱,但只是从前的余毒。好像病愈初起,手足无力。假以时日,何愁不大兴于世界!清华在我读书的时候,有一个口号,叫做'成立个模范学校,俾国内学校知所效法'。老是停留在中学程度,那怎么行!再说到国学,这些年来大家都被全盘西化搞昏了头,清华的学生只知道出洋、出洋,还算什么中国人!"

曹云祥当时也说:

"雨僧,这个时代,是新旧递嬗的时候,中国人不可不对西方文化有精深的研究。然而中国固有的文化如果不能很好地掌握,将来面对中国的实际情况,也会捉襟见肘,无以为继。要达到这种目的,没有高深的学术机关哪里能行?大学毕业及学问已有根底者,不必远赴欧美,多耗资财,况且所学又跟国情隔阂。"

吴宓上任后,还提出了研究院的研究方法及内容:

"唯兹所谓国学者,乃指中国学术文化之全体而言。而研究之道,尤注重正确精密之方法(即时人所谓科学方法),并取材于欧美学者研究东方语言及中国文化之成绩,此又本校研究院之异于国内之研究国学者也。"

国学研究院对师资选择标准极高。吴宓表示,研究院对于教授、讲师,"务敦请国内硕学重望",具备3种资格:(一)通知中国学术文化之全体;(二)具正确精密之科学的治学方法;(三)稔悉欧美日本学者研究东方语言及中国文化之成绩。

曹云祥最初是想请胡适来清华担任国学研究院导师并主持研究院。胡适却谦虚地表示:"非一流学者,不配做研究院导师,我实在不敢当。你最好去请梁任公、王静安、章太炎三位大师,方能把研究院办好。"三人中,除章炳麟推辞不就外,梁启超与王国维均同意担任国学院导师。

1925年7月,清华学校设立国学研究院。9月1日,研究院与大学部同时开学。曹云祥校长在开学典礼的致辞时感叹:

"现在中国所谓'新教育',大都抄袭欧美各国。欲谋自动,必须本中国文化精神,悉心研究。所以本校同时组织研究院,研究高深之经史哲学。其研究之法,可以利用科学方法,并参加中国考据之法,希望研究院中寻出中国之魂。"

他提出国学研究是要"寻出中国之魂",即中国文化的精神。此为当时许多国学研究实体与人物的共同想法。

到1925年秋,国学研究院教职员共有11人,聘请梁启超、王国维、赵元任、陈寅恪为导师,李济为特别讲师,陆维钊、梁廷灿、章明煌等3位为助教,此后还有浦江清、楼光来等。吴宓为专职主任。

【第11回】
四大泰斗培育桃李
数十门生璀璨学界

1924 年 2 月，春寒料峭，北京城笼罩在一片灰色的氛围里。身着灰布棉袍、头戴皮风帽的人们，把脖子也裹得一丝不透。正在这时，吴宓回到母校清华任国学研究院筹备主任，开始一一恭请诸名师前来任教。

1925 年 2 月 13 日，吴宓来到北京城内地安门附近的织染局 10 号，恭谒王国维先生，请其出山。吴宓穿着旧式的一袭灰布长袍，头戴礼帽，下着布鞋，身材高瘦，脑袋像一颗炸弹，脑门奇大，鼻梁上架着一副金边眼镜，气度显得颇为沉静，同时又很虔诚、谦和，言语讷讷，憨厚质朴。

王国维是我国近现代在文学、美学、史学、哲学、古文字学、考古学等各方面均成就卓著的学术巨子，国学大师。时任清逊帝溥仪的"南书房行走"，领五品衔。王国维最有影响的著作是《人间词话》，其中把自古至今之人治学问、成大事的境界分为 3 个层次："昨夜西风凋碧树，独上高楼，望尽天涯路"（出自晏殊的《蝶恋花》）；"衣带渐宽终不悔，为伊消得人憔悴"（出自柳永的《蝶恋花》）；"众里寻他千百度，蓦然回首，那人却在，灯火阑珊处"（出自辛弃疾的《青玉案》）。此说法影响深远。

《吴宓自编年谱》在 1925 年 2 月 13 日条下道：

"宓持清华曹云祥校长聘书恭谒王国维静安先生，在厅堂向上行三鞠躬礼。王先生事后语人，彼以为来者必系西服革履、握手对坐之少年，至是乃知不同，乃决就聘。"

时王国维则身着团花长袍，外罩黑色马褂，头戴瓜皮帽，架着一副玳瑁镜，不怒自威。此前，王国维本无意应聘清华，但吴宓所表现出来的诚意，让他大受感动。因为吴宓说，王先生要是能去清华，那就如孔子带去了礼乐教化，评价可算极高。在王国维看来，这不仅是对个人人格的尊重，更是对整个文化传统的尊重。因此，他决定接受聘请，来清华教书。2 月 21 日，吴宓再谒王国维，商量研究院章程。后王国维住在清华西院，除了授课外，平日深居简出，只潜心钻研学问。

2 月 22 日,吴宓赶赴天津,谒见另一位学术大师梁启超。

梁启超,号任公,中国近代维新派代表人物,戊戌变法领袖,近代中国的思想启蒙者,深度参与了中国从旧社会向现代社会变革的伟大社会活动家。当时,学术界公认"(章)太炎为南方学术界的泰山,(梁)任公为北方学术界的北斗"。

梁启超与清华渊源颇深。早在 1914 年冬,梁启超即因清华园幽静而暂居此处从事著述,写成《欧洲战役史论》等书。梁启超在清华住工字厅西客厅,取名"还读轩"。梁启超与清华师生朝夕相处,"感情既深且厚","觉无限愉快",1922 年即应聘为清华讲师。从次年 9 月起,梁启超开始正式在清华长期讲学,所开"最近三百年学术史"与"群书概要"(包括给大家开书单),受到清华同学的热烈欢迎。每个星期,他在郊区清华园 4 天,阅读、讲课或辅导学生;在城内 3 天,处理其他事务。而他还在天津有寓所,是梁氏大家族日常起居、生活的地方。此时的清华,已经成为梁启超的主要活动地点之一。因此,当吴宓表明来意后,"梁先生极乐意前来"。1925 年 9 月 9 日,他迁进北院教员住宅第二号。

第三位受聘的研究院导师为赵元任。赵元任,字宣仲,是四大导师中唯一一位"土生土长"的"清华派学者",他是 1910 年游美学务处第二批留学生。1918 年获哈佛大学哲学博士学位后,1920 年曾回国任清华学校心理学及物理学教授。1925 年 6 月,赵元任应聘回到清华国学院任导师,6 月 12 日搬进清华南院。

赵元任听力超群并有极高的语言天赋。有一次他去杭州西湖游玩,忽然看见湖上有个木鱼店。赵元任忽发雅兴,竟棹了一叶轻舟,到店里去选购。他左敲敲,右敲敲,不多时选了十来个。只见他一手持一根木鱼槌,使木鱼竟有宫商角徵羽诸般声调。他两手互击,大为挥洒如意,一曲奏终,竟是当时很流行的一首歌《叫我如何不想他》。这首歌正是由赵元任自己谱曲,由当时著名人物刘半农作词。

曾有人问胡适:"在先生这一辈的人中,先生恐怕是最聪明、天才最高的了吧?"胡适立刻回答说:"不然!赵元任先生就比我聪明!"

前三位导师受聘都水到渠成,而第四位受聘的导师陈寅恪则颇费周折。陈寅恪,湖南巡抚陈宝箴之孙,晚清著名诗人陈三立之子。

陈寅恪少时在南京家塾就读,1902 年入日本东京巢鸭弘文学院,1925 年回国就读于上海吴淞复旦公学。1910 年,陈寅恪自费留学,先后到德国柏林大学、瑞士苏黎世大学、法国巴黎高等政治学校就读。1914 年回国。1918 年冬又得到江西官费的资助,再度出国游学,先在美国哈佛大学随蓝曼教授学梵文和巴利文。1921 年又转往德国柏林大学,随路德施教授攻读东方古文字学,同时向缪勤教授学习中亚古文字,向黑尼士教授学习蒙古语。留学期间已具备阅读 8 种文字的能力。1925年回国。

　　陈寅恪多年在国外，从未拿过一个学位，他的经历说是"游学"要比"留学"确切得多。他读书治学毫无功名思想，纯粹是因为对知识的热爱而选课。

　　关于国学研究院聘请陈寅恪，版本甚多。陈哲三在《陈寅恪先生轶事及其著作》中说道：

临漪榭

　　"十五年春，梁（启超）先生推荐陈寅恪先生，曹说：'他是哪一国博士？'梁答：'他不是学士，也不是博士。'曹又问：'他有没有著作？'梁答：'也没有著作。'曹说：'既不是博士，又没有著作，这就难了！'梁先生气了，说：'我梁某也没有博士学位，著作算是等身了，但总共还不如陈先生寥寥数百字有价值。好吧，你不请，就让他在国外吧！'接着梁先生提出了柏林大学、巴黎大学几位名教授对陈寅恪先生的推誉。曹一听，既然外国人都推崇，就请。"

　　而据1927年考入清华国学院的蒋天枢所著《陈寅恪先生编年事辑》称，"先生之来清华，吴所介也。"吴，即吴宓。据《吴宓日记》载，1925年2月14日，吴宓向校长曹云祥和教务长张彭春提出聘任陈寅恪为教授事，15日与张彭春就陈寅恪的工资事交换看法。16日曹云祥允准聘陈寅恪，吴宓"即发电聘之"。

　　吴宓与陈寅恪为哈佛旧识。吴宓就读哈佛本科时，哈佛研究生俞大维曾向他单独讲授《西洋哲学史大纲》，并引导其社交活动。而俞大维正是陈寅恪的姑表兄。俞大维向吴宓介绍其"博学与通识，并述其经历。宓深为佩仰"。陈寅恪到美后，又由俞大维为吴宓介见。"以后宓恒往访，聆其谈述，则寅恪不但学问渊博，且深悉中西政治、社会之内幕。"此后，吴宓一直认为陈寅恪是"全中国最博学之人"。

　　4月27日，吴宓收到陈寅恪来信，告以因"（一）须多购书，（二）家务，不即就聘"。吴宓叹道："介绍陈来，费尽气力，而犹迟惑，难哉！"6月25日，《吴宓日记》载："晨接到陈寅恪函，就本校之聘，但明春到校。"至此，清华国学研究院聘请陈寅恪任国学院教授一事即尘埃落定。后陈寅恪因父病请假，直到翌年7月8日方到校,任清华研究院导师,并在北大兼课。盛名之下,他朴素厚实,谦和而又自信,真诚而不伪饰,人称学者本色。

其时,吴宓还曾作诗一首赠送陈寅恪。

> 经年瀛海盼音尘,握手犹思异国春。
>
> 独步羡君成绝学,低头愧我逐庸人。
>
> 冲天逸鹤依云表,堕涧残英怨水滨。
>
> 灿灿池荷开正好,名园合与寄吟身。

清华国学研究院的主要招收对象,除"国内外大学毕业者或具有相当之程度者"外,还有"各校教员或学术机关服务人员,其有学识及经验者;各地自修之士,经史小学等具有根底者"。学生经录取后,须"按期到院,常年住宿,屏绝外务,潜心研究,笃志学问,尊礼教授,并不得有逾越行检、妨害本院之行为"。研究期限以1年为卒,但遇有研究题目较难、范围较广而成绩较优者,经教授许可,可续行研究1年或2年。毕业生不授学位,导师不用学位去引导研究生,而是着力培养他们的学术研究兴趣,使他们能掌握独立研究的能力。

国学研究院招生考试地点在西单牌楼,王国维等教员亲自监考、阅卷。第一届正取30名学生,备取2名,后来到校学习研究一年的有29人。研究院招收的学生层次也很高,有的从名师学习过,有的还有著述。这些学生虽然在校学习一般只有1年,但是由于本身底子厚,又经名师点拨,学术眼界大为开阔,成材率很高。

国学研究院"学生研究之方法略仿昔日书院及英国大学制度",分组不以学科,而以教授个人的研究方向为主,在教学上注重学生个人自修,教授专任指导,学生们与教授的关系非常密切。而学生在此短期内,于国学根底及治学方法均能确有收获。

其课程分普通演讲和专题研究两种,后者为学生专门研究学科,共有23类,即经学、小学、中国史、中国文化史、中国上古史、东西交通史、史学研究法、中国人种考、金石学、中国哲学史、儒家哲学、诸子、宋元明学术史、清代学术史、中国佛教史、佛经译本比较研究、中国文学史、中国音韵学、中国方言学、普通语音学、东方语言学、西人之东方学、中国音乐考。"学生报考时,即须认定上列任何一类,为来校后之专门研究,考入后不得更改。本院开学日,各教授将所担任指导范围公布,学生与导师自由交谈,就志向兴趣、学力所近,于该范围择定研究题目为本学年专门研究。"

王国维开的普通演讲有:古史新证、说文练习、尚书等;指导专题研究的范围是:经学(含书、诗、礼)、小学(含训诂、古文字学、古韵)、上古史和中国文学等。

王国维曾说过,识字自《说文》始。前辈的大学者,没有一个不用心专研小学的。这是他们能做大学问的基础。王氏之桃李门生、私淑弟子遍充几代中国文史学界。

梁启超开的普通演讲有:中国通史(与大学及旧制部合班)、历史研究法、中国文化史、儒家哲学等;指导专题研究的范围是:中国文学史、中国哲学史、中国佛学史、史学研究法、宋元明学术史、清代学术史、诸子等。

陈寅恪开的普通演讲有:西人之东方学、目录学、佛经翻译学和梵文—金刚经等;指导专题研究的范围是:年历学(古代闰朔、日月食之类)、古代碑志与外族有关系者之研究(如研究唐蕃会盟碑之藏文、阙特勒碑之突厥文部分,与中文比较之类)、摩尼教经典与回纥文译文研究、佛教经典各种文字译本之比较研究(梵文、巴利文、藏文、回纥文及中亚与西亚诸文字译本,与中文译本比较研究)、蒙古与满洲书籍及碑志与历史有关系者之研究等。

赵元任开的普通演讲有:方言学、普通语言学(乃备研究生及旧制生选修用)等;指导专题研究的范围是:现代方言学、中国音韵学、普通语言学等。

李济开的普通演讲有:人文学(每星期2小时,必修)等;指导专题研究的范围是:中国人种考等。

凡普通演讲,研究院诸生皆须往听;旧制清华学生,得该教授特许者,亦可前去旁听。而指导专题研究,则只针对研究院学生。

国学研究院的目标是"用现代的科学方法整理国故",培养"以著述为毕生事业"的国学研究人才和"各种学校之国学教师"。注重正确的科学方法研究中国学术文化,养成做学问的能力和良好习惯。诸导师议定不编刊物,以免芜杂难精,且荒废学生学业。

以四大导师王国维、梁启超、陈寅恪、赵元任以及年轻讲师李济等为代表的清华学者,十分重视中华民族优秀文化传统的继承和发展,主张"中西兼容、文理渗透、古今贯通",形成了著名的"清华学派",对清华的发展产生了深远的影响,培养出了一大批高水平的学术大师,在中国近现代学术史上占据着重要的地位,可谓光耀西山。

研究院一共招生4届,毕业74人,除有2人退学和4人病故外,实际完成学业68人,其中不乏名师硕儒,刘盼遂、徐中舒、王力、罗根泽、高亨、周传儒、刘节、谢国桢、姜亮夫、贺麟、蒋天枢、陆侃如、吴其昌、姚名达、张荫麟等,日后都成了我国20世纪人文学术的中坚力量。

【第12回】
海归躁动张彭春下
教授治校梅贻琦上

"曲曲折折的荷塘上面,弥望的是田田的叶子。叶子出水很高,像亭亭的舞女的裙。层层的叶子中间,零星地点缀着些白花,有袅娜地开着的,有羞涩地打着朵儿的;正如一粒粒的明珠,又如碧天里的星星,又如刚出浴的美人。微风过处,送来缕缕清香,仿佛远处高楼上渺茫的歌声似的。这时候叶子与花也有一丝的颤动,像闪电般,霎时传过荷塘的那边去了。叶子本是肩并肩密密地挨着,这便宛然有了一道凝碧的波痕。叶子底下是脉脉的流水,遮住了,不能见一些颜色;而叶子却更见风致了……"

这是脍炙人口的《荷塘月色》,文中这如诗如画的景致,描写的就是优美而宁谧的清华园,为著名散文家、学者朱自清所作。

1916 年,朱自清考入北京大学预科,翌年升入本科哲学系。1922 年,他同俞平伯、叶圣陶等人创办了《诗》月刊,这是五四以来最早的一个诗刊。1923 年发表第一首长诗《毁灭》。《清华逸事》记载:

"朱自清来清华前,先后任教于杭州第一师范、扬州八中、吴淞中国公学、台州六师、温州十中、宁波四中、白马湖春晖中学等校。"

荷塘月色亭

1925 年，清华学校筹办大学部，托胡适物色教授。胡适找到俞平伯，但俞平伯当时并没有马上答应，而是推荐了挚友朱自清，并得到胡适的应允。于是，中学教师朱自清便成了清华学校大学部的教授，讲授古代文学课程。9 月 4 日，他致信胡适表示感谢：

"适之先生：承先生介绍我来清华任教，厚意极感！自维力薄，不知有以副先生之望否……"

1927 年 1 月，朱自清携家眷正式搬到清华西院。是年 7 月的一个晚上，朱自清"这几天心里颇不宁静"，于是写下了广为人知的《荷塘月色》。

朱自清塑像

清华学校除聘用才华横溢、名满天下的本土派教授以外，"海归派"教授的数量亦与日俱增。据 1923 年 10 月的一份统计显示，返回母校任教的清华校友，占教职工总数的 1/3。中国教师已逐渐取代外籍教师，成为清华教师队伍的主角。

回校任教的清华校友，多在美国取得硕士、博士学位，深受美国自由主义的影响。他们回校以后，对清华的落后状态极为不满。此后的几年内，他们以改革清华的教学制度、提高清华的学术地位为目标，聚集在教务长张彭春周围，反对官僚政客控制学校，提倡教授治校的理念，形成了一支颇具声势的"少壮派"改革力量。当然，"海归"们内部也是矛盾重重。当时的张彭春，与胡适、赵元任等庚款二届留美同学往来密切，而与"学衡派"成员或支持"学衡派"者形成对立状态。

1925 年 10 月 22 日，吴宓初任国学研究院主任不久，即受邀为清华普通科学生作"文学研究法"讲演。讲完之后，被张彭春借机当场讽刺、戏弄了一顿。吴宓后来喟叹道：

"（宓）空疏虚浮，毫无预备，殊自愧惭。张仲述结束之词，颇含讥讪之意。宓深自悲苦。缘宓近兼理事务，大妨读书作文，学问日荒，实为大忧。即无外界之刺激，亦决当努力用功为学。勉之勉之。勿忘此日之苦痛也。"

1926 年 1 月 19 日，在校长曹云祥主持下，清华学校校务委员会举行临时会议,讨论研究院事务。张彭春和赵元任、李济主张研究院只任专门研究,不容纳普通国学。赵元任同时主张"研究院为大学院,先办国学,久后乃设科学"等等。吴宓则在梁启超的支持下,异议力争。王国维初无意见,后亦附张彭春。校务会议最终否定了吴宓的意见。为此,研究院同学会代表全体师生发表《宣言》,以"破坏研究院"等语句,对张彭春等给予指责,同时指责吴宓保护研究院不力,在全校师生中引起震动。吴宓提出辞职。

张彭春的所作所为,引起了曹云祥的警觉及吴派盟友和部分研究院学生的强烈不满。在庄泽宣、王祖廉、徐然3位资深教授的公开操纵、指挥下,清华学校爆发了要求张彭春去职的学潮。曹云祥突然改变拥张的态度,决定令张彭春即刻离校。

《吴宓日记》(第三册)中写道:

"此次张氏去职离校,如竟成事实,则实为权臣威加于主者之普通下场。各方反对虽烈,然已司空见惯,久已无足重轻。此次去张,纯由校长自决。而校长之为此,必自有不得已之原因,或缘大权旁落,恐驾驭为难;或张竟有图谋去校长而代之之举动,为所觉察,故而出此。诸人之谗言,以及宴会表示,不过适凑其机,校长亦乐于俯从而利用之耳。"

1月27日,《吴宓日记》又写道:

"念宓初无与人为仇之意,唯此次倒张运动,竟以研究院事件及宓之辞职,用为导火线,作为张氏大罪状之一,则宓所不及料,亦无术洗清者也。平心而论,张君仲述实有胜过诸人之处,允称清华办事唯一人才……宓之卷入与张氏为敌之党,实亦不得不然者也。中立而不倚,强哉矫。宓庸碌,愧无能。直至此时,则更不能完全置身事外,而不与敌张氏者敷衍。语云,在山泉水清,出山泉水浊。盖若出身任事,卷入政治,则局势复杂,不能完全独立自主。其结果,不得不负结党之名,亦不得不为违心之事。"

2月4日,张彭春离校当天,清华部分师生集会游行"挽张去恶",强烈要求学校当局挽留张氏,并对校长曹云祥是否包藏私心大加指斥、攻伐。而张彭春已心灰意懒,毅然返回天津。

次日,集会的师生强迫校方命所谓"反张元凶"王祖廉、庄泽宣、徐然3教授立即辞职。此为"挽张去恶"风潮。吴宓"遂决久住京中,以避内潮焉"。

3月6日,清华校务委员会在研究《清华学校组织大纲》时,国学研究院原办学宗旨中有几条被改变或裁撤。吴宓记载道:

"唯念去年3月6日,研究院中,英文章程,方在大学筹备会中通过,而今年此日,复在委员会之《组织大纲》中取消之。由我作成,复由我手破坏。我乃如杀身自焚之蝉儿。因为顾大局,希望全校改良,协助钱(端升)、子孟(宪承)诸君,并愿以身作则之故,乃自在委员会中,将研究院主任之职位取消。如此高尚之心情,谁复谅解?"

3月9日和10日,由国学研究院学生出面,约吴宓在教室谈话,结果双方不欢而散。

3月11日,研究院学生会派吴其昌和杜钢百作为代表,向吴宓递交要求其辞职的敦促书。吴宓乃以"研究院之性质及发展方向,已与宓所持之国学研究院之说完全反背"为由,向校长提出辞职请求,并另抄一份,送交研究院学生会。曹云祥立即批准吴宓的请求,把吴宓调离国学研究院,安排到大学部外文系任教授,研究院事务由曹云祥本人"兼理"(后由教务长梅贻琦兼任)。

风潮发生过后,清华园内的改造运动如火如荼。留美归来的年轻教授们,要求按照美国大学的机制来改造清华,反对少数行政寡头治校。曹云祥被迫接受了教授治校的原则。1926年4月15日,《清华学校组织大纲》颁布,宣布成立"教授会",由全体教授、副教授组成,校长任教授会主席。

清华的"教授治校"制度,包括两个重要的权力机关:"评议会"和"教授会"。

评议会由校长、教务长及教授会互选的评议员7人组成。校长为当然主席,职掌如下:

(一)规定全校教育方针;(二)议决各学系之设立废止及变更;(三)议决校内各机关之设立废止及变更;(四)制定校内各种规则;(五)委任下列财务、训育、出版、建筑四种常设委员会委员;(六)审定预算决算;(七)授予学位;(八)议决教授、讲师与行政各主任之任免;(九)议决其他重要事项。

对于第(一)、(二)、(三)、(六)项,评议会在作成议决之前,"应先征求教授会意见",其决议如"经教授会三分之二否决时,应交评议会复议",以资制衡而免于评议会的专断。

教授会由全体教授及行政部各主任组成,以校长为主席,教务长为副主席。其职权如下:

(一)选举评议员及教务长;(二)审定全校课程;(三)议决向评议会建议事件;(四)议决其他教务上的公共事项;(五)讨论决定由评议会以三分之二通过提出对本组织大纲的修正案。

此外,各学系主任也由各该系教授、教员于教授中推举产生,任期2年。甚至连聘任院长,校长也得事先得到评议会的同意。

4 月 19 日,清华第一届教授会全体大会在工字厅召开。37 岁的物理系"首席教授"梅贻琦脱颖而出,在 47 张有效选票中获得 33 票而当选为清华历史上首位通过会选产生的教务长。评议员选出 7 人,其中包括吴宓和陈达。

梅贻琦,字月涵,1909 年考取清华第一批官费留美生,1910 年进入美国吴士脱理工学院,修习电机工程,1915 年获硕士学位后回国。是年 9 月应母校聘请,回到清华任教,最初任数学、物理和英文教员,后长期任物理学教授。梅贻琦是位寡言君子,全校上下都对他很尊敬。梅贻琦上任后,方正式实施教授治校。

1926 年 4 月的一天,清华园里洋溢着活泼的气氛。学校主要建筑物前贴出一份布告:《清华学校组织大纲》。同学们奔走相告:学校取消普通科了!普通训练只需 1 年,再不用为那些无用的课程耗费脑筋了! 更令同学兴奋的是,学校终于提早设系,成为 4 年一贯制的正规大学。

早在 1925 年 10 月,大学部在时任教务长张彭春的规划下,成立了普通科和专门科。"普通训练为期两年或三年;专门训练之期限视其门类之性质而定,亦约两年或两年以上。前者重综合的观察;后者重专精的预备。"谁知,张彭春的这一设计不受欢迎,不少学生入学后又纷纷退学。1926 年继任教务长的梅贻琦撤科设系,把大学部改为 4 年一贯制的大学。

现在回头再来看清华设立大学部的一些计划,的确殊为不智。清华也许是想把学生培养成"博而精"的人才,殊不知人才有时有穷,天赋终不可强。天下哪有如许多的聪明人,可以文理兼通?人生在世,自然是诸子百家无所不晓,琴棋书画无所不精最好,只是近代以来各科专门化的倾向已甚明显,再来搞会通,无异于痴人说梦。再说,如果单是文学领域,会通中西是有可能的,而理科与文科用的是不同的思维方式,本身就有排异性,正是风马牛不相及,强合起来,徒增烦恼。

梅贻琦还仿效英、美的学校,为清华制定了学分制。各科课程皆以学分计算成绩,而学分定有最低与最高限度,以予天资聪慧、学力较高与禀赋鲁钝、学力稍低者各得其所。大一的学生无论文、理都有必修课,即国文、英文、自然科学与社会科学。这一制度后来长期施行了下去。

但是,吴宓对此又有不同的看法。一天,他对王国维说:

"陈寅恪……认为西洋各国中,法国人跟我国人性习最相近。政治风俗的陈迹,也跟我国大略相同。美国人与我国人相去最远,境势历史全无相似之处。清华处处学美国,老实说我是不赞同的。王先生,您在国学院不知大学部的情形。且说清华的教育方针,是美国的'通才教育',学制是美国大学的四年制与学分制。最可笑的,土木系讲河港工程,说来说去不离密西西比河流域规划;谈铁路工程,内容却是美国机车、美国钢轨和美国枕木的型号;讲公路企业,内容却包括'美国牌照税'、'汽油税'等政策法令。"

但梅贻琦一贯提倡"通识为本","专识为末",不贵乎有专技之长,这种思想还是值得提倡的。

梅贻琦同时接管国学研究院。他想自己以一理科教授而主管国学院,恐非所长,工作有了闪失,徒惹人耻笑,因此战战兢兢,不敢有丝毫懈怠,事无巨细,必与王国维、赵元任等商讨,又时不时同吴宓探讨。在教务会议上,梅贻琦就很讲究民主;而落实在国学院,这种作风就尤为明显。

当时的清华,实在只是美国名牌大学的翻版,并没有形成自己的特色。这与清华教师中多留美归来者实有莫大关系。从自然科学方面讲,世界各国在物理、化学、生物上的成就,中国倒是可以照搬;而人文学科、社会学科却必须要有自己的东西。

【第13回】
静安大师自沉湖底
北伐战争再度易帜

冰山底下的火山,终有爆发的时候。雷霆来临之前,也有一段宁静的时光。而最先感受到暴雨之前的沉闷的,又该是谁呢?

1926 年 5 月上旬,广东革命政府派遣国民革命军第四军叶挺独立团和第七军一部为北伐先遣队,从肇庆出发,挺进湖南,揭开了北伐战争的序幕。9 月 17 日,以冯玉祥为总司令的国民军,在绥远五原誓师,宣布全军加入国民党,并率部进军陕西、河南。10 月,北伐军进抵武汉,先后占领武昌、汉阳、汉口,全歼吴佩孚部主力。1927 年春,山西阎锡山易帜,京师震动。4 月间,北伐军势如破竹,攻下徐州,冯玉祥则引兵出潼关,河北、山东及京、津均亡在旦夕。

在清华园里,一种说法蔓延开来了。这就是,一旦党军得京师,清华必将解散。何则?清华是庚款学校,又属北洋政府外交部管辖,在外人眼中,它是北洋政府的"亲信"。国民革命军的口号是"打倒列强、除军阀",解散它也就在情理之中了。

天下要大乱了! 时局,已成为人们的主要话题。

1927 年真是中国的多事之秋。就在这年 6 月 2 日,一件震惊清华园、震惊海内外的事情发生:清华国学研究院导师、国学大师、"古史及文字考证之学冠绝一世"(吴宓)的王国维先生,竟自沉于颐和园昆明湖!

6 月 6 日,《顺天时报》刊载题为《王国维在颐和园投河自尽之详情》的文章,对 6 月 2 日至 6 月 3 日王国维自沉前后一应情形叙列甚详。文章的作者并没有署真实姓名,只在文末署"清华学校一分子、爱敬王先生之一人启"。《顺天时报》发表时标明:"兹接清华学校某君来函,叙其经过尤详。"后据吴宓之女吴学昭所整理的《吴宓日记》(第三册)透露,此文正是出自吴宓之手。此后,王国维之死的版本大都以该文为蓝本,因此大同小异。

那是 1927 年 6 月 1 日,国学研究院第二班如期毕业。中午,王国维参加师生叙别会。宴会上,王国维为门生谢国桢及其朋友著青在扇面上各题诗一首,后又为同学们侃侃而谈蒙古杂事。次日早上,晨光熹微,王国维在清华西院寓所照常起床。夫人潘氏为他仔细梳理发辫(王素来以清朝遗老自居,始终留着长辫子),两人还追溯了一些往事。王国维曾寄给夫人《红豆词》,其中有"累累本是无情物,谁把闲愁付与他"语;及写给夫人的《西河》,其中有"倘有情,早合归来,休寄一纸无聊相思字"语。潘氏服侍夫君洗漱后,王国维和三子贞明、女儿东明共进早餐。餐毕,王国维去书房整理了一会,便一人独自出了门。

8 时许,王国维来到研究院公事房。这时他发现,自己已经批改完的学生成绩本没带,就让院里的听差去他家里取。然后,王国维和研究院办公处同事侯厚培商谈了一会下学期招生之事。其后,王国维请求侯厚培借给他 3 元钱。侯厚培因身上没有零钱,就随手给了他一张 5 元的钞票。王国维拿了钱走出公事房,在院里吩咐听差雇洋车,正好轮着 35 号车当值。他坐定后,即吩咐车夫拉车往颐和园方向而去。

10 点钟左右,王国维到达颐和园。他买票入园,并付车夫 5 角,让他在园外等候。当时颐和园 1 元的高昂门票,令多数游客望而却步。王国维进得园内,四顾无人,便沿着昆明湖边的长廊径直走向石舫。他在石舫前端坐了良久,后漫步进入鱼藻轩(此地就在佛香阁正门外,观湖最是开阔泱泱),从怀中取出纸烟,慢慢抽起来。烟尽火灭,他突然纵身跳入昆明湖。

原本在远处忙碌的园丁,听到有落水声,即迅速赶来。见先前入园之人已落在水中,便急忙下水打救。此处水虽浅,但湖底的淤泥甚深。只见王国维是倒栽下水的,头入泥中,将其费力捞起后,口鼻之中全被污泥塞满,探摸鼻息,已经咽气。这时距园丁听到落水声,不过几分钟而已。

时至中午，王国维所雇佣的人力车仍在颐和园外等候，家人等他吃饭也久久不见人归。下午 2 时许，家人去学校询问。《吴宓日记》载："宓以先生独赴颐和园，恐即效屈灵均（即屈原，他是投湖南汨罗江自尽）故事。"似乎吴宓已预感到不祥之兆。侯厚培到校门口问车夫们，得知王国维所乘 35 号车已去颐和园，至今未归。侯厚培立即骑上自行车，前往颐和园找人。

此前，王国维的儿子王贞明在校门口打听到情况，已赶去颐和园，并于中途遇上那个送他父亲去颐和园的车夫。此时车夫的车上坐着警察，他们正要去学校禀报。因车夫在颐和园外等候王国维直至下午 3 点，听说园内有人投水，进园一看，死者正是他要等的那个人。等王贞明到了颐和园，证实死者就是他父亲，这时已是下午 4 点了。

噩耗传到清华园。当晚 9 时许，校长曹云祥，教务长梅贻琦，研究院诸教授、助教及学生约 30 余人，共乘两辆汽车赶到颐和园。路上经过朗润园，看见花木森森，各人心中抑郁难言。平日与静安先生过从甚密者，此时脑中不免泛起王国维的音容笑貌。天气闷热得很，大家都透不过气来。此时园门已闭，守兵不允进入。经过再三交涉，才准许校长曹云祥、教务长梅贻琦和守卫处的乌处长入内探视。

次日 10 时，清华园教职员工、学生及王国维家属众多人又齐赴颐和园。《吴宓日记》载：

"王先生遗体卧砖地上，覆以破污之芦席，揭席瞻视，衣裳面色如生，至为凄惨。"

家人和验尸官从王国维的衣袋中寻出一封遗书，封面上书写着"送西院十八号王贞明先生收"。遗嘱全文如下：

"五十之年，只欠一死，经此世变，义无再辱。我死后，当草草棺殓，即行槁葬于清华茔地，汝等不能南归，亦可暂于城内居住。汝兄亦不必奔丧，因道路不通，渠又曾出门故也。书籍可托陈（陈寅恪）、吴（吴宓）二先生处理。家人自有人料理，必不至不能南归。我虽无财产分文遗汝等，然苟谨慎勤俭，亦必不致饿死也。五月初二日父字。"

王国维自尽当日，梁启超已因病离开清华，得到噩耗复又奔回清华，亲自参与料理其后事，并为王氏抚恤金一事向学校、外交部力争（但因曹云祥主持不力，仅批给两个月共 800 元）。他于王国维之死悲叹至极，他曾这样评价王氏："此公治学方法，极新极密，今年仅 51 岁，若再延 10 年，为中国学界发明，当不可限量。"

当时，《国学日报》《学衡》均出王静安先生纪念专号，连隔海相望的日本《艺文杂志》也出特别追悼号。学人撰文盛誉其为"中国近三百年来学术的结束人，最近八十年来学术的开创者"。

对于王国维的死因,当时其亲属讳莫如深。而后世臆测大致又分几种。

其一,殉清说。

王国维自沉当天,《吴宓日记》载:

"王先生此次舍身,其为殉清室无疑。大节孤忠,与梁公巨川同一旨趣。若谓虑一身安危,惧为党军或学生所辱,犹未能知王先生者。盖旬日前,王先生曾与寅恪在宓室中商避难事。宓劝其暑假中独游日本,寅恪劝其移家入京居住,己身亦不必出京。王先生言'我不能走'。一身旅资,才数百元,区区之数,友朋与学校,均可凑集。其云我不能走者,必非缘于经费无着可知也。今王先生既尽节矣,悠悠之口,讥诋责难,或妄相推测,亦只可任之而已。若夫我辈素主维持中国礼教,对于王先生之弃世,只有敬服哀悼已耳。"

梁巨川即梁济,他是大儒梁漱溟的父亲,于1918年11月10日六十大寿时,投北京净业湖(即今积水潭)自杀身亡,遗书中称是为了"殉清朝而死"。

王国维自杀后,清朝遗老们均震动不已。逊帝溥仪赏2000元为其丧葬费,又赐其谥号曰"忠悫",而他也就成了中国历史上最后一个有谥号的人。《清史稿》为其立"忠义传"。一些前清遗老如吴宓,把他比做是怀忠而自沉汨罗的屈原。

其二,文化殉节说。

陈寅恪认为,王国维是出于对中国传统文化和价值观日渐式微的隐忧与无奈而死。此年6月14日,陈寅恪对吴宓说:

"凡一国文化衰亡之时,高明之士,自视为此文化的寄托者,辄痛苦非常,每先以此身殉文化,如王静安先生,是其显著之例……盖今日之赤县、神州值数千年未有之巨劫奇变,劫尽变穷,则此文化精神所凝聚之人安得不与之共命而同尽?此观堂先生所以不得不死,遂为天下后世所极哀而深惜者也。"

其三,时局说。

其时北伐形势迅猛,北京即将陷落。王国维死前,两湖革命军将叶德辉、王葆心枪毙;浙江革命军将章炳麟抄家。当国民军逼近北京时,王国维曾对学生说:"闻冯玉祥将入京,张作霖欲率兵总退却,保山海关以东地,北京日内有大变。"

其四,逼债说。

当年溥仪在其《我的前半生》中回忆说:内务府大臣绍英,曾委托王国维代售宫内字画。此事被王国维亲家罗振玉知悉,罗振玉即以代卖为名将字画取走,并用出售所得以抵王国维欠他的债务,致使王国维无法向绍英交代,遂愧而觅死。

当时报纸还传,王国维曾与罗振玉合做生意亏本,欠罗振玉巨债。罗振玉在

王国维纪念碑

王国维纪念碑铭文

女婿(即王国维长子王潜明)死后,与王国维已生嫌隙。罗振玉即令其女居己家为夫守节,逼王国维每年供其生活费 2000 元。王国维乃一介书生,债务在身,羞愤交集,便萌生短见。

1929 年 6 月 2 日,王国维逝世两周年忌日,清华在二校门北边小山下为王国维立《海宁王静安先生纪念碑》。碑文由陈寅恪撰,林志钧书丹,马衡篆额,梁思成设计。碑铭云:

"海宁王先生自沉后二年,清华研究院同人咸怀思不能自已。其弟子受先生之陶冶煦育者有年,尤思有以永其念。佥曰:宜铭之贞珉,以昭示于无竟,因以刻石之词命寅恪。数辞不获已,谨举先生之志事,以普告天下后世。其词曰:士之读书治学,盖将以脱心志于俗谛之桎梏,真理因得以发扬。思想而不自由,毋宁死耳。斯古今仁圣所同殉之精义,夫岂庸鄙之敢望。先生以一死见其独立自由之意志,非所论于一人之恩怨,一姓之兴亡。呜呼!树兹石于讲舍,系哀思而不忘。表哲人之奇节,诉真宰之茫茫。来世不可知者也,先生之著述,或有时而不章;先生之学说,或有时而可商。唯此独立之精神,自由之思想,历千万祀,与天壤而同久,共三光而永光。"

其中"独立之精神,自由之思想"一句,后来最广为流传,并化作了一代代清华学人的精神风骨。

王国维当日葬在清华园东二里处。1958 年清华扩展校园时,把他的墓棺迁往福田公墓,而原先的墓碑竟不复存在。1983 年 8 月,沉默许久的王国维三子王贞明和长女王东明,在台湾发表了特稿《父亲之死及其他》、《最是人间留不住》。他们认为:

"父亲自尽与大哥(王潜明)病逝有很大关系。父亲最爱大哥,大哥病逝给父亲很深的打击,而罗振玉先生又不声不响地偷偷把大嫂带回娘家,还拒收赙金……面对罗振玉这位数十年培植资助他的挚友和共同研究学问的伙伴,是一件痛苦的事……此事后,不再见父亲的欢颜,不及一年他投湖自尽了。"

兄妹俩否定"殉清"之说,认为:

"其实父亲只是一颗棋,也是他(罗振玉)预布的羽翼……渐渐地父亲感觉到已卷入'浑浊世界'的大漩涡,必须脱身出来,因此婉拒代缮奏章,代递奏折,代为进言,并表示'闭门授徒以自给',以求心安理得,罗氏对父亲的态度颇为不满……"

王东明又撰文指出:

"王氏后人大都秉性沉默,且有不少流寓海外的,不能广集多方意见,仅凭罗氏家人之言作成结论,自有偏差。"

北伐、奉系、国民军,这些东西一直缠绕着人们的心田,侵蚀着人们的意志。乱离人不如太平犬!而王国维的自绝,给人心惶惶的清华园,更添了一成暗色。逝者已矣,生者当诫。静安刚殁,清华国学院风波又起。

头一年,因许多名教授应聘,且有庚款做后盾,清华在稳步朝着"改大"的方向迈进。但是,1927年秋冬之交,时任外交总长颁定《改组清华董事会章程》,梁启超被聘为新董事。按校章规定,校长在董事中选任,而董事中人望又无过于梁者。校长曹云祥担心梁启超取代他的位置,故通过自己的亲信、教育系教授朱君毅策动研究院学生王省上书诬告梁启超旷职,请求易人。原来,梁启超在1926年做肾切除手术时,其好肾误被切除,以后尿中持续有血,身体每况愈下,故常看病休养。

王省此举,引起清华师生公愤。真相大白后,学生们一面赴天津梁启超公寓慰问他,一面请求外交部撤换曹云祥及朱君毅。事后王省被开除,朱君毅辞职,曹云祥闹了个灰头土脸,虽然依依不舍,却也不得不离任,去了中国工商管理协会任总干事。

曹云祥在任5年多,实现了将清华改办为完全大学的计划。这是清华历史发展的一个转折点,清华的教育和学术独立向前跨了一大步。同时他主持办起清华国学研究院,延致通儒,使中国文化与西方文化相沟通,大大提高了清华的学术地位和影响。吴宓的评价是:

"老曹不是坏人,怎奈他名利之心太重,素性又刚愎自用,听不得别人言语。"

在曹云祥去职以后,清华的校长人选一再更动,如走马灯一般。1928年1月,外交部派严鹤龄再度代理清华校长。未及3个月,奉系军阀进入北京,张作霖指派保定军警执法处处长温应星出任清华校长。但不到两个月,国民党势力伸入北平,北洋军阀倒台,清华学校时期的最后一任校长就此去职。直到1931年底梅贻琦掌校才稳定下来。

第二部

第四章　国立清华大学时期

【第14回】
家伦主政大刀阔斧
国立名校焕然一新

　　如果说蔡元培出任北京大学校长的 1917 年是"北大年"，国立清华大学成立的 1928 年则是"清华年"。而这年以后，清华、北大互相学习，所谓"北大清华化，清华北大化"。从此年前后开始，直到 1937 年抗战前夕，清华进入办学历史上最辉煌的一段时期，因其治

自清亭（纪念朱自清）

学严谨、师资雄厚和经费充裕，而由大学"新军"突进发展成为民国时期中国最好的大学。

　　1928 年，北伐战争摧枯拉朽，奉系军阀倒台，南京国民政府接管清华，学校改名为清华大学，"以求中华民族在学术上之独立发展，而完成建设新中国之使命为宗旨"。其管辖权也由原来的外交部单独管辖变为外交部和大学院（后称教育部）共同管辖。然而，清华校长更迭风波并未就此结束，大家你争我夺，互不相让，竞相逐鹿这一肥缺，据说多达 30 余人。清华学生会为此通过了一项决议："在

管辖问题未解决以前,任何人不得接收清华。"

1928 年 6 月 11 日,南京国民政府大学院和外交部,会同致电原清华学校教务长梅贻琦,委派他"暂代校务",听候接管。两个月后,即 1928 年 8 月 17 日,南京国民政府在取得美国公使马慕瑞同意后,正式任命"五四闯将"罗家伦为清华大学校长。其实当局原本是打算任命孙科为校长,但孙科不就,这才改任了罗家伦。

罗家伦,字志希,1914 年入上海复旦公学,1917 年报考北京大学。1919 年,在陈独秀、胡适的支持下,罗家伦与傅斯年、徐彦之成立新潮社,出版《新潮》月刊。同年当选为北京学生界代表,到上海参加全国学联成立大会,支持新文化运动。五四运动中,亲笔起草印刷传单中的白话宣言《北京学界全体宣言》,提出"外争国权,内除国贼"的口号,并在 5 月 26 日的《每周评论》上第一次提出"五四运动"这个名词。

罗家伦曾留学于美国普林斯顿大学研究院,主修历史和哲学。1922 年又相继在英国伦敦大学、德国柏林大学、法国巴黎大学学习。1926 年夏回国后,受聘为东南大学史学教授。1927 年初进入蒋介石的军政府。

1928 年 9 月 18 日,罗家伦正式就任国立清华大学首任校长。此前国民政府给他的任命是"清华大学校长",但是罗家伦深为不满,认为不冠以"国立"二字,仍然有半殖民地教育的嫌疑。

1 个多月之后,《国立清华大学校刊》第一期(1928 年 10 月 29 日)刊登了罗家伦就职演讲的摘要。

"国民革命之目的,在求中国之独立、自由、平等,如学术界不能站立在平等地位,则民族之独立亦不能永久。欲求清华达此目的,有数种方法:(一)清华廉洁化。清华是肥缺,是优差,故易腐化。倘若不廉洁,如何能对国民之血汗金钱,及友邦之好意。对用费浮滥,应联合校内人士监督。本人以宣誓之方法,定廉洁之标准,以后账目一月或两月公布一次。(二)清华学术化。造成中国学府,中国民族学术之策源地。以往中国之学术,皆过借贷生活,毫无独立精神,如将来独立后,不独自己用,亦能供他人之用。欲达此目的,即应注意以下诸点:(1)本国学者集中,不当有派别之分;(2)兼聘外国学者,如本校员生之帮助;(3)自己有热心向学之教授及同学。(三)清华平民化。一般人对于清华皆目为贵族学校,此诚为一种错误。总之,清华此后适应平民化。(四)清华纪律化。有组织之民族,应有纪律,急公好义,勇敢,简洁了当,皆为好精神,此后当注意及此。以上诸点,所包括既大,又不具体,如大家努力合作,敢信于最近之将来,定有相当成绩云。"

罗家伦经过考察,发现清华大学存在8大问题:(一)机关太多,冗员充斥;(二)职员薪金过高,权力太大;(三)浪费惊人;(四)图书太少,设备不足;(五)在教师待遇上,重资历不重学识;(六)学生重考试不重学问,教师重教书不重研究;(七)学生人数太少,教育成本过高;(八)学科配置不合理,有名无实学系太多。基于这些认识,他开始对清华进行大刀阔斧的改革。

罗家伦认为"罗致良好教师,是大学校长第一个责任"。在1928年10月29日之前,罗家伦对清华进行大换血,只在清华原有的55名教授中选聘18名,相继延聘来政治学家张奚若、萧公权,化学家张子高,哲学史家冯友兰,文学教育家杨振声等,并以"国立清华大学"的名义重新颁发聘书。同时提高中国教师的地位,增加薪水。

据说,罗家伦还亲自到南开大学聘请历史学家蒋廷黻。蒋廷黻最初看不上清华,罗家伦就干脆赖在蒋廷黻家不走,磨了一夜。次日,拗不过的蒋廷黻答应了他的请求。

据《三松堂全集》载:

"(罗家伦在)教职员的待遇上,也有办法。发出了一个通知,教员发新聘书,职员发新委任状,突出聘书和委任状的分别。在新聘书中,教员增加工资;在新委任状中,减低职员的工资,特别减少大职员的工资。小职员的工资则未减少。这就提高了教员的地位。这个办法,教员固然拥护,职员不反对,也有表示情愿自动减薪,只求能加委的。这些都是校长职权范围内所能办的事情。"

对此,吴宓在日记中说:

"……访王文显,悉罗校长力图改良校务,并增善教授待遇,所认为庸劣及为学生攻击之教授,固在所必去;而优良之教授则反加增其薪金。西洋文学系尤为满意。宓之月薪,已内定增为340元。宓向不持与人比较或虚空立论之态度,自家能增40元,亦佳事也。"

罗家伦还大力裁并学系,裁汰冗员。经过整顿,清华职员由上一年的90余人减为70余人。过去的常设机构如招考处、职业指导部被撤销;舍务室、技术部被合并到其他科室;注册部、图书馆等部门也精简人员。仅仅是精简科室一项,就节约开支2万余元。

1928年,罗家伦将清华有名无实的系如农学、体育、音乐等一律取消,增设地理系和土木工程系,同样分为文、理、法3个学院,学院之下包括16个系。同时,确立校长、教务长、秘书长及3院院长组成的校务会议,为本校最高决策机构。自此,国立清华大学盛极一时。

在罗家伦的"四化"之中,纪律化最引人注目,也最令人诟病。罗家伦一上任,就把学生分为4队,开始实行军训。罗家伦认为,实行军训,既是全国教育会议的决议和贯彻教育方针的需要,同时又是清华学生的要求和他个人的主张。在军训中,他要求学生一律穿制服,按时作息,早晚点名,早操无故缺席就要记小过1次。为以身作则,罗家伦和教务长杨振声也身穿军服,脚穿马靴,与学生一齐出操。

按规定,记3次小过合1次大过,记3次大过就要开除学籍。著名逻辑学家沈有鼎当时还是学生,他一向自由散漫,晚睡晚起,经常不上早操,被记小过8次,眼看就要被开除了。幸亏冬天来临,在大家的抵制下,早操被取消,他才得以幸免。另外,哲学家张岱年当时已经考入清华,因为受不了早操制约,又转到了北师大。冯友兰认为:"在罗家伦所提的'四化'之中,学术化的成功最为显著,军事化的失败最为彻底。"于是军训草草收场。

罗家伦曾在就职演讲时说:"我想不出理由,清华的师资设备,不能嘉惠于女生。我更不愿意看见清华的大门,劈面对女生关了!"在选聘和延聘教授的同时,清华安排了第二次招生考试,并于1928年10月7日录取51人,其中女生15人。10月12日,国立清华大学开学。正是在罗家伦手里,清华真正实现了男女同校。

1928年11月,对罗家伦的一些做法表示异议的梅贻琦,自愿离开北平,赴美担任清华留学生监督。

1929年上半年,原清华学校旧制生全部毕业,留美预备部随即被撤销,校方决定另外举行公费留考。同时大学部第一届本科生(即1925级、1929届)毕业。

留美预备部从1911年成立至1929年结束,先后培养毕业生973人,其中被派送留美的有967人(另有6人未出国),加上幼年生一班12人、考选直接留美女生7批共53人、专科生9批共67人,以及最初游美学务处选派3批直接留美生180人,留美生总计1279人。此外,还有以"庚款"津贴的留美自费生476人、特别官费生10人、各机关转入清华的官费生60人和"袁氏后裔生"3人。其专业分布为:理工类占41.2%,商科类占11%,农医类占10.5%,文史哲类占7.2%,政法类占24.5%,军事类占2.2%。

这些留美清华学子大都怀有一腔爱国热忱,虽身在美欧却心系祖国,因而勤奋攻研,学有专长,回国后受到各界重视,许多人成为著名专家、学者,为我国科学、文化和教育事业作出了重大贡献。在1948年评选出的第一届中央研究院81

名院士中,此一时期清华校友29人,占总数的35.8%。在1955年公布的首批236名中国科学院学部委员中,此一时期清华校友34人(其中含津贴生5人),占总数的14.4%。

罗家伦上任伊始即指出:"一切近代的研究工作,需要设备。清华现在的弱点是房子太华丽,设备太稀少。"他主张学生宿舍朴素,"乃至于不甚舒适"。他提出,要动用85万元清华基金搞6大项目,分别是:(一)建筑男女学生宿舍;(二)建筑自然历史馆;(三)建筑化学实验室;(四)扩充图书馆;(五)建筑办公处;(六)扩充图书、仪器。而对于教学设施更极为大方,他不仅盖了生物馆、气象台(即天文台)和新图书馆,还规定每年至少要拿出预算的20%来购置图书、仪器。1931年,清华气象台终于落成并正式启用。

天文台

老图书馆

北洋政府时代,高达800多万元美金的清华基金,由外交部总长、次长和美国公使3个人组成的保管委员会共同掌管,但却由外交部控制,国民政府成立后亦然。1928年夏初,罗家伦看到了美国汤姆生会计事务所调查清华基金账目的报告。他骇然发现,清华的基金,在外交部管理者的挥霍、投机、公债生意之下损失极多,其账目是一笔糊涂账。清华董事会刚刚改组,对于罗家伦所提问题,董事会大多认可,但是不同意他动用85万元清华基金的方案。

1929年4月,罗家伦到南京开董事会时,自己的行政报告和下学年扩充计划也均被否决。董事会之存在一直为人所诟病,主要是因为清华的整体发展常因董事会的权限过大而处处受阻。4月11日,罗家伦提出辞职。他说:"我的辞职不是对于黑暗的屈服。我是要以我的辞职,换取清华基金的安全与独立,和清华隶属系统的正轨化。"

此前两天,罗家伦拟了一个一万多字的长篇谈话,内容为根据会计事务所查账的报告而发现的清华基金的积弊,以及清华在共管制度下的扯皮及弊端。他将谈话寄给上海各报,请他们在自己辞职呈文发表的同一天发表。结果,见诸于上海各报端的清华弊端,给外交部以沉重的打击。

罗家伦在离开北平时,即与美国公使马慕瑞谈妥,废除清华董事会,基金不归清华校务及游美学务基金保管委员会管,也不归清华大学校长管,而交给由中美人士共同组成的有良好信誉的中华教育文化基金董事会代管。与此同时,清华大学教授会也推举冯友兰为代表去南京交涉。结果在后来的南京会议上,顺利地通过了罗家伦的方案。到抗日战争期间,清华基金已经积累到1.3亿元左右。

自清末始,外务部与学部对清华管辖权之争便初现端倪。清华改归教育部问题,按正当手续应当在行政院会议上决定。罗家伦担心教育部和外交部两部部长不肯正面冲突,便拟出了一个调和的办法。他把这一问题拿到两部部长都不出席的国务会议上去,并事先请自己的老同事——国务委员戴季陶和陈果夫以他们的名义向会议提案,要求将清华直接归教育部管辖。1929年5月,在蒋介石及孙科等人的支持下,第二十八次国务会议顺利通过清华大学改归教育部的决议。

罗家伦辞职后回到杭州省亲。在杭州,一位藏书家愿意出让其"丰华堂"的全部藏书,其中善本书甚多。罗家伦立即电请清华大学图书馆主任洪范五南下,去商量价钱购书。结果以34000元的廉价买下三万七八千本珍贵图书。"丰华堂"杨氏藏书的大部分,至今仍在清华图书馆里收藏着,为该图书馆最珍稀的古籍藏书。

1929年5月17日,罗家伦接到国民政府第二次慰留令,6月12日回到清华复职。

此年下半年,国立清华大学设立中国第一个多学科的综合性研究生院,并同时停办声名赫赫的国学研究院(因王国维、梁启超两位大师相继辞世)。

【第 15 回】
南北内战罗氏离去
拒乔驱吴轮番换将

1930 年初，在兴建生物馆、学生宿舍和气象台的基础上，罗家伦还公开招标扩建图书馆。他在开工典礼上表示：

"我对大学建筑计划的基本观念是：图书馆、实验室一定要造得坚固，造得讲究，使人进去工作时觉得舒服。体育馆一定也要设备完好……体育场一定要宽大，要多分几处。至于宿舍，则一定要朴素，乃至于不甚舒适。必须如此，学生才不愿意老躲在宿舍里'高卧隆中'，而乐意上图书馆、实验室、体育馆和操场，发扬青年们蓬蓬勃勃、努力上进的精神。这才是我心目中大学应有的气象。"

经过扩建，图书馆阅览室的面积扩大了 4 倍，书库的容量增加了 1.5 倍。

作家杨绛在《我爱清华图书馆》中谈到，1932 年她去清华借读时，中学时代的好友蒋恩钿就对她说："我带你去看看我们的图书馆！墙是大理石的！地是软木的！楼上的地是厚玻璃！透亮！望得见楼下的光！"

历史学家资中筠在《清华园里曾读书》中也说：

"一进入那殿堂，就有一种肃穆、宁静，甚至神圣之感。自然而然，谁也不会大声说话，连咳嗽也不敢放肆……在那灯火通明的大阅览室，浸润在知识的海洋里，有一种无限满足的心灵净化的感觉……第一次爬上窄窄的楼梯，进得书库，望着那一排排淡绿色磨玻璃的书架，真有说不出的幸福感，外加优越感。"

1930 年 5 月，国民党内部频繁发生内讧，冯玉祥、阎锡山对蒋介石宣战，中原大战爆发。汪精卫、阎锡山在北

新图书馆

平另组"国民政府"。"亲蒋派"罗家伦的校长位置岌岌可危。5月20日,学生代表大会提出"请罗家伦自动辞职"的议案。

关于罗家伦离开清华,有多种版本。一种是灰溜溜地离开。另一种据说议案一开始并没有通过,罗家伦找好友冯友兰等人商量此事。包括冯友兰在内的一部分人认为,这是对校长的侮辱和挑战,因此应该提出辞职。于是罗家伦便以学风为由毅然辞职。离校时发表声明,表示:"学风虽致凌替,士气不可不存。"

学者蔡仲德在研究中发现,当年清华学生代表大会主席李景清所著的《清华校潮的前后》一文认为,积极驱罗者并不是当时清华全体教职工,也不是清华全体学生,而是校外的"清华同学会"(即部分校友)和校内少数学生组成的所谓"护校团"。他认为,此"同学会"和"护校团"不仅驱罗,甚至与阎锡山亦有勾结。

其实,罗家伦年轻气盛,作风专断,不尊重师生意见,强力推行军训、"党化"等做法,引起部分师生的反感和抵制,这也是他离去的一个重要原因。

对于罗家伦在清华期间的卓越贡献,专门研究清华校史的台湾学者苏云峰曾总结了8个方面:

(一)提前2年实现了前任校长曹云祥建立"完备之分科大学"的计划;(二)废除了董事会,使清华改归教育部,不再受外交部牵制;(三)健全了基金管理,稳定了经济基础;(四)增加建筑,添置设备,大大改善了读书环境;(五)重建教师队伍,改善教师待遇,使之安心教学和研究;(六)整理原有学系,强化理学院,增加研究院所,延揽世界著名学者前来讲学,提高了清华的学术水准;(七)扩大招生名额,设立奖学金助学金,以培养更多人才;(八)招收女生,使女子教育机会平等。

罗家伦在1929年提出,一个国立大学的存在应尽两种义务:(一)对于人类知识的总量有所贡献;(二)能够适应民族的需要,求民族的生存。他又说:

"要大学办好,首先要师资好,为青年择师……必须以至公至正之心,凭着学术的标准去执行。"

"研究是大学的灵魂,专教书而不研究,那所教的必定毫无进步。"

此可视为其后继者梅贻琦办学的滥觞。

时任清华大学历史、中文、哲学三系教授的国学大师陈寅恪,对罗家伦执掌清华两年的评价甚高,认为:

"志希在清华,把清华正式地成为一座国立大学,功德是很高的。即不论这点,像志希这样的校长,在清华可说是前无古人,后无来者的。"

1929年,一位学生在《清华周刊》上写道:

"吾人爱护清华之地,所以如此殷且切者,非阿其所好,而有所私爱于清华也。实以处此时期,其他学校,虽有努力求进之心,但其全副精力,泰半耗于争经费闹欠薪之中,已无从容论学之暇,吾清华幸而免于此危,则其对于社会,对于国家,自应负特殊之责任,即从道义上言,亦应尔也。"

不错,清华园是当时国内少有的风景秀丽、生活舒适、图书设备充实的学府。这里集中了国内一流的教授,学生都是百里挑一的好苗子。在那个兵荒马乱的年代里,难得有这么一批人讲学论道,只凭四堵围墙就把世间的烦恼隔开。

陈岱孙曾回忆说:

"罗家伦离开清华之后,校务由以教务长、秘书长及各院院长组成的校务会维持,代行校长职权。"

1930年5月,阎锡山派原清华学生乔万选担任清华大学校长,结果遭到清华师生的强烈反对。6月25日,乔万选带着两辆汽车的武装卫兵,还带来了"秘书长"、"庶务主任"等一帮人,企图以武力接收清华。在学生会护校委员会的带领下,学生们把乔公选一干人拒于校门外,并且经过与乔万选的单独谈判,据理力争,迫使乔万选当场签字,保证"永不任清华校长"。于是,乔万选在碰了一鼻子灰后,灰溜溜地被赶出校门。

杨振声的儿子杨起口述说:

"那天,乔万选带了几个人,开了两辆小汽车到清华来接管。这事轰动了清华上下,人们纷纷涌向校门口。我闻讯也跑到清华校门口看热闹。清华人都聚集在校门口——就是现在的清华大学西门(当时校门上方的匾额是'清华园'3个字而不是现在的'清华大学'4个字),将乔万选等人堵在校门之外。我亲眼看到,我父亲就站在师生的前列,与乔万选等人理论。双方僵持了一段时间之后,乔万选等看到师生们情绪非常激动,形势对他们不利,根本进不了学校,最后只好灰溜溜地离开了。"

"驱罗"运动和"拒乔"事件以后,学校的一切事务由校务会议负责处理。理学院院长叶企孙和文学院院长冯友兰先后主持校务。

叶企孙之父叶景沄曾于1914年应聘任清华学校国学教师。叶企孙于1913年考入清华学校,1918年在高等科毕业后赴美留学,1925年任清华学校副教授。1930年5月罗家伦辞职后,叶企孙于5月24日至7月10日以校务会议主席名义主持校务。

冯友兰,字芝生,1928年任清华大学教授兼秘书长。1929年辞去秘书长一职,任哲学系主任。1930年6月起代理文学院院长一职。7月底代理校务会议主席,主持学校日常工作。自1928年始入清华园任职与任教,直到1952年院系调整才离开水木清华回到北大燕园,冯友兰在清华长达25个春秋,对它有着特殊的贡献和感情。

此时,一批别有用心的人,不断在校内张贴匿名标语,制造各种谣言,攻击冯友兰,攻击学生会;又致电阎锡山,并在报上发表,说清华"形同解散,百务益废",竭力为乔万选卷土重来制造舆论。

1930年底,中原大战告一段落。在罗家伦离校长达11个月之后,1931年4月16日,蒋介石派他的另一亲信、国民党中央政治学校副教务主任吴南轩担任国立清华大学校长。吴南轩于1919年复旦大学预科毕业,后赴美国加利福尼亚大学攻读教育心理学,1923年获硕士学位,1929年获博士学位。

吴南轩一到校,就采取个人专权的统治手段。他任用自己带来的亲信或幕僚充任教务长、秘书长等职,并将会计、庶务、文书等各科主任全部更换。而且,他还锐意执行中央政府的大学规程,极力反对自20年代中期以来即在清华业已形成并行之有效的教授治校制度,拒不承认院长由教授会选举的惯例,而坚持校长个人全权聘任,还擅自解聘了多名教授。当这一行为受到大家指摘时,他竟抱着"院长宁缺,个人主张不能捐弃"的态度,拒不召开教务会议和评议会,并私自修改《国立清华大学规程》,取消"院长由教授聘任的规定"。此外,他还采取种种手段拉拢学生,并试图挑拨师生关系。

此年5月28日,教授们一致认为"新改《国立清华大学规程》于学校前途诸多危险",决定上书兼任教育部长的蒋介石,要求立即撤换吴南轩。在会上,大家公推张子高、张奚若、金岳霖等7位教授组成起草委员会。他们草拟出呈教育部的电文,历数吴南轩来清华一月有余的罪状,坚决要求教育部"另荐贤能"。

同时,张子高、朱自清、吴有训、李继侗、周培源等48位教授联名发表声明,表示:"倘此问题不能圆满解决,下学年即与清华脱离关系。"学生会也召开全体学生大会,表示坚决支持教授会决议。

在全校师生的强烈反对下,吴南轩被迫于5月29日离校。吴南轩等人携带国立清华大学印信和若干重要文件,逃到了北平城内的使馆区,在利通饭店挂起了"国立清华大学临时办公处"的牌子,进行"遥控办公",到6月25日才无奈地离开了北平。

关于事情的来龙去脉,冯友兰自述说:

"大概吴南轩也听说清华教授会在学校中有很大的权力,在学生中有很高的威望,所以要借这个院长聘任的问题,和教授会较量一下,给教授会一个下马威。

他坚持说，聘任院长是校长的职权，教授会不能过问。他看我们坚决不接受聘书，就在教授中物色别人，可是教授们都不理睬。他就在校外聘请院长，聘来了一个文学院院长，也是清华毕业的校友。这位院长走马到任，教授会看见吴南轩真是要较量了，就拿这位文学院院长开刀。教授会开会了，说是照清华的旧例，院长必须由教授兼任，新来的这个人既不是教授，又没有担任功课，谁知道他是什么人，决议不承认这个新来的院长。如果在别的学校，吴南轩可以给这位院长先发一个教授的聘书，可是在清华不行，因为在清华，一个教授的聘请，需要经过许多的手续，而这些手续都不是校长所能无视的。吴南轩和教授会相持不下，学生就说话了，学生对于吴南轩本来就不满，这时就站在教授会这一边。学生会也通过决议案：驱逐吴南轩。在这番较量中，吴南轩失败了。他虽然已经进校，接了校长的权，但是不得不悄悄离开学校，回南京去了。”

【第 16 回】
临危受命贻琦掌校
沧海横流君子本色

1931 年冬，朔风劲吹，北平城里滴水结冰、寒气透骨。红日映照在屋檐下的冰溜子上，让人眼花缭乱。清华大礼堂内人头攒动、座无虚席，台上一人正慷慨激昂地演讲。他说道：

“办学校，特别是办大学，应有两种目的：一是研究学术，二是造就人才。清华的经济和环境，很可以实现这两种目的，所以我们要向这方面努力……一个大学之所以为大学，全在于有没有好教授。孟子说：‘所谓故国者，非谓有乔木之谓也，有世臣之谓也。’我现在可以仿照说：‘所谓大学者，非谓有大楼之谓也，有大师之谓也。’我们的智识，固有赖于教授的教导指点，就是我们的精神修养，亦全赖有教授的 inspiration……”

台下顿时传来雷鸣般的掌声。

台上之人，即为国立清华大学新任校长梅贻琦。此时他正在发表就职演讲。

自吴南轩被赶走后，清华两年内“两驱校长，一拒校长”的风波已闹得沸沸扬扬，在国内外影响极大。南京国民政府再也不好随便派人任清华校长，原来的校务会议仍旧维持校务。

后来,在师生们的压力下,1931年7月,教育部又临时派气象系主任翁文灏"暂代校务"。翁文灏是我国第一位地质学博士,近代地质学、地理学奠基人之一。后来他步入政坛,成为"学者从政"的代表人物,曾官至国民政府行政院院长。新中国成立后留在大陆,任全国政协委员、民革中央常委,被毛泽东誉为"有爱国心的原国民党军政人员"。

在此风雨飘摇之中,清华师生表示欢迎:

"翁先生的学问,不用说是现在国内数一数二的第一流学者;翁先生的道德,又是洁身自好,磊落光明;至于翁先生的才力,我们只要对于他数十年来对社会的种种贡献,以及现在所惨淡经营的地质调查所的成绩略加考查,我们就可以想象而知了……翁文灏先生以当代学者,来掌我校,全校师生无不深庆得人。"

但翁文灏的社会兼职甚多(主要是忙于南京地质调查所的事务),无心校务,不能常驻在清华办事。翁文灏于是派了一个秘书长,替他处理日常工作。翁文灏多次提出辞职,9月中旬经教授会与学生会开会挽留无效而肯许。之后,教育部又安排理学院院长叶企孙为"校务代行"。叶企孙也因问题棘手,屡次请辞。

前文曾提到,早在1926年,37岁的梅贻琦即当选为清华学校教务长,其后又在1928年代理校长一职。在诸多的教育行政事务中,梅贻琦即已显示出卓越的才能,因而得到校内冉冉上升的"少壮派"教授们的拥戴。温应星担任校长后,推荐梅贻琦到美国华盛顿任清华留美学生处监督。监督的任务,是管理分散在全美各地学习的中国留学生。监督被公认为是一项肥缺,掌握着留学经费的分配、学生学业以及操行评骘等大权。当时《清华校刊》曾发表消息说:

"迩来监督处开支泛滥。当局及本大学校长对上一任监督曾一再函电指责申斥……梅先生两任本大学教授及教务长。公正廉洁……未降临美后必有一番鼎新。"

梅贻琦的太太韩咏华(天津人)回忆说:

"1931年冬,月涵在留美学生监督处任监督3年后,当时的教育部长李书华请他回国主持清华大学的工作,继翁文灏代校长之后任校长,时年42岁。留美学生监督一职由赵元任先生接替。这一消息传来后,许多美国朋友都不以为然,也舍不得他离开。美国人认为做校长就是做官了,他们说:'梅先生不是做官的人,最好继续留在这里。'"

1931年10月14日,国民政府任命梅贻琦为清华校长。12月31日,梅贻琦回到清华就任,发表"大学者,非谓有大楼之谓也,有大师之谓也"的就职演说,确立清华向纯学术发展的路线。他的这些教育名言，无数年来一直为世人所推崇。

梅贻琦在就职演讲时还说道：

"……清华的经济，在国内总算是特别的好，特别的幸运。如果拿外国大学的情形比起来，当然相差甚远……我们对于经济问题，有两个方针，就是基金的增加和保存。我们总希望清华的基金能够日渐增多，并且十分安全，不至动摇清华的前途。然而我们对于目前的必需，也不能因为求基金的增加而忽视，应当用的我们也还得要用。不过用的时候总要力求撙节与经济罢了。

"……我们固然要造就人才，但是我们同时也要注意到利用人才。就拿清华说吧，清华的旧同学，其中有很多人才，而且还有不少的杰出人才，但是回国之后，很少能够适当利用的。多半是用非所学，甚且有学而不用的……我们今后对本校的毕业生，应该在这方面多加注意。

"……清华向来有一种简朴好学的风气，这种良好的校风，我希望今后仍然保持着。

"……最后我不能不谈一谈国事。中国现在的确是到了紧急关头，凡是国民一分子，不能不关心的。不过我们要知道，救国的方法极多，救国又不是一天的事。我们只要看日本对于图谋中国的情形，就可以知道了……我们现在，只要紧记住国家这种危急的情势，刻刻不忘了救国的重责，各人在自己的地位上，尽自己的力，则若干时期之后，自能达到救国的目的了。我们做教师、做学生的，最好最切实的救国方法，就是致力学术，造成有用人才，将来为国家服务。"

关于梅贻琦上任后的工作和生活，据梅太太回忆说：

"从留美监督处回国后，几乎几年都没有什么娱乐活动。月涵很喜欢听京剧，但任校长后看戏的机会也少了，只在进城开会留宿时才偶尔看看。他对生活要求很简单，从不为穿衣吃饭耗用精力，也不为这些事指责家人。年轻时还喜欢打打网球，后来就没有任何体育活动了。我们住在清华校长住宅甲所时，宅旁有一小片土地，月涵把它开辟为小花园，每天清晨起来自己去收拾花草，既是爱好，也是锻炼身体。他特别喜欢一种倒垂下来的叫做'倒草'的绿色植物。有一次他出去开会两个星期，回来后发现倒草枯死，真是动了气。

"任校长期间，月涵廉洁奉公的作风仍像在监督处一样。过去甲所住宅的一切日用物品包括手纸都是由公家供给的，有公务人员按时送到。月涵继任后一切全免，公私分清，私宅的一切自己掏钱。我和月涵一起进城时可以坐他的小轿车，我一人进城时永远乘班车，从未要过他的小车。"

深受西方自由、民主精神熏陶的清华园，驱逐校长的运动此起彼伏，赶教授也是家常便饭。然而自 1931 年梅贻琦担任校长以后,直到他 1948 年 12 月离开大陆,清华学生们的口号始终是"反对×××,拥护梅校长",竟至几乎无人对他有异议。有人问梅贻琦有何秘诀,他风趣地说:"大家倒这个,倒那个,就没有人愿意倒霉(梅)!"

从 1931 年末到 1937 年抗日战争爆发,短短的五六年间,梅贻琦在清华创造了一个"黄金时代"。他是清华历史上任期最长、贡献最大的校长。在他任校长的 17 年里,清华得到了长足的发展。故梅贻琦被誉为"中国最杰出的 10 个大学校长"、"中国近代最杰出的 10 个教育家"之一。

梅贻琦就任国立清华大学校长时,其实根本还不是国民党党员,没有任何政治背景。他的最大长处,是与清华的历史渊源很深,自觉认同清华的自由主义传统,尊重教授会、评议会的权力,因而能够得到各方面的拥护。自此,清华长期持续的校长风波结束。他为人注重实干,被时人称为"寡言君子"。梅贻琦专心办学,在前任多位校长奠定的良好基础上,把清华推向了辉煌的顶峰。

梅贻琦对清华的建设有着重要的贡献。他一生情系清华,掌校期间展现了其办学理念、治校才能和民主清廉作风。他强调以大教授为中心治校,并推行一种集体领导的民主制度,推崇学术自由,对政治持中间立场,对学生学习严格要求,坚持"通才(德、智、体、美、群)教育",使得清华继续稳定、高速前进。他的教育思想,不管是于清华还是于我国的高等教育,皆具有很大影响。

梅贻琦在中国高等教育史上可谓一个罕见的人物。学者苏云峰认为,这基于下列 3 个事实:

(一)他并无高级学位(只有一个荣誉博士学位,那还是受赠于 1940 年),却能率领诸博士群,人人佩服;(二)在抗战之前就使清华大学领先各大学,成为理工教学与研究重镇,跻身于世界学术之林;(三)在抗日战争前后近 20 年的学潮风云中,他尚能保持清华校园的基本安定,继续发展,没有成为学生攻击的对象。

经济学家陈岱孙评价说:

"梅先生可以说是清华大学的主要创建人……是在他任校长期间,清华才从颇有名气而无学术地位的留美预备学校,成为蒸蒸日上、跻于名牌之列的大学。我 1929 年到清华教书时,清华已有两年的大学班了,还有两年的留美预备班,全校人数并不多,每个大学班大概不到 200 人。教师也很少。学术水平不高的状况,从招生也可以看出来。其他大学每年招生名额和报名人数之间相差很大,报名很多,录取比较少。但那时的清华,报名人不太多,而录取比例比较大,例如录取 150 名学生,报名不过 400 人左右。就是在这种情况下,经过短短不到 10 年时间,清华就变成了一所全国有名、又有学术地位的大学。这当然是与全校教师职工的努力工作分不开的,但主要是在梅校长领导下,把清华建立了起来,成为今天清华大学的基础。"

清华校史研究专家黄延复认为:

"他(即梅贻琦)掌母校几十年,虽然清华基金雄厚,竟不苟取分文。在贪污成风的社会,竟能高洁、清廉到这样地步,真是圣人的行为。只这一点,已足可为万世师表。"

【第17回】
求贤若渴名家荟萃
教授治校校长服务

清华校友、武汉大学教授刘绪贻回忆说:

"梅贻琦任校长后,'如何办好清华'就成为他生活的全部内容。'连吃饭时也想着学校的问题',常'深居简出,有时一天有时两三天,苦思焦虑,忍辱负重地设法解决'。为保持学校的宁静和安全,有时亲自巡逻校园直至深夜。他不讲排场,学校办事,机构比当时教育部规定的还要精简。校、院、系各级领导人都不设副职,图书馆长由社会学系潘光旦主任兼任。各系都不设专职办事人员。教师与学生人数大体为 1∶6,非教学人员与教学人员及学生数大体为 1∶7。"

梅贻琦极其重视师资队伍的建设。他一再强调:

"师资为大学第一要素,吾人知之甚切,故亦图之至急……"

"大学之良窳,几乎全系于师资与设备充实与否,而师资为尤要……"

"吾人应努力奔赴之第一事,盖为师资之充实。"

"大师论"成为梅贻琦选聘教授的指导思想。他一再笑称:"校长就是带着校役为教授们开会搬凳子的人。"

从1931年底到1937年抗战爆发,在最初担任清华校长的近6年当中,梅贻琦"所努力奔赴之第一事,盖为师资之充实"。一是增加教师人数;二是延聘国外学者。梅校长聘用教师不限于国内,而是着力于国外,尤其是留学生。他自称:

"吾人以为将欲提高国家学术水准,端赖罗致世界第一流学者,来华讲学。"

从 1932 到 1937 年，梅贻琦先后聘进了七八十名国内外名师，其中有潘光旦、闻一多、顾毓琇、张岱年、戴芳澜、张荫麟、贺麟、沈有鼎、赵凤阶、倪俊、李达、李辑祥、洪绥、洪绅、段祖澜、陈省身、华罗庚、吴晗、刘仙洲、唐兰、段学复、雷海宗、李仪祉、庄前鼎、赵访熊、夏翔、冯景兰、陈之迈、彭光钦、吴达元、任之恭、张捷迁、霍秉权、赵以炳、杨业治、李景汉、邵循正、齐思和、孟昭英、陈梦家、沈履、王信忠以及美国的维纳和华敦德、法国的哈达玛、日本的原田淑人等。

清华校史研究专家黄延复认为：

"这时期的清华教师队伍，无论是就其资质或集中程度来说，在国内都是无与伦比的。"

梅贻琦选聘教师最大的特点，是"严格遴选和延聘"，即要选聘"好教授"。1932 年，梅贻琦在开学典礼上，即以《教授的责任》为题发表讲话。在这次讲话中，他委婉地批评有些学生热衷于开会、宣传之后，又诚恳地指出：

"凡一校精神所在，不仅仅在建筑、设备方面之增加，而实在教授之得人。……吾认为教授责任不尽在指导学生如何读书，如何研究学问。凡能领学生做学问的教授，必能指导学生如何做人，因为求学与做人是两相关联的。凡能真诚努力做学问的，他们做人亦必不取巧，不偷懒，不作伪，故其学问事业终有成就。"

他在其《大学一解》一书中，又进一步提出：

"儒家思想之包罗虽广，其于人生哲学与教育理想之重视明明德(指修身)与新民(服务于社会)二大步骤，则始终如一也。"

并引用孔子"古之学者为己"，来说明"好教授"应"以善先人"，重品德，重身教。

梅贻琦不但遴选和延聘教授严格，对清华的学生也严格。盛传梅贻琦掌校时的清华有 3 难：进校门难、读学分难、出校门难。任何一门课，哪怕 59.99 分的成绩也要重读，没有补考。

在清华上课，课堂上是常常点名的，学生不许无故旷课。下课以后 5 分钟内，就有工友将缺席名单送交注册组登记。因事不能上课，须先亲自到注册部请假，否则视为缺课，不得补假。病假须具校医证明。请假两日以上须经教务长允准。学生在一学期内无故旷课达 16 小时者，由注册部先予警告；满 20 小时者，由教务长训诫；训诫后不听，仍缺课满 5 小时者，即令休学 1 年。一门课如缺课在 1/3 以上者，就不能获许参加该门课的大考。

民主治校，原是 20 世纪 20 年代末 30 年代初清华师生争取学术民主自由、抗拒政治控制的产物。此后由罗家伦、吴南轩带来的清华组织条例，却大大地削弱了教授会、评议会的权力。梅贻琦任校长后,继续奉行民主治校原则。

据刘绪贻回忆,民主治校的组织基础是教授会、评议会和校务会议。

教授会由全体正、副教授组成。其权限为:审议教学及研究事业改进和学风改进方案;学生成绩的审核及学位的授予;从教授中推荐各院院长及教务长;建议于评议会的事项及由校长或评议会交议的事项;互选评议员。教授会不常开会,但对校内发生大事主动过问。教授会由校长(无校长时由执行校长职务的校务会议)召集和主持,但教授会成员可自行建议集会。

评议会是这个体制的核心,实际上是教授会的常务机构。评议会由校长、教务长、秘书长、各学院院长及教授互选的评议员(比当然成员多1人)组成;而各学院院长则由教授会从教授中推荐,教务长习惯上也从教授中聘任。

评议会是学校最高决策、立法和审议机构。其职权为:议决学校的重要章制、基建及其他重要设备;审议预决算;议决学院、学系的设立或废止;选派留学生计划和经费分配;议决校长和教授会交议的事项。在法定地位上,评议会是校长的咨询机构,但校长又是评议会主席。其他校务会议成员都是评议会的当然成员。评议会的决议,对学校各级行政领导具有一定约束力。

校务会议由校长主持,并由教务长、秘书长和各学院院长参加,是行政审议机构。其主要职能:议决一切通常校务行政事宜;协调各学院、学系之间的问题等。

梅贻琦在主持上述三会时,总是尽力听取大家的发言和争论;自己则一言不发,最后秉公作结,一般都能得到大家的尊重和肯许。

梅贻琦执掌清华后,不但承认"教授治校"的合法地位,而且赋予教授会、评议会以更加稳固的权力范围。他每谈及治校之道,总说"吾从众"。他"从"的就是广大教师尤其是教授。他曾谦虚地说:

"贻琦生长于斯,清华实犹吾庐。就是有一些成绩,也是各系主任领导有方。教授中爱看京戏的大概不少,你看戏里的王帽,他穿着龙袍,然有介事地坐着,好像很威严,很有气派;其实,他是摆给人看的,真正唱戏的可不是他。"

自1932年开始,朱自清长期担任国立清华大学中国文学系主任一职。他说:

"清华的民主制度,可以说诞生于(民国)十八年(1929)……但是这制度究竟还是很脆弱的,若是没有一位同情的校长支持的话。梅月涵先生便是难得的这样一位同情的校长……他使清华这七八年里发展成一个比较健全的民主组织。在这个比较健全的民主组织里,同人都能安心工作,乐意工作。他使同人觉着学校是我们大家的,谁都有一份儿。"

【第 18 回】
通才理念文理渗透
人格培养不造机器

20世纪中国教育的一大主题,即专业教育。1929年《中华民国教育宗旨及其实施方针》规定:"大学及专门教育,必须注重实用科学,充实学科内容,养成专门知识技能。"

而西方有识之士,则屡屡对单纯的专业知识教育提出尖锐批评。著名科学家爱因斯坦曾在《纽约时报》撰文指出:

"仅仅用专业知识教育人是不够的。通过专业教育,他可以成为一种有用的机器,但是不能成为一个和谐发展的人。要使学生对价值有所理解并且产生热烈的感情,那是最基本的。他必须获得对美和道德上的善有鲜明的辨别力。否则,他——连同他的专业知识——就更像一只受过很好训练的狗,而不像一个和谐发展的人。"

究竟是培养"人",还是制造"机器"? 这是困扰教育界的难题。冯友兰在回忆清华大学的教授治校时说道:

"当时教授会经常讨论而始终没有完全解决的问题,是大学教育的目的问题。大学教育培养出来的是哪一种人才呢? 是通才呢? 还是专业人才呢? 如果是通才,那就在课程设置方面要求学生们都学一点关于政治、文化、历史、社会,总名之曰人文科学。如果是专业人才,那就不必要有这样的要求了。这个分歧,用一种比较尖锐的提法,就是说,大学教育应该是培养'人',还是制造'机器'。这两种主张,屡次会议都未能解决。后来,折中为大学一、二年级以'通才'为主,三、四年级以专业为主。"

同为清华教授的冯友兰、潘光旦,都是通才教育的倡导者。而通才教育能在清华推行,并孕育出了无数大师,校长梅贻琦功不可没。1932年6月,他在一次全校性集会上告诫说:

"这3个月里诸位听了多次的讲演,对于各学科要点,当已得到不少的了解。本校举办这些系的目的,固然是希望学生获得一技一艺之专长,以期立身致用于社会;同时盼大家在注意本系主要课程之外,并于其他学科也要有相当认识。有人认为学文者,就不必注意理科;习工科者就不必注意文科,所见似乎窄小一点。学问范围务广,不宜过狭,这样才可以使吾们对于所谓人生观,得到一种平衡不偏的观念。对于世界大势文化变迁,亦有一种相当了解。如此不但使吾们的生活上增加意趣,就是在服务方面亦可以加增效率。这是本校对于全部课程的一种主张。盼望大家特别注意的。"

1933年,梅贻琦又在开学典礼上说,听说今年的新生大多数愿意学理工科,"这大概是因为社会方面近来注重理工之故。理工为实用科学,固宜重视,但同时文法课程,亦不宜过于偏废"。他介绍说:

"为避免新同学在选修专业时有'匆率勉强之弊',学校决定今年入学的一年级新生并不分院系(工院除外),大家在初入校时,可不必即决定入何系,最好在此一年内细细体察自己志趣所在,性之所近,究习何科较为适当,然后再决定。"

1941年4月前后,为庆祝清华建校30周年,梅贻琦又在其《大学一解》一书中进一步阐述了他的主张:从心理角度来看,人格可以分为"知、情、志"3个方面,但如今的教育却只注重"知"的灌输,不重视"情"与"志"的培养;再加上学校课程太多,学生压力很大,学校生活不利于人格修养,这就导致"习艺愈勤去修养愈远"的状况,造成只知随声附和、人云亦云,不敢力排众议、自作主张的局面。在这种情况下,学校里"每多随波逐浪(时人美其名曰'适应潮流')之徒,而少砥柱中流之辈",也就在所难免。

在这部著作中,梅贻琦还反复强调"大学之道,在明明德,在新民,在止于至善"的古训,并反驳"大学期间……应为通专并重"的折中主张。他写道:

"今人言教者,动称通与专之二原则。故一则曰大学生应有通识,又应有专识;再则曰大学卒业之人应为一通才,亦应为一专家,故在大学期间之准备,应为通专并重……窃以为大学期内,通专虽应兼顾,而重心所寄,应在通而不在专;换言之,即需一反目前重视专科之倾向,方足以语于新民之效。"

他说,大学教育之所以"应在通而不在专",应以"通识为本,而专识为末",是出于以下一些考虑:第一,生活大于事业,事业不过是人生的一部分;第二,通识是一般生活的准备,专识是特种事业的准备;第三,从社会需要来看,也是"通才为大,而专家次之";第四,如果让没有通识基础的专家治理国家,其结果不是"新民",而是扰民。基于以上理由,他提出专才教育必须改革;通专并重,"窒碍难行";"通重于专",方为上策。

1943年,梅贻琦又在《工业化的前途与人才问题》一文中再次强调:

"大学教育毕竟与其他程度的学校教育不同，它的最大的目的原在培植通才；文、理、法、工、农等等学院所要培植的是这几个方面的通才，甚至于两个方面以上的综合的通才。它的最大的效用，确乎是不在养成一批一批限于一种专门学术的专家或高等匠人。"

所以，"真正工业的组织人才，对于心理学、社会学、伦理学，以至于一切的人文科学、文化背景，都应该有充分的了解"。相比之下，"严格的自然科学的认识倒是比较次要"的了。

1948年2月20日，清华工学院20多位教授聚集在一起，讨论通才教育的问题。会议由陶葆楷院长主持，与会者有梁思成、钱伟长等一流专家。会议认为：大学工科教育与职业教育不同，它的目的是把学生培养成"对社会及人生普通问题有相当之认识"的有理想的工程师，因此"各系专门课程应予减少"，"属于手艺性质之训练，应利用假期办理"。此外，为使工科学生有时间和精力思考各种问题，还应该"吸收人文科学与社会科学方面的训练"。

5月份，《清华旬刊》发表署名晓宋的文章：《严重的工程教育问题》。作者指出：工学院教授会已经"一致指出了过度专门的不良倾向"，但如今大家还是"被压在繁重的功课负担下……累得连读报的时间也没有，更谈不到广泛的社会科学知识的学习"。他问道：我们的教育当局"是不是晓得糟蹋教育、把青年学生当成塑料是罪过"？

6月，清华大学自治会举办有关教育问题的学术报告会。从美国归来不久的冯友兰在会上发表《论大学教育》的演说。他谈了两个问题：一是大学的性质，二是教育的目的。

关于前者，他说大学不是职业学校，不是宣传机关，也不是教育部高等教育司的一个处室，而是一个传授知识的教育部门，一个追求真理的研究单位，一个"独立的、不受任何干涉的"专家集团。即学术、教育必须自由独立。

至于后者，他认为大学教育的目的是为了培养"人"，而不是要把人训练成工具或机器。在这方面，大学与职业学校有明显不同。职业学校重在"有用"，它训练出来的学生可能有一技之长，或者有某种"特殊机能"。但如果以为这就够了，那么我们的学生就会像茶杯可以盛水、板凳可以坐人似的，只能是一个"器"，而不是一个真正的人。

冯友兰还对"人"究竟是什么、如何才能成为一个真正的"人"作了通俗易懂的解答。

"所谓'人'，就是对于世界社会有他自己的认识、看法，对以往及现在的所有有价值的东西——文学、美术、音乐等都能欣赏，具备这些条件者就是一个'人'。"

在此基础上，他又进一步指出，大学教育除了给人专业知识以外，还应该让学生有一个清楚的头脑，一颗热烈的心。只有这样，他才可以对社会有所了解，对是非有所判断，对有价值的东西有所欣赏，他才不至于接受现成的结论，不至于人云亦云。

冯友兰还说，大学教育的目的之所以应以"君子不器"为准则，主要是基于以下两个原因：第一，人类不仅仅是面临吃饭、穿衣等"有用"的问题，也就是说除了吃饭、穿衣之外，还有许多其他需要；第二，许多知识和学问，对于人生的作用在短时间内是看不出来的，有些甚至永远也看不出来。强调"有用"，其实是无知的表现。再说，许多"有用的学问已有职业学校及工厂去做了"，这就更需要我们的大学去研究那些看似无用的知识，传授那些好像没有出路的学问，比如哲学。

这些话就是放在今天，仍大有意义，堪称空谷足音，振聋发聩。

在通才教育理念的指导下，清华文学院强调"知识广博"、"中西兼重"，教育的目标是"博通"中外的"通才"。清华理科生的培养，同样贯彻这种各科会通的理念，以厚重广博为基本指向。在理科各学系之间，有很多彼此取用的选修课甚至是必修课。文科与理科的相互渗透，为通才教育在清华的进一步发展。学校明确规定，理科生要选修社会科学课程，文科生的必修课包括多门基本的自然科学课程。

清华以培养"为国家社会服务之健全品格"作为教育目标。"德、智、体三育并重"的全人格教育，是清华教育理念的又一典型特色，也是通才教育思想的延伸。清华校训"自强不息，厚德载物"激励着一代又一代清华人。

清华历来重视体育课与体育锻炼，这正是它的优良传统之一。马约翰1911年自圣约翰大学毕业，1914年至1966年长达50余年在清华担任体育教授。他一生积极倡导体育，热情指导青年锻炼身体，为人师表、德高望重，受到国家的器重和人民的尊敬，被称为"我国体育界的一面旗帜"。

基础扎实既是通才教育的重要前提，又是通才教育方针的具体内容之一。清华各个学系都设有系统的、全面的基础课程，各种理科基础课程还设置了相应的实验课作为必修科目。物理系主任叶企孙曾经提出：

"本系只授学生以基本知识，使能于毕业后，或从事于研究，或从事于应用，或从事于中等教育，各得门径，以求上进。科目之分配，则理论与实践并重，重质不重量。"

严格的考试是检验基础是否扎实的重要手段。无论是入学考试，还是每学期的大考、小考,清华都非常严格。国立清华大学入学率很低,每一年的淘汰率又很高,学生不得不将主要的时间和精力都用于上课和在图书馆自习。

清华大学的大考成绩非常重要,如在工学院,大考占总成绩的50%;日常作业占10%;小考和月考占40%。主课小考频繁,一周一次、每两周一次、一月一次等。考试严禁作弊,一经发现则一律开除。

冯友兰在《清华的回顾与前瞻》中说:

"清华大学之成立,是中国人要求学术独立的反映。在对日全面战争开始以前,清华的进步真是一日千里,对于融合中西新旧一方面,也特别成功。这就成了清华的学术传统。"

在20世纪30年代短短数年内,清华竟能涌现出各个领域中卓越的、第一流的人才,创造了清华校史上的"黄金时代",绝非偶然。

但没过多久,清华园就随着政权的易手而发生巨变。在此期间,冯友兰以校务会议主席的身份完成了交接任务。那时他恐怕不会想到,仅仅过了两三年,这座具有光荣学术传统的皇皇学府竟变成了一所单纯的工科大学。清华义无反顾地走上了"以俄为师"的不归路。于是,老清华的消失,包括清华传统的沦丧和通才教育的失败,也成了冯友兰等老清华人最大的一块心病。

山西学者智效民反思道:20世纪的中国,经历了有史以来最多的苦难。从义和团运动、八国联军入侵开始,中间经过军阀统治、日军侵略与大规模内战,一直到50年代政治运动、60年代大饥荒和"文化大革命"……不知有多少家破人亡,生灵涂炭。有人说苦难使人思考,但假如面对苦难的不是"人",而是"机器"或"工具",是否也会有思考呢?

【第19回】
诸公深得佳子爱戴
教研至臻黄金时代

20世纪30年代的清华园里大师云集、名流荟萃,教学勤谨、科研发达,佳子涌现、人才辈出,故而声誉日隆,至臻鼎盛。

至1934年,国立清华大学已成为设有文、法、理、工4个学院的综合性大学,共有 17 个学系,即文学院的中国文学系、外国文学系、哲学系、历史学系、社会学系;理学院的算学系、物理学系、化学系、生物学系、心理学系、地学系;法学院的政治学系、经济学系、法律学系(1932 年创办,1936 年停办);工学院于 1932 年增设,下分土木工程学系、机械工程学系、电机工程学系。

这个时期的学生人数有较大增加,由 1928 年的 400 人增至 1936 年的 1223人;其中女生由 1928 年第一批的 15 人,增至 1935 年的 110 人。1936 年,各学院中学生最多的是工学院,达 393 人;各系中学生最多的是经济系,达 148 人。此外还有美、英、德、日等国留学生 20 余人。招生规模的扩大,并没有带来学生质量的下降。由于越来越多的人报考清华,入学录取率呈下降趋势,1928 年为 23.1%,至1936 年则为 8.2%。激烈的竞争,保证了进入清华的均为一时俊彦。

在清华学子的心目中,每个教授都是独特的,最棒的,不论是有着"一双在眼镜里闪烁的炯炯有光的眼睛"的诗人教授闻一多,还是"无论他身上哪一点,都有点儿哲学味儿似的"哲学大师金岳霖,一人一种风范,一人一个世界。

比如刘文典:

"记得那日国文班快要上课的时候,喜洋洋地坐在三院七号教室里,满心想亲近这位渴慕多年的学界名流的风采。可是铃声响后,走进来的却是一位憔悴得可怕的人物。看啊!四角式的平头罩上寸把长的黑发,消瘦的脸孔安着一对没有精神的眼睛;两颧高耸,双颊深入;长头高举兮如望空之孤鹤,肌肤黄瘦兮似辟谷之老衲;中等的身材羸瘠得虽尚不至于骨子在身里边打架,但背上两块高耸的肩骨却大有接触的可能。状貌如此,声音呢?天啊!不听时犹可,一听时真叫我连打几个冷噤。既尖锐兮又无力,初如饥鼠兮终类猿……"

——作者先抑后扬,马上极力抒写刘文典学问的渊博精深,对学生的恳挚,对国事的热忱,其精神的力量远远盖过了相貌的不足,矗立着的仍然是一个可敬可爱者。

比如俞平伯:

"一个五短身材的人,秃光着脑袋,穿着宽大的衣服,走起来蹒蹒跚跚的,远远看去,确似护国寺里的一个呆小和尚,他就的的确确是俞先生么?"

——这是相貌与学问之不成正比。

比如陈寅恪:

"里边穿着皮袍外面套以蓝布大褂青布马褂,头上戴着一顶两边有遮耳的皮帽,腿上穿着棉裤,足下蹬着棉鞋。右手抱着一个蓝布大包袱,走路一高一下。相貌稀奇古怪的纯粹国货式的老先生,从对面子子而来。"

——这是衣着与学问之不成正比。

比如冯友兰：

"口吃得厉害。有几次，他因为想说的话说不出来，把脸急得通红。那种'狼狈'的情形，使我们这般无涵养无顾虑的青年人想哄笑出来。"

——这是口才与学问之不成正比。

但千万不要以为清华学子在贬抑他们的先生，恰恰相反，他们为拥有这样看似与平常人无异，而实际上是些天才们的教授而深深地骄傲。而且不论他们的外貌、举动如何乖戾（当然只是一小部分），个性如何奇特，却无一例外地都渊博、尽职、和蔼与可爱，是一些不会混淆、不可取代的学术泰斗。

"虽则面上严肃一点，而心肠是最软不过的。"

——这是朱自清。

"有时你看到吴先生独自呆呆地立着，嘴角浮漾着轻微的笑影，那笑，无形中由苦笑而有时竟至非哈哈大笑不可的神情，但刹那间，像在荷叶上飘过的轻风，一切终归沉寂，他毕竟意识到自己是个学者，笑影俱散，剩下的是那俨然不可侵犯的矜持的面相。"

——这是吴宓。

"他那便便大腹，好像资本主义过剩生产，已达到了第三期的恐慌似的——瞧着瞧着，原来里面装的是一肚子的词源呀。"

——这是杨树达。

"虽然是福建人，可是国语讲得够漂亮，一个字一个字吐得很清楚，而不显得吃力。在上课的时候，学生没有一个敢出声的，只静心凝听，因为他的声音是有节奏的，有韵律的，能使人如同听音乐一样，起着一种内心的快感。"

——这是陈岱孙。

"循循善诱地每堂课都写给那许多笔记，所以同学们不爱再发出什么问题；但在真是莫名其妙时，不禁要去一问。很怪，那时的陶先生好好的面孔上又加厚了一层红云，好像是个新娘子，羞羞答答地吞吞吐吐地来答复你。"

——这是陶葆楷。

清华不但尊重教授，广延名家，而且极为重视教学。著名教授亲自上讲台讲基础课，例如吴有训亲自带学生实验，朱自清、闻一多讲授大一国文，张子高讲授普通化学，李继侗讲授普通生物学等。教师们坚持一贯的严谨治学作风，讲课认真、一丝不苟，教学要求异常严谨。这一切，使得清华形成了勤奋学习的良好风气，学子们所受到的严格训练一生受益无穷。

清华一向考试多且难，淘汰率高（1928 年至 1937 年间，全校淘汰率为 27.1%；理学院最高淘汰率曾达 69.8%，工学院为 67.5%）。教师记录学生的平时成绩，使用 E、S、N、I、F 这 5 等，超等 E 相当于 95 分，上等 S 相当于 85 分，中等 N 相当于 75 分，下等 I 相当于 65 分，F 等则为不及格。当时的学生们分别戏称 E、S、N、I、F 这 5 等为"金齿耙"、"银麻花"、"三节鞭"、"当头棒"、"手枪"。其时一首调侃 5 等的小诗风靡清华校园：

　　谁买得最多的，我就送他一张超等的椅子（E）；

　　谁买得次多的，我就送他一个上等的帐钩子（S）；

　　谁买得不多不少的，我就送他一把中等的扇子（N）；

　　谁买得少的，我就给他一条棍子（I）；

　　谁买得还少的，我就给他一个棒子（P）；

　　谁买得最少的，我就给他一把手枪装上弹子（F）。

　　听见了这种枪的呼声，于是他也抢，我也抢，但是人人都怕抢到了枪；

　　放了一枪你就要惊慌，放了两枪你就得逃亡。

调侃归调侃。严格的考试虽造成了很高的淘汰率，却也培养了学生们严谨认真的学习态度，并使之打下了扎实深厚的知识基础。

20 世纪 30 年代的中国，大学毕业生就业门路较窄。但由于清华学生业务能力较强，外语水平较高，通过各种途径，特别是各地校友大力协助，一般情况下就业尚无大碍。当时清华毕业生出路大致有：（一）立即留洋或当助教做留洋准备；（二）到政府机关或私人企业，做本行的实际工作或研究工作；（三）当中学老师；（四）改行。据统计，当教职员占的 34%，是各种出路中人数较多的。

这一时期在教学方针上，值得一提的是 1933 年教授会经过激烈讨论确定的"大一共同科目"、"文、理、法 3 院大一不分院系"。这是清华通才教育传统发展的一个重要阶段。学校主张通才教育的一批教授，还经常劝三、四年级的学生多选外系的课程。文、理、法 3 院大一不分院系，全部上公共基础课，二年级时依自己的志愿和一年级的课程成绩"入系"。各系的门槛都不好过，如算术系、物理系、化学系都曾规定，学生的微积分或普通化学的全年成绩不及中等（70 或 75 分）者，不得相应入该系。中文系亦规定，大一国文在超上中等者，始能入该系。

文科与理科的相互渗透，为通才教育在清华的进一步发展。清华一、二年级的共同必修课涵盖文、理两个领域，包括：国文、英文、社会科学（政治、经济、社会、西洋通史择一）、自然科学（逻辑、化学、物理、生物择一）。

学校明确规定，理科生要选修社会科学课程，如国文、哲学或心理学等，还为理科学生开设了科学史的课程。掌握3门外语的叶企孙,曾建议自己的学生多结交一些文科的朋友,因为他的法语就是当年跟同宿舍的一位法语系同学学习的。与此同时,文科生的必修课包括生理、物理、化学、高等算学、平面几何等多门自然科学课程,选修课程还有立体几何、三角、高等生理、分析几何、算学总论和高等代数等。由此,文科生也开拓了视野,培养了逻辑思维的能力。

在通才教育理念的指导下,清华文学院强调"知识广博"、"中西兼重",教育的目标是"博通"中外的"通才"。清华理科生的培养,同样贯彻这种各科会通的理念,以厚重广博为基本指向。在理科各学系之间,也有很多彼此取用的选修课,甚至是必修课。如物理系学生除本系必修课程之外,还必须修习化学系的几种基本课程。系主任叶企孙甚至鼓励学生去选修机械、电机和航空等课程。

各院系都比较重视基础而又各有侧重,同时很注意与实际相结合,这是清华在教学上的又一个特点。如化学系要求"具化学上之基本知识,复习化学工业上之专门技能,于是进而令其专研究某一种问题";中文系"注重新旧文学的贯通与中外文学的结合";外语系要培养"会通东西之精神思想"的"博雅之士";历史系则提出"中外历史兼重";经济学系以"理论、事实、技术三者兼重"为培养目标;社会学系提倡学生有广博的基础知识,认为"基础知识越大,则成就越大";工学院"注重基本知识,训练不可太狭太专,应使学生有基本技能"。

虽然今天海峡两岸的清华大学均以工科见长,但在清华的历史上,文、理科的发展在先,工科的起步较晚。自改办大学以后,清华的工科最初只有土木工程系。1932年才添设机械工程系、电机工程系,连同原有的土木工程系合组为工学院。初建时,由梅贻琦校长兼任院长,翌年由顾毓琇任院长。由于清华设备充足、人才济济,因而工学院发展很快。后来在西南联大只有清华一校有工学院,可谓孤芳独秀。在全国范围内,清华的工学院也是数一数二。

清华自改办大学以来,一直在提倡学术研究。如1927年物理系刚刚开办时,叶企孙在《清华物理系发展之计划》中提出:

"大学校的灵魂在研究学术。教学生不过是一部分的事。物理系的目的就重在研究方面。所以我们请教授时,必拣选研究上已有成绩、而且能继续做研究的人;是否有教书经验,还是第二个问题……所以我们的课程方针及训练方针:是要学生想得透;是要学生对于工具方面预备得根底很好;是要学生逐渐地同我们一同想、一同做;是要学生个个有自动研究的能力,个个在物理学里边有一种专门的范围;在他的专门范围内,他应该比先生还懂得多,想得透。倘然不如此,科学如何能进步?"

在推进清华研究事业的进展方面，罗家伦也曾做了不少工作。梅贻琦校长认为：

"凡大学之使命有二：一曰学生之训练，一曰学术之研究。清华为完成使命，故其发展之途径不徒限于有效之教学，且当致力于研究事业之提倡。此在学术落后之吾国，盖为更不可缓之工作。"

在科研方面，1929 年成立的国立清华大学研究院，下设文、理、法 3 个研究所，目标为"以备训练大学毕业生继续研究高深学术之能力，并协助国内研究事业之进展"，次年开始招收研究生。1933 年增设心理学、社会学、地理学等研究所。1934 年奉教育部令，将各研究所改称研究部。到 1935 年，清华研究院共设 10 个研究部（当时全中国的大学亦仅共设 27 个研究部），研究生教育初具规模。

此外，学校还于 1932 年成立农业研究所（分虫害、病害两组）；1934 年与资源委员会合设航空讲座并成立航空研究所（在江西南昌）；同年成立无线电研究所（在湖南长沙，为此后长沙临时大学的组建奠定了基础），称为清华特种研究所，不招收研究生。

由于有原"庚款"基金，学校的办学经费相对充裕。先进的实验仪器设备和丰富的图书馆藏书，为开展科学研究提供了良好的条件。

这一时期，清华大学的学术气氛异常浓厚，科学研究取得了较快发展，并跻身国内一等行列。如算学系熊庆来关于亚纯函数数论、华罗庚在数论上的创造性研究；物理系吴有训关于 X 射线散射理论、赵忠尧关于原子核物理、周培源关于广义相对论和流体力学湍流理论；化学系高崇熙关于铼之定性分析；生物系李继侗关于植物生理、陈桢关于金鱼遗传；地学系袁复礼对国内、外古生物的研究等；机械系则建成了中国第一个航空风洞，这是当时世界上最大的风洞之一，比美国加州理工学院的风洞还要大 50%。

文学院在整理古籍方面取得了较多富有价值的成果，还发表和出版了一批在国内学术界很有影响的著作和文章。如中文系朱自清的散文集《背影》、《欧游杂记》等，闻一多关于《诗经》、《楚辞》、《乐府》的研究；历史系陈寅恪发表了 20 多篇关于隋唐史的论文，吴晗发表了 20 多篇关于明史研究的论文，张荫麟出版了《中国史纲（上古史篇）》等；社会学系陈达完成了《中国劳工问题》、《人口问题》等著作；哲学系金岳霖的《逻辑》与冯友兰的《中国哲学史》等亦已完成。

清华学子继承并发扬了清华学校时期认真读书的良好风气，形成了优良的清华传统。学生们牢记国耻，了解读书环境得之不易，故学习格外刻苦。除上课之外，他们多到图书馆看老师指定的参考书、课本，查询资料，很少有休闲。即使周末,也在图书馆"开矿"。

清华严谨的教学,造就了一大批杰出人才。以物理系为例,其成才率之高,实为古今中外所罕见。在 1929 年至 1938 年间毕业的 71 名本科生中,有中国科学院院士 21 人、美国院士 2 人,其中包括"两弹一星功勋"王淦昌、钱三强、彭桓武、

化学馆

王大珩、赵九章、陈芳允,核物理学家何泽慧、李正武,理论物理学家王竹溪、胡宁、张宗燧,力学家林家翘、钱伟长,光学家龚祖同,固体物理学家葛庭燧,地球物理学家傅承义、翁文波、秦馨菱,电子学家冯秉铨、戴振铎,波谱学家王天眷,冶金学家王遵明,物理海洋学家赫崇本等。此外还有政治理论家于光远、抗日英烈熊大缜等。

在此时期前后,国立清华大学还有如下重要事件:

1932 年,清华与德国远东协会及中国文化基金会约定互派学生,并以此邀请德国一流科学家冯·卡门等人莅临清华园讲学。

同年,第一届留美专科公费生考选 25 名,但不限清华毕业生。

1933 年 3 月,清华大学抗日会成立,赴东北修筑公路。

1933 年 6 月,化学馆落成启用。

1933 年 9 月,第一栋女生宿舍"静斋"落成启用。

1935 年 4 月,电机工程馆与机械工程馆落成启用。

1935 年 9 月,航空馆与风洞落成启用。

机械工程馆

【第 20 回】
山河破碎民族危亡
南翔呐喊陆璀被捕

20 世纪 30 年代的清华园内生活安定舒适,而墙外却一点也不平静。中国农村经济已趋于残破,更重要的是,清华地处华北这块中日关系的紧张地带,不可能不感受到战争的威胁。清华学子虽身在高等学府,但心系民众,时刻关心祖国的前途和命运。1931 年九一八事变的消息传来,清华园里顿时沸腾起来,指责张学良东北军不抵抗的声浪一浪高过一浪。

清华有着光荣的革命传统,在最初轰轰烈烈的五四运动中,在后来的五卅运动、"三一八"事件中,在此时如火如荼的抗日救亡运动,以及震撼全国的"一二·九"运动中,在后来的"一二·一"运动与"反饥饿、反内战、反迫害"的斗争中,在 1976 年的四五运动中, 一代代清华仁人志士在探求救国道路、传播先进思想、争取民族独立和人民解放斗争中成为后世的楷模。

如果说 1919 年五四运动的主力军是北京大学,则 1936 年"一二·九"运动的主力军就是清华大学。在日本妄图侵占全中国的危急关头,在"一二·九"运动中,清华学生扮演了一个很重要的角色。众所周知的"华北之大,已安放不得一张平静的书桌了"的响亮口号,就是首先由清华学生喊出来的!而领导学生运动的,主要是清华党支部。

烈士纪念石

　　早在 1926 年 11 月，清华园中当时只有两位共产党员，分别是雷从敏和朱莽。因不足 3 人，所以还不能成立党支部。此时，燕京大学经济系毕业生王达成即将到清华大学图书馆工作。北平市委负责人陈为人便建议他们 3 人可以成立一个党支部。3 人接头以后，清华地下党组织的第一个支部成立，会上确定由王达成担任第一任支部书记。

　　其后，蒋介石、汪精卫先后叛变革命，中共北平党组织遭严重破坏。《清华大学校史稿》记载：

　　"1934 年，朱理治担任河北省委书记时，北平地下党员不过十来人，清华就有党员四五位。"

　　正是在 1934 年，清华地下党支部掌握了《清华周刊》编辑部，时任中共清华支部书记牛荫冠任《清华周刊》总编辑。此年秋，牛荫冠因被特务跟踪而被迫离开清华。新任地下党支部书记蒋南翔膺选为周刊总编辑，姚依林为单独出版的副刊编辑。

　　蒋南翔 1932 年考入清华大学中文系，主编《清华周刊》、《北方青年》。

　　1935 年，日寇已肆意践踏东北，并向华北发动新的侵略。此年 6 月，国民政府与日本签订《何梅协定》。"何"是指何应钦，时任华北军分会代理委员长；"梅"是指梅津美治郎，时任日本华北驻屯军司令官。其主要内容是：

　　"取消国民党在河北及平津的党部；撤退驻河北的东北军、中央军和宪兵第三团；撤换国民党河北省主席及平、津两市市长；取缔河北省的反日团体和反日活动。"

　　这个协定，加上此前此后的《塘沽协定》与《秦土协定》，说明中国当局实际上已放弃华北主权，打算与日寇"划河而治"。其后，国民党的党、政、军纷纷从河北及平、津撤走，并准备成立"冀察政务委员会"，以适应日本帝国主义提出的"华北特殊化"要求。

　　此年下半年，日本帝国主义发动华北事变，进一步控制察哈

烈士英名榜

尔,并指使汉奸殷汝耕在冀东成立伪傀儡政权。而国民党政府则继续坚持不抵抗政策,蒋介石疯狂叫嚷"攘外必先安内"。

平津危急! 华北危急!! 中华民族危急!!!

时年 11 月 18 日,北平学联成立,总部设在清华园,姚依林任秘书长,开始酝酿游行请愿行动,抵制日本对华北的侵略。11 月 27 日,清华全体学生大会召开,蒋南翔任主席,商量游行请愿事宜。会上发生争执,无结果而散。在蒋南翔等共产党员的努力下,12 月 3 日,清华全体学生大会通过接受北平学联决议、参加全市统一请愿的议案。在中共北平市临委工作的清华学生何凤元从城里赶回清华,找到蒋南翔,要他赶在游行前起草一篇对外宣言。

后来蒋南翔回忆道:

"当天晚上就独自躲到清华一院大楼地下室的印刷车间,杜门谢客,抱着满腔悲愤的心情,写了《清华大学救国会告全国同胞书》……这篇宣言接连写了两三个晚上。当时痛感华北人民面临亡国的威胁,地处国防前线的北平学生已在上着'最后一课',华北之大,已经安放不得一张平静的书桌,我一面写作,一面不能自已地泪流满面,激动的心情难以言宣。"

蒋南翔在《告全国同胞书》中悲愤地写道:

"现在,一切幻想,都给铁的事实粉碎了!安心读书吗?华北之大,已安放不得一张平静的书桌了……我们已是被遗弃了的无依靠的难民,只有抗争是我们死里逃生的唯一出路……挣扎在死亡线上的全国大众,赶快大家联合起来……要以血肉头颅换取我们的自由!"

12 月 8 日,清华召开全体学生大会,通过全体学生参加游行示威的决议,并成立救国委员会。在蒋南翔安排下,周嘉祺(即朱辉)任主席,黄诚、陈元担任副主席,此外还有吴承明、华道一、刘毓璜、陆璀、黄绍湘等人,一共 11 位。

12 月 9 日早,天刚拂晓,寒风凛冽,清华就组成了请愿游行队伍。早晨 5 点多钟,同学们冒着零下十六七度的严寒,沿平绥铁路向西直门进发。8 点钟左右,清华的队伍和燕京大学的队伍汇合,半路上还有其他中学的 100 多名学生参加。时清华学生李昌回忆说:

"但是,到了西直门却进不了城。原来,北平当局将西直门提前关闭。城楼上下到处是荷枪实弹的宪兵、警察和二十九军的士兵。"

游行队伍赶往阜成门及西便门,都是大门紧闭。最后队伍返回西直门,含泪向城区周围居民和守城军警展开宣传,直到日近黄昏才返回学校。

"城外的队伍找机会进城时,城内的学生已经按原计划进行游行了。"原来,当时先有一部分学生提前进了城,组成了游行队伍。在姚依林、黄敬、郭明秋等共产党员的组织和指挥下,学生们高喊"反对华北自治运动"、"反对冀察政务委员会的成立"、"打倒日本帝国主义"、"停止内战,一致抗日"的口号前进。

当游行队伍抵达王府井时,一场惨烈的搏斗开始了。全副武装的军警,用冰冷的水龙、大刀、木棍等喷射、砍打手无寸铁的学生。学生被打倒在地,残忍的军警还用脚猛踩致伤者,王府井大街瞬间鲜血四溅……游行队伍共 100 多人受伤,30 余人被捕。大街上晶莹的冰块里,渗透着爱国学生的斑斑血迹。这就是历史上著名的"一二·九"爱国学生运动。

12 月 14 日,报载冀察政务委员会将于 16 日成立。北平学联立即决定在这一天举行游行示威,反对冀察政务委员会成立,把抗日救亡运动推向新高潮。

16 日清晨 8 点,清华和燕京等校学生就汇集到西直门,城门再次紧闭,戒备森严。转到阜成门,还是一样。又到西便门的铁路门。李昌回忆道:

"同学们怒火中烧,大家臂膀挽着臂膀,在'一、二、三'的喊声中,猛力撞开了铁门。刹那间,爆发出春雷般的欢呼声,终于进城了!"

北平各校学生分为 4 个大队,分别由东北大学、中国大学、北京大学和清华大学率领,举行声势浩大的示威游行。参加的学生总计 1 万余人。他们高举校旗,打着"反对华北特殊化!""反对成立冀察政务委员会!""反对军队南调!""反对苛捐杂税!"等横幅,向天桥进发。上午 11 时左右,汇集到天桥广场的学生和市民举行大会。广场上旗帜翻飞,口号震天。游行指挥部负责人黄敬站在一辆电车上,慷慨激昂地发表演说,并带领群众高呼口号。

大会通过了反对冀察政务委员会,反对华北任何傀儡组织,要求停止内战、一致对外,收复东北失地,争取抗日和爱国自由等 8 个决议案。

此后,游行队伍奔向冀察政务委员会预定成立的地点——东交民巷口的外交大楼,举行总示威。队伍走到前门,遭到大批警察和保安队的拦截。经学生代表反复交涉,一直僵持到傍晚时分,军警才让游行队伍分批分别由前门和宣武门进入内城。在宣武门,爱国学生又遭到上千名军警的血腥镇压,许多学生受伤和被捕。

在相持中,清华女学生陆璀贴着地面爬进城门。她迅速跳了起来,把一根铁门栓抽下,又用手去拧动扣住门环的铁丝,向城外高呼:"冲呀,冲进来呀!"她立即就被赶来的军警抓去,并遭到他们一顿拳打脚踢。陆璀毫无惧色,大声质问军警:"我们都是中国人,为什么要打人?"当时美国进步记者斯诺正在现场拍照,他跟踪陆璀到警察所,并对她进行采访,当即发出一条新闻。

第二天,美国《纽约先驱论坛报》在头版头条刊登大标题为"5000 中国人奋起反对日本统治,警察击倒60"、副标题为"北平学生被打,'贞德'被捕"的报道。在这篇报道中,陆璀被誉为中国的"贞德"。这个报道迅速传遍世界,引起世界舆论的极大关注。

北平学生的抗日救国示威游行,沉重打击了国民党政府的卖国活动,迫使冀察政务委员会不得不延期成立。

后来,蒋南翔写下一首自述诗,朴素而感人地叙述了他参加"一二·九"运动的情况:

> 奋力为前驱,开路披荆棘。春夏勤播种,秋冬号角鸣。
> 寒冬十二月,慷慨传檄文。搏战危城下,不辞冒锋刃。
> 踊跃齐冲锋,突破西便门。古城起风暴,举国奋人心。
> 救亡宣传团,跋涉下农村。建队高碑店,抗击伪宪警。
> ……　　　　　　　　　星星地下火,曾为举火人。

"一二·九"运动大力配合了红军北上,广泛宣传了停止内战、一致对外的抗日主张,掀起了全国人民抗日救国运动的新高潮,推动了抗日民族统一战线的建立,为伟大的抗日战争做了准备。毛泽东指出,它"是抗战动员的运动,是准备思想和干部的运动,是动员全民族的运动","有着重大的历史意义"。

"一二·九"游行示威之后,各大中学学生一致罢课。中共北平工作委员会决定利用这段时间,组织一个规模较大的宣传团,沿平汉铁路南下,到农村去宣传抗日。清华学子立即响应号召,他们或参军投笔从戎,或走上与工农相结合的道路,投入到宣传抗日、保家卫国的洪流当中,其革命境界上升到了一个新的高度。

【第 21 回】
气汹汹军警闯清华
情切切恩师护弟子

1936年初,天气寒冷,滴水结冰。而一场"考试风潮",令原本亲如一家的清华师生关系紧张起来。据《清华大学校史稿》载:

"1936年2月……清华校方秉承政府的意旨,不仅拒绝了学生提出的'非常时期教育方案',而且不考虑学生参加'一二·九'运动耽误了一些功课的实际情况，要求学生参加期终考试。2月19日，同学们在教授开会之际，向教授会请愿，要求同意免考。教授会在一些人煽动下竟以'总辞职'相威胁，拒绝了学生的合理要求。一时造成师生关系十分紧张的局面。"

事情经过是这样：1936年2月19日，参与"一二·九"学生运动的救国委员会，与学校教授会为了上学期期终考试补考问题发生对立，教授集体辞职。22日，由学生会与用功读书学生组成的护校团发起挽留教授运动。23日，梅贻琦校长自南京回到学校，适度处分了救国会的带头"滋事分子"，并慰留所有教授。

2月29日，清华学生开始平静下来，准备补考。但就在凌晨，北平军警突然闯入清华园，依照"黑名单"抓捕爱国学生和进步教授。时为清华大学社会系二年级学生的左大炘回忆道：

"一天早上，肃穆安谧的清华园，被夜里的一场大雪装扮成了银似的世界。我们才起床，忽然听到四周人声嘈杂。这从未发生过的情况，引起了宿舍里同学们的诧异。清华的男女生宿舍建筑群都是二层楼西式，两人合住一房子，一座一座的建在大礼堂后边。我们从窗口望出去，只见好几座宿舍的空地上，一些穿着黑衣的武装警察，正在被愤怒的男同学们追赶得在雪地上四处奔跑。原来是武装警察正在抓人，引起同学们公愤，群起追逐，抢救被抓的同学。这次来的警察、保安队不算多，由特务们带领，共乘了大约20多部大型汽车而来，在那么广阔的清华园里，分散去那么多座宿舍抓人，便显得力量薄弱，挡不住1000多个男同学群起而攻。他们不敢放枪，还未来得及集合起来，便让我们将被抓的10多个同学都抢回来了。事后据说，特务、军警都是在天未明时，按黑名单分头去各宿舍抓人的。这时群情激愤，有人报告，警特开来的车队还在校门外来路上等候装人，大家更为气愤。工科同学一声号召，率队由横门涌出，不多时便将那20多部大客车的车头主要部件拆下，丢到路旁小溪去了。车队成了一条死蛇，不要说抓人，连抓人者自己也走不成了。

"……反动派是不甘心失败的。过了好些天以后，又出动了一个旅的正规军，荷枪实弹，还背着大刀，掮着机关枪，如临大敌，将清华园包围起来。这次学校因事先得到风声，做好了准备。教授们都回到家里或宿舍，只留工学院院长顾毓琇和外文系陈福田教授两人守着正校门。大铁门是关着的。一个连长气势汹汹地带头打门，顾院长刚把铁门打开，就被那连长一掌掴得连眼镜也被打破了。顾毓琇在口袋里掏出一张印着'国民政府军事委员会顾问顾毓琇'的名片给那行凶的连长看，那连长便悄悄地走开了。陈福田教授是个大个子，这时却被那些士兵用牛筋绳将双手反捆起来。一旅人围清华园,是包围不了的。这时一部分同学已由一个后门撤出,另一部分同学却都涌入了体育馆里去,自行关在里面。清华的体育馆相当大,内有篮球场、游泳池、大浴室多个,装着几道闪闪发亮而又很厚的大铜门。关上了门,外面是看不到里面情况的。特务带领军队到处搜查,最后才发觉同学们都静悄悄地挤在体育馆里。军队特务怕铜门通了电流,很久不敢接触,最后弄开门后,按照黑名单,将20多位男、女同学抓去……"

那天,清华被抓去20多名进步学生,包括蒋南翔、姚依林、方左英等人。张申府教授和刘清扬夫妇也双双被抓走,刘清扬被关进了陆军监狱。

在军警面前,清华的教授们力所能及地保护爱国的学生。韦君宜在《敬悼冯友兰先生》一文中回忆道:

"1936年2月29日,冀察政委会派军警包围清华,搜查了一夜。那天夜里,黄诚、姚依林两个同学躲在冯先生家客厅里,黄诚在那里作了一首诗,后来黄诚那首诗传了出来。但是冯先生隐藏两个重要学生领袖的事,则并没有怎样外传,很少有人知道。很长时间冯先生也没有告诉人。"

在《"二·二九"那一天》里,韦君宜又回忆道:

"我选过朱先生(即朱自清)的《宋诗》。我是一个很坏的学生,既不想听,也不想念,还在课后和别的同学一起瞎议论过:'他一点不像我们想象中的散文作家,像个书蛀虫。'可是这天晚上,在家接待我们的朱先生,却不但很慈和而且很有胆气,很能干,一点也不像书蛀虫。他把我们3个接进去,不大一会又有人按门铃,他都让进。最后一共来了6个女同学。记得清的还有一个是高景芝。记不清另两个是谁了,是否有郭建?

"人这么多,显然很容易出乱子。但朱先生却镇定,倒像个老于此道的,让我们围着一个小圆桌坐下。他拿出一副扑克牌交给我们,说:'等一会如果军警搜查到我家来,你们就说都是我的侄女、外甥女,在这里玩牌,天晚了进不去城了。'

"我们坐在那里,还在阿平的领导下,开小会研究今天的结局和明天的形势。

"后来大家都困了,朱太太陈竹隐先生安排我们都躺下。天亮以后,听听校园里没有声音了,朱太太起来拿出一包药棉花分给我们,用来蘸牙膏刷牙。又给每人剪一块新毛巾,最后还准备了早点(王作民还记得是吃的包子,我可忘了)。

"我们向朱先生告别,他嘱咐我们小心走。阿平说:'一个一个走。'轮到我走了,出了朱家院门,正是清晨。校园里寂静无声,鸟雀不惊,松柏特别青翠,满园清爽的空气扑面而来。忽然发现清华这么美啊!我东看西看,一个黑狗子的影子也没有了,便深深吸了几口清气,迈步回静斋而去。"

此外,还有学生躲在闻一多、华罗庚等教授的家里。

第二天,梅贻琦召集全校同学,以极沉痛而极深刻、极理智的口气告诫他们:

"青年人做事要有正确的判断和考虑,盲从是可悲的。徒凭血气之勇,是不能担当大任的。尤其做事要有责任心。你们领头的人不听学校的劝告,出了事情可以规避,我做校长的不能退避的。人家逼着要学生住宿的名单,我能不给吗?我只好很抱歉地给他一份去年的名单,我告诉他们可能名字和住处不太准确的。"

最后梅贻琦表示:

"你们还要逞强称英雄的话,我很难了。不过今后如果你们能信任学校的措施与领导,我当然负责保释所有被捕的同学,维持学术上的独立。"

后来,在清华校方的努力下,逮捕师生全部被释放。

1936 年 12 月,西安事变爆发,清华园内左、右两派学生对立。25 日,蒋介石获释。28 日,由潘光旦教务长宣布解散校园内一切学生运动。

清华大学校方这么做,一方面是基于该校专注纯粹学术、远离政治是非的深厚传统所决定的;另一方面也是为了维持学校正常的教学秩序、保护师生们的人身安全,是不得已而为之的。

第五章　国立西南联合大学时期

【第 22 回】
岳麓山屺长沙临大
清华园现日寇魔影

到 1935、1936 年时,北平的局势已日益危急,清华便秘密预备将学校转移至湖南长沙。

据时任清华历史系主任的蒋廷黻回忆:

"有些人认为西安很适当。我提议迁往湖南,因为我认为日本的侵略绝不会远及湖南。尤有进者,湖南生产稻谷,即使日本想要封锁中国,清华教职员和学生也不致挨饿。"

据时任清华法学院院长的陈岱孙回忆:

"北大、清华和南开三校南下,并在长沙办临时大学,主要是以下几个方面的原因:我们刚到长沙时住在圣经学校,是教会办的,在长沙西门外。为什么叫'长沙临时大学'? 因为在抗战前两年,清华已感到北京这个地方有危险,所以停止建设一座大楼,把这个钱拿出来,在南方找一个根据地,以备后患。选中了长沙,在岳麓山底下,是乡下。那是个空旷的地方,投资大概 30 万块的样子,那时 30 万块钱很值钱。1937 年战争爆发时,那个房子还没盖好,里面没整修,恐怕还得几个月的时间才能用。在南京,几个校长开会的时候,认为这个地方既然有清华那个底子在那里,几个学校搬到那儿去,几个月后就可以利用,所以决定搬到长沙。临时这几个月怎么办呢?就看看长沙有什么房子可以利用。到长沙一看,有个圣经学校。因为是打仗,他们人都散了。当时就说把这个圣经学校给租下来。圣经学校有两个地方,一个是主校,就在长沙;另外一个是分校,在衡山底下,叫圣经暑期学校。夏天他们到那儿去,可能是嫌长沙太热了。我们两边都租下了，主要是在长沙西门外。在长沙只有半年。到长沙后，文学院是在衡山底下的那个圣经学校，法学院是在长沙。我是在长沙，金岳霖先生等是在衡山，两个地方。"

陈岱孙的回忆确凿无误。1935 年，清华果断决定停建规模颇大的文

清华园里的校友留念石

法学院大楼，并与国民政府、湖南省政府积极沟通，把 40 万元基建款项转投长沙岳麓山，筹建一套新校舍作为退路。而在此以前，1934 年，清华已在长沙成立无线电研究所。

1936 年 2 月，校长梅贻琦与工学院院长顾毓琇等人南下，与湖南省主席何键商洽筹建湖南分校事宜。何键对此表示欢迎，并希望先筹设农学院。清华表示拟先设农业研究所，然后逐步改为农学院。何键即拨长沙岳麓山附近空地约 70 万平方米赠送清华作为建校之用，并与梅贻琦代表双方签订了合作协议。经教育部批准，清华当年便在岳麓山修建理工馆、文法馆、教职员宿舍、学生宿舍、工场等。

12 月 9 日，清华评议会通过决议，确定学校在湖南的特种研究计划。该计划包括农业研究、金属学、应用化学、应用电学、粮食调查与农村调查 6 项内容。此年冬，清华秘密运送一批珍贵的图书、仪器等到汉口，每批 10 列车，每车约 40 箱。这些设备、图书，成为以后长沙临时大学、西南联合大学非常重要的教学设备。在次年 1 月 6 日召开的评议会上，学校确定"在湘以举办各种研究事业为原则，不设置任何学院、学系或招收学生"，"研究项目以确能适应目前国家需要及能有适当研究人才者为原则"，"各项研究应尽量取得政府机关之联络并希望其补助"等原则。

1937 年 7 月 9 日，蒋介石邀请各界知名人士，到江西庐山举行国是问题谈话会。清华校长梅贻琦与陈岱孙、浦薛凤、顾毓琇、庄前鼎等教授以及北大校长蒋梦麟、南开校长张伯苓等应邀参加。就在会议召开前夕的 7 月 7 日，卢沟桥事变爆发，未几平、津沦陷，抗日战争已全面打响。

此时清华正值暑假,教职员大部分都在校内。一、二、三年级学生在北平西郊妙峰山一带夏令营进行军事演习,土木系大部分学生在山东济宁县实习;四年级毕业生有200多人留校找工作,或准备研究生与留美公费生考试。7月10日,教务长潘光旦、秘书长沈履联名致电南京教育部,请急转梅贻琦,电称"连日市民、学校均镇静。各方安,乞释念"。7月14日,形势急转直下,潘光旦、沈履二人急电梅贻琦"和平望绝,战机已迫",请梅贻琦设法绕道正太路、平绥路返校。

7月14日《吴宓日记》载:

"晚饭后,与陈寅恪散步。寅恪谓中国之人,下愚而上诈。此次事变,结果必为屈服。华北与中央皆无志抵抗。且抵抗必亡国,屈服乃上策。保全华南,悉心备战,将来或可逐渐恢复,至少中国尚可偏安苟存。一战则全局覆没,而中国永亡矣云云。寅恪之意,盖以胜败系于科学与器械军力,而民气士气所补实微。况中国之人心、士气亦虚骄怯懦而极不可恃耶。宓按寅恪乃就事实,凭理智,以观察论断。但恐结果,徒有退让屈辱,而仍无淬厉渐被耳。"

7月17日,梅贻琦密电潘光旦,称当日早晨当局召开重要会议,表示坚决抗日,并已开始布置。梅贻琦并表示不日即将返回。同日,蒋介石在庐山发表谈话,提出任何解决不得侵害中国主权与领土完整等。同日,东京日本五相会议决定,动员40万日军侵华。至29日,北平沦陷,日军开始侵扰校园,顺手劫掠。8月5日,日军正式占领清华大学,无恶不作,肆意蹂躏。到8月中,开入清华园的日军已达3000多人,圣洁清华园彻底沦入日寇之手。

8月中旬,教育部决定让清华、北大、南开联合在湖南长沙组建一所大学,即长沙临时大学,校舍在今中南大学(该校曾为国立湖南大学工学院的一部分,新中国成立后先是调整为中南矿冶学院,1985年改名中南工业大学,2000年改为今名)主校区。8月28日,国立长沙临时大学在长沙正式成立。9月10日,教育部命令临大由清华、北大、南开和中央研究院合并组建,并公布筹备委员会委员、秘书主任名单。张伯苓、梅贻琦(他也是张伯苓的学生)、蒋梦麟为筹备委员会常务委员,杨振声为秘书主任,筹委会主席由时任教育部长王世杰兼任。上述学校师生须尽快南迁。

冯友兰回忆道:

"实行南迁的办法是,发出通知,叫教师和学生于暑假后开学时,在长沙集合,学校迁到长沙。教授们去的,学校发给路费。其余的人自想办法前往。在北京,留下一个庶务科主任,应付一些小事,能应付多久就应付多久。决定以后,南迁的人和留守的人,都痛哭而别。"

11月,清华成立"平校保管委员会",以毕正宣为主席,成员为45名教职员工。重大问题由尚在北平的张子高、叶企孙决定。

10月,1000多名来自清华、北大、南开3校的师生,经过长途跋涉陆续到达长沙。10月25日,长沙临时大学正式开学。11月1日,学生开始上课,这一天后被西南联大定为校庆日。

【第23回】
湘楚大地三校办学
热血青年投笔从戎

长沙临时大学综合了清华、北大、南开3校原有的院系设置,设文、理、工、法商4个学院、17个学系。截止到11月20日,在校学生共有1452人,其中清华学生631人、北大学生342人、南开学生147人,及新招学生114人、借读生218人;教职员共有148人,其中清华教职员73人。看来不论是学生、教职工人数,还是院系、专业规模、图书、仪器设备,清华都是长沙临大和后来西南联大的主体。这就说明,在20世纪30年代中期,清华确实已高居中国学府之林一流地位。

清华的那些全国知名教授,朱自清、闻一多、陈寅恪、冯友兰、金岳霖、潘光旦、吴有训、顾毓琇等已先后来到长沙。由于此时清华在湘江西岸、岳麓山南麓所建立的校舍并未完工,故学校的校址最终确定租用位于长沙湘江东岸小吴门外韭菜园的湖南圣经学院,理工学院在位于岳麓山东麓的古老的岳麓书院,文学院则设于南岳衡山风景区。胡适被任命为临大文学院院长,但并未到任。

11月1日是长沙临大正式上课的日子。时在清华土木工程系就读的李廉锟回忆道:

"七七事变后,我们湖南的一些同学说,情况好像不大好,我们回吧。我们回的时候,日本兵还在卢沟桥附近,没打进北京城。我们就在7月底回了,从北京到南京,再到上海,再到长沙。我家里是长沙的。

"我们回来的时候,没想到回不去了。我们回来的时候,还想到过了暑假就回学校开课,没什么思想准备。我们觉得和日本不会打很大的仗。结果到8月13日,日本打到了上海,我们才觉得事情严重了。到9月,要开课了,没什么消息,北京已经沦陷了，我们不晓得什么时候到哪里去复课。到10月，有些同学消息灵通，讲清华、北大和南开要在长沙组建临时大学。这对我们湖南籍的同学来讲，是件好事。

"最早到长沙的是我们清华大学，开始想在岳麓山下砌房子，后来租了韭菜园湖南圣经学院现成的房子。岳麓山那边，给清华附中用。

"在韭菜园这边，有两三百人，都是理工科的，文科的搬到了南岳。韭菜园这边，仪器比较齐全的，是我们土木工程系，别的（院系）仪器没带出来。我们土木工程系大二的学生暑假的时候在山东济宁实习，带了些测量的仪器。学校搬到长沙来，这些仪器就带过来了。

"圣经学院是我们教学楼，我们的宿舍在49标（相当于团）军营。我没住49标，我住家里。

"11月1日，长沙临时大学开学，日本的飞机来轰炸了。长沙拉了警报，长沙火车站（旧址在今芙蓉广场附近）炸了。火车站离我们学校很近。"

冯友兰回忆道：

"我们到了长沙，才知道南京教育部已经有命令，叫北大、清华、南开在一起成立长沙临时大学。以原来3校的校长为常务委员，主持校务，在长沙把临时大学组织起来，就3校原来的院长、系主任选出临时大学的院长、系主任，以北大文学院院长胡适为文学院院长，以北大哲学系主任汤用彤为哲学系主任。

"当时最困难的问题是校舍。清华在岳麓山的校舍又只建成了很小一部分，不能用，只好把理、法、工3个学院设在长沙市内，把文学院设在长沙以南100多里地的南岳市。

"南岳市是衡山脚下的一个市镇，南岳庙就建在这里。在南岳市附近几里地的地方，有一所教会学校，叫'圣经学校'，当时在空着，临时大学就把这座校舍租过来作为文学院的校舍。这座校舍正在南岳衡山的脚下，背后靠着衡山，大门前边有一条从衡山流下来的小河。大雨之后，小河还会变成一个小瀑布。地方很是清幽。在兵荒马乱之中，有这样一个地方可以读书，师生都很满意。在这里，教师同住在一座楼上。楼在山坡上，每次到饭厅吃饭，要上下爬二三十级台阶。

"大家都展开工作。汤用彤写他的《中国佛教史》；闻一多摆开一案子的书，考订《周易》。学术空气非常浓厚。但是想到时局，又都觉得凄然。"

长沙临大的条件极其艰苦，但师生的热情极高。当时清华大学中文系教授闻一多在给他夫人的信中这样写道：

"在南岳一天喝不到一次真正的开水，至于饭菜真是出生以来没有尝过的。饭里头满是沙子，肉是臭的，素菜大部分是奇奇怪怪的树根、草叶一类的东西。一桌8人,共吃4个荷包蛋,而且不是每天都有的。总之,我们在这里并不享福,但是我的精神非常充实,在南岳所开两门功课,听讲的人数很多,似乎是这里最大的班。听得也很集中,我讲得也很起劲。"

国难当头,无论是国民党的将领(如时任湖南省主席的张治中),还是共产党的领导干部(如时任八路军长沙办事处主任的徐特立),都主张学生走出校门参加抗日活动。

1937年11月15日,长沙临大成立以清华校长梅贻琦为队长、南开秘书长兼清华校友黄钰生和军训教官毛鸿为副队长的大学军训队,对学生进行军事管理和训练;同时还设立学生战时后方服务队。

12月上旬,长沙临大设立国防工作介绍委员会,向同学宣布:"凡服务国防有关机关者,得请求保留学籍。其有志服务者,并得由学校介绍。"不到2个月,据教务处登记簿登记,提出申请保留学籍、领取肄业证明和申请参加抗战工作介绍信的,就多达295人!

12月31日,周恩来在武汉大学作了《现阶段青年运动的性质》的讲演。他指出:"中国青年不仅要在救亡事业中复兴民族,而且要担负起将来建国的责任。"并同时号召:"中国青年今天的努力方向是,到军队里去,到战地去,到农村去,到被敌人占领的地方去,发动群众,组织群众,争取最后胜利。"

于是,长沙临大的热血青年们纷纷投笔从戎,报效祖国。申请参军学生的去向,大致可分两类。第一类是学工程技术的,大多去了军事系统从事技术工作。当时国民党机械化部队装甲兵团扩充为第二百师,需要技术人员。机械工程系主任庄前鼎动员机械、电机两系同学报考陆军交通辎重学校,待学习期满就可直接参加抗战;学校将为他们保留学籍,并派戴中孚和陈继善两位教师同去,为他们讲3门专业课,回来算学分。

1938年1月,长沙临大录取两系三、四年级学生章宏道、吴仲华等29人。训练8个月后,有的分配到贵阳红十字会战地救护委员会汽车队,运送伤员和战时物资;有的到第二百师各下属单位任教官。他们对陆军机械化部队的建设作出了贡献。复学回校的学生有早有迟,毕业班次不一。

第二类学生参加各种战地服务团的工作,活动地区主要是在山西;一些人则进入陕西,其中一少部分去了延安学习。

参加湖南战地服务团的同学,经武汉转入第一军胡宗南属下,更名为第一军随军服务团,随军转入陇海路西段,进入陕西凤翔胡宗南部新驻防区。后奉令解散,有些人仍回联大上学。参加这个团的,有洪绥曾、熊汇荃等数十人。

此外还有电机工程系李循棠等10余人到山西临汾,后转去西安第三十五军留守处,有的留军做政工人员,有的后来去学习。土木工程系李鼎声等14人去了山西,经李昌介绍,其中几个人参加了晋东南八路军总部炮兵团,后除少数人留在炮兵团外,其他人多调出。

化学系宋延平、涂光炽、王松声等参加了陆军第十四军政人员训练总团,团址在山西赵城(今洪洞县境内)。他们有的不久就去了抗大(由中共创办的中国人民抗日军政大学,校址在延安);有的则先去陕西临潼从事了一段时间的抗日民运工作,后来除极个别人外,都去了延安。

有的同学如气象组叶笃正、化学系申泮文等,在第二战区司令长官卫立煌所属部队的领导下,在西安一带从事抗日工作。马继孔等回山东家乡参加当地游击队,1938年后编入八路军山东纵队第六支队。

这些同学,有的后来参加革命,成为党政军领导干部;有的又回到联大复学;有的失去了联系,如赴山西抗日前线的土木工程系宋鸣蔗;有的过早壮烈捐躯,如经济系三年级的何懋勋,他在鲁西北任游击总司令部抗日挺进大队参谋,1938年8月中旬在济南齐河被敌人包围牺牲。

【第24回】
日寇紧逼文军长征
兵分三路内迁昆明

1937年底,抗日局势继续恶化。11月12日上海陷落,12月13日南京陷落,随之武汉告急,危及衡山湘水……"黑云压城城欲摧","山雨欲来风满楼",长沙临时大学的师生们日夜担忧、教学不宁,看来又得走了!

到1938年5月,日寇在攻陷苏北徐州后,积极准备扩大侵略战争,决定先以一部兵力攻占安庆,作为进攻武汉的前进基地,然后以主力沿淮河进攻大别山以北地区,由武胜关攻取武汉,另以一部沿长江西进。后因黄河决口(蒋介石下令炸毁河南境内的花园口大坝),他们被迫中止沿淮河主攻武汉的计划,改以主力沿长江两岸进攻。

5月4日,日军华中派遣军调整战斗序列,由其司令官畑俊六指挥第二、第十一军共约 140 个大队的 25 万兵力,负责对武汉的作战。其中冈村宁次指挥第十一军的 5 个半师,沿长江两岸主攻武汉;东久迩宫稔彦王指挥第二军的 4 个半师,沿大别山北麓助攻武汉。此外还有海军及川古志郎第三舰队的 120 余艘舰艇,日本第一个飞上天的飞行员德川好敏的航空兵团 500 余架飞机。另以华中派遣军直辖的 5 个师团,分别担任对上海、南京、杭州等地区的警备任务,以巩固后方,保障此次作战。鬼子的队伍可谓浩浩荡荡、气势汹汹,他们采取速战速决的策略,轰隆隆地压了过来。

教育部紧急通知,长沙临大准备西迁云南昆明。其实早在 2 月 19 日,师生们便已在长沙韭菜园的圣经学院召开誓师大会,准备尽早开始搬迁。

自 1938 年 2 月中旬到 4 月 28 日,长沙临大从长沙搬迁到昆明,而这个过程史称"文军长征"。途中,4 月 2 日,教育部发电命令:国立长沙临时大学改称国立西南联合大学,由清华校长梅贻琦出任西南联大校务委员会常委会主席。学校不再称"临时",表明抗战的长期性。

师生主要由 3 条路线迁入昆明。

广东、广西、越南路线:由粤汉铁路等路线先到广州、香港,再经水路从广西沿海、越南入滇

由于战时交通困难,大多数教师和家眷、女同学及体弱男同学选择了这条路线。当时在广州珠江对岸的岭南大学设立了招待站。走这条路线的重要教授有陈寅恪等。陈寅恪长女流求回忆说:

"我家只得继续登程,离长沙时已经霜冻。经衡阳搭长途汽车,星夜投宿零陵县。随后到达广西桂林市。桂林是母亲祖籍所在,外祖父母早已去世,我们同叔外祖父母叙谈仅几天,又急着赶路,在细雨蒙蒙中登上了长途汽车,经平乐到达梧州(当时广西大学所在地,李校长原是清华教授,李伯母招待我们吃了顿饭),晚间登上内河江轮沿西江而下,经虎门直达香港。"

陈寅恪的妻子唐筼因为心脏病突发,不能再行。陈寅恪只得把妻子、女儿托付给香港大学许地山教授夫妇照顾。流求回忆说:

"我家在极简单家具和行李的房间内度过逃难后的第一个春节。记得母亲曾小声对我说过:'王妈妈和我们奔波半年,过旧历年总要让她多吃几块肉。'年后父亲必须赶往学校上课,母亲则因劳顿心脏病发,体力不能支持,决定先由父亲一人取道安南去云南蒙自。"

1938 年春节后,陈寅恪从香港出发,先乘船到越南海防市,再经滇越铁路赶赴当时西南联大文学院所在地云南蒙自。赴滇路途颠沛困顿,为方便安全计,陈恪特地买了一只高级皮箱,装他的用于研究著述的手稿和书籍,从铁路托运。箱中有古代东方语文书籍及拓本、照片等,还有多册经年批注而成的《蒙古源流注》、《世说新注》、《五代史记注》等。但由于当时的滇越铁路上难民拥挤,交通混乱,小偷猖獗,他的那只沉甸甸的新皮箱,被小偷误认为必藏有贵重财宝而窃走。书籍的丢失,让陈寅恪伤痛不已。

广西、越南路线：沿湘桂公路到衡阳、桂林,再经南宁、越南入滇

广西政府曾邀请长沙临大师生迁移到桂林等地办学。但临大常委最终还是采纳了北大经济系主任秦瓒教授的建议,决定仍然迁往更加安全的云南。云南位于大后方,气候优良,且有铁路通往国外,是战时办学的最佳处所。

为向广西政府解释学校不准备迁移到桂林的原因,学校领导派陈岱孙教授去向广西说明。同行的有朱自清、冯友兰、汤用彤、贺麟、钱穆等十多人,由朱自清任团长。他们一行从长沙乘坐汽车经过桂林、柳州到南宁,再经过镇南关到越南河内,最后顺滇越铁路到达昆明。

经济条件较好的男同学和少数女同学,也选择了这条道路。他们从长沙坐火车到衡阳、桂林,再从桂林换乘汽车途经柳州、南宁到越南,最后也顺滇越铁路到达昆明。

冯友兰回忆道：

"有一部分人坐火车到广州,经过香港、越南,到昆明去。有一部分人坐汽车经过广西到越南,转往昆明。我加入了走广西的这一路。同伴有朱自清、汤用彤、陈岱孙等。我们先到桂林,由桂林坐船到阳朔,这是广西山水风景最好的一段。在桂林,先租定汽车,到阳朔等候。我们到了,就弃舟登陆,坐车向南宁进发。

"一天晚上,到了南宁,说是离中国边境镇南关只有几十里了,明天一早就可以到镇南关。第二天早晨,已经快到镇南关了,经过一个县城叫凭祥县。当汽车穿过城门的时候,我的左臂碰在城墙上,受伤了。幸而出了镇南关走不多远,就到了越南的同登,那里有火车通到河内,晚上就到了河内。

"在一家法国医院检查的结果,说是左上臂骨折,要住院医治。我当时就住了医院,自清、岱孙两兄留在河内陪我,到景兰来才离开。西医的骨科,对于骨折没有什么别的医疗的办法,也没有什么药吃,就只叫躺在床上,把左臂伸直,在左手上拴了一条绳,绳的那一头缀上几公斤重的一块铁,以保证左臂不动,说躺它个把月,断骨自然就接上了。以后到的经过河内的人都来医院看望我。景兰已经绕道香港先到昆明了,又回到河内来看望我。他们都不能在河内久留。后来梅贻琦也经过河内,走的时候,留下他的秘书沈刚如同我做伴。"

湘黔滇步行团：一些男同学在闻一多等教授的率领下,从长沙步行,经湖南、

贵州、云南 3 省到达昆明

1938 年 2 月 19 日,师生开始出发。湘黔滇全程 3300 余华里,为顺利到达,临大做了周密安排,学生均发给军装、雨具,采取军事管理方法。步行团下设两个大队,每个大队设 3 个中队,每个中队设 3 个小队,全团共 320 多人(一说 336人),其中师生 250 人(学生 244 人、教师 6 人)。当时的湖南省主席张治中将军特派原东北军师长黄师岳中将任步行团团长,全程护送大家抵达目的地。由长沙至益阳系搭船,再由益阳步行经过湘西抵达沅陵,由沅陵至晃县系乘卡车(顾及当时湘西局势不靖,为师生安全起见,有必要快速通过),嗣后穿越云贵高原,直达昆明,完全步行。

步行团里有闻一多、袁复礼、李继侗、黄钰生等教授。当有学生问时年 39 岁的闻一多教授为何不坐车时,他回答说:

"现在国难当头,应该认识认识祖国了……困难之中走几千里路算不了受罪,虽然是中国人而对中国社会及人民生活知道得太少,多走些路没有坏处。"

闻一多在给妻子的信中说:

"现在我可以很高兴地告诉你,我的身体实在不坏,经过了这次锻炼以后,自然是更好了。现在是满面红光,能吃能睡,走起路来,举步如飞,更不必说了。途中苦虽苦,但并不像当初所想象的那样苦。第一沿途东西便宜,每人每天 4 毛钱的伙食,能吃得很好。打地铺睡觉,走累了以后也一样睡着,臭虫、跳蚤、虱子实在不少,但我不很怕。一天走 60 里路不算么事,若过了 60 里,有时八九十里,有时甚至多到 100 里,那就不免叫苦了,但是也居然走到了。"

对于此次行程,当时参加步行团的联大学生向长清回忆说:

"行军的开始,的确我们都曾感到旅行的困难。腿的酸痛,脚板上磨起的一个个水泡,诸如此类,实在令人有'远莫致之'的感觉……由于步行团没有帐篷,更没有住旅馆的预算开支,所以每天必须找村镇宿营。在长达两个多月的时间里,步行团住过各种地方,学校教室、马店、客栈、柴木棚、榨油房、仓库、茶馆、礼堂、戏园子……3000 多里的行程中,我们的宿营地只是学校、客栈,以及破旧的古庙,在这里是不能讲究许多了。有时候你的床位边也许会陈列有一口褐色的棺材;有时候也许有猪陪着你睡,发出一阵阵难闻的腥臭气。然而过惯了,却也就都并不在乎。不论白天怎样感觉到那地方的肮脏,一到晚上稻草铺平之后,你就会觉得这是天堂,放倒头去做你那甜蜜的幻梦。"

1938 年 4 月 28 日,湘黔滇步行团经过 68 天的艰难跋涉,披星戴月,风雨兼程,经 3 省会 27 县数百村庄,除乘船、车外,真正步行是 2600 余里,终于抵达"春城"昆明。

对于临时大学从长沙迁到昆明，胡适曾评价说：

"临大决迁昆明，当时是最悲壮的一件事，引得我很感动和注意：师生徒步，历 68 天之久，经整整 3000 余里之旅程。后来我把这些照片放大，散布全美。这段光荣的历史，不但联大值得纪念，在世界教育史上也值得纪念。"

【第 25 回】
西南耸立神话大学
联大继续教授治校

在民国大学的茫茫海洋里，这是一所空前绝后的神话般的大学。它是在 20 世纪中国人民遭受最大苦难时期，由北京大学、清华大学、南开大学在抗战烽火中集合于中国大西南云南省昆明市而创办的。它集结了中华民族的文化学术精华，在极其艰苦的环境下为中华崛起而奋斗，培育了无数具有国际声望的学者、专家、教授。它的许多毕业生，在后来都为中国的发展作出了巨大贡献。所以，它是"中国 20 世纪影响最大的 10 所大学"之一。它就是国立西南联合大学。

在风雨如晦、战火纷飞、物质条件极度匮乏的岁月里，西南联大同时继承了北大、清华、南开 3 校爱国进步的光荣传统。师生们以"刚毅坚卓"为校训，同舟共济、艰苦办学，心系国难、励精图治，抱定"千秋耻，终当雪"、抗日救国必胜的信念而弦歌不辍。该校名师云集、学风良好、蜚声海外，巍然耸立于祖国南疆，为国家培养了一大批优秀人才。他们后来为国家、民族作出了卓越的贡献。

西南联大创造了"战时高等教育体制的杰作"，实为中国乃至世界高等教育史上的伟大奇迹。1941 年清华在昆明庆祝建校 30 周年时，美国大学曾致

国立西南联合大学大门遗址

函称誉其"中邦三十载,西土一千年",惊叹它仅用30年时间就走完了西方大学1000余年的道路。

1937年卢沟桥事变爆发后,日本帝国主义发动全面侵华战争。为保存中华民族教育精华免遭毁灭,华北及沿海许多大城市的高等学校纷纷内迁。抗战8年间,迁入云南的高校有10余所,其中最著名的正是西南联大。1938年5月4日,西南联大正式开课,入学的学生有993人,其中清华学生481人,并以11月1日为校庆日。1946年5月4日举行结业典礼,7月31日宣布结束联大时期。西南联大在滇8年期间,于1938年春在蒙自建立分校,与昆明本部同时开学;于1940年8月在叙永建立分校。

1938年10月,由罗庸作词,张清常谱曲的《西南联大校歌》诞生了。该作采用的是《满江红》词牌,因为内容符合主题,且文辞典雅、简要,而又气势铿锵、风格悲壮,能激励人心,所以传播久远,影响巨大。

万里长征,辞却了、五史宫阙。暂驻足,衡山湘水,又成别离。绝徼移栽桢干质,九州遍洒黎元血。尽笳吹弦诵在山城,情弥切。

千秋耻,终当雪,中兴业,须人杰。便一成三户,壮怀难折。多难殷忧新国运,动心忍性希前哲。待驱除仇寇,复神京,还燕碣。

西南联大设文学院(中国文学系、外国语文学系、历史学系、哲学心理学系)、理学院(算学系、物理学系、化学系、生物学系、地质地理气象学系)、法商学院(政治学系、法律学系、经济学系、商学系、社会学系)、工学院(土木工程学系、机械工程学系、电机工程学系、航空工程学系、化学工程学系、电讯专修科)、师范学院(国文学系、英语学系、史地学系、数学系、理化学系、教育学系、公民训育学系、师范专修科)5个学院与26个系,另有先修班和体育部。联大学生最多时达到近2400人,教职工数百人(仅清华一校就有200多人),是当时国内规模最大、最著名,当然也是水平最高的高等学府。

联大不设校长,其领导体制和行政组织系统沿袭长沙临大,并遵照国民政府在1928年颁发的《大学组织法》。3位原校长——张伯苓、蒋梦麟、梅贻琦和秘书长杨振声担任校务委员会常委,研究讨论学校各项重大工作。

原定常委会主席由3校长轮流担任,而张伯苓、蒋梦麟二公主动让贤,支持一元化领导,推年轻的梅贻琦主持校务;他们二位则退居二线,留守重庆,做一些服务性、配合性工作,从国民政府方面谋求对西南联大的实际支持。(张伯苓常年做国民参议会副议长,驻守渝城,主要是处理国事;蒋梦麟初期参与了临大、联大的筹建工作,以后虽不时飞往昆明,但极力避免直接过问校事。)故西南联大自始至终都是由梅贻琦一人主政,实行"主席负责制"。而梅贻琦又提出"吾从众(即教授),无为而治"的口号,所以教授、学者仍然是联大的主体和主人。

联大设有校务会议和教授会、评议会(原系清华办事处系统),常委会主席同时也是校务会议主席和教授会主席。联大初期,清华、北大、南开3校的教师学生投入大约是5∶4∶1。而联大的校务会议,作用大致相当于清华的评议会。也就是说,这是清华教授治校在西南联大的体现。

联大校务委员会中的职能部门领导人,其中包括常设的校务委员会秘书长、教务长、总务长、训导长、建设长等,全都是知名教授,由教授会民主推荐,校务会议和校务委员会讨论通过,报常委会主席批准任命。实际上,联大的日常机构只有3处——教务处、总务处和训导处。联大还成立了多个专门委员会,处理各类专门问题。其行政管理机构简约,从领导到职工,各尽所能,各司其职,工作效率极高。

同时,清华、北大、南开3校在联大分别设立办事处,保留原有的行政和教学组织系统,负责处理各校自身事务;3校原有的研究院(所)仍由3校分别自办。清华单独设立的有:清华昆明办事处、研究院和特种研究所。

清华研究院曾因抗战爆发一度停办,于1939年陆续恢复招收研究生,当年是文科研究所诸部,翌年是理科、法科,到1941年,共设文科研究所(包括中国文学、外国文学、哲学、历史学4部)、理科研究所(包括物理学、算学、生物学、心理学、地学5部)和法科研究所(包括政治学、经济学、社会学3部)3个研究所和12个学部。1940年至1946年,清华研究院只有32名研究生毕业,虽数量极少,但都是凤毛麟角,如杨振宁等人。

此外,清华还在1934年至1939年间先后成立5个特种研究所。这是清华利用庚款基金利息单独举办的研究机构,即在抗战前已设立的农业研究所(原有昆虫学组、病害组,1938年又增设植物生理学组)、航空研究所、无线电研究所,抗战后的金属学研究所(1937年于长沙筹办,翌年于昆明正式创办)、国情普查研究所(1938年于昆明与社会学部合作创办)。这5个研究所实际上是7个单位(农业研究所的3个组之间财务、人员相互独立),有60多个研究人员,统一由特种委员会主席叶企孙负责。除航空研究所设于白龙潭外,其他均设在大普吉。它们只进行专门研究,不招收研究生。

1939年,因战局吃紧,政府宣布庚款暂行停付,清华特种研究所仍设法在昆明继续维持,校方自行解决。1943年5月,中国废除与西方列强的不平等条约,庚子赔款止付,自此清华经费改由国库拨给,特种研究所亦仍在昆明继续工作。1945年,随着抗战胜利,清华复原北上,诸研究所相继结束了它们的工作,其设备、人力等均分别并入有关各系。

这些研究机构,在抗战时期的艰难条件下,克服种种困难,在学术上取得了不少收获。这也是清华重视研究工作的一个表现。

抗战时期,清华还举行了两届留美公费生考试,连同抗战前的4届,共举办了6届留美公费生考试。这是清华传统工作的延续。虽说留美公费生考试是面向全国的,但是录取的学生大约40%以上是清华的应届毕业生或青年教师。

有关清华研究院、特种研究所和招考留美公费生及庚款基金使用等,清华自身的教学科研与行政事宜等,皆由清华昆明办事处办理。

1945年7月,眼见抗战胜利在即,梅贻琦建议原各校文、法、理工学生宜早分配,而师范学院则留昆明独立设置。8月,日本无条件投降,联大筹办复原北返,但仍继续于昆明上课。9月,梅贻琦赴重庆参加全国教育善后复原会议,任副议长。

【第 26 回】
条件简陋生活艰苦
空袭频繁危机四伏

概括8年西南联大的生活,当时的学生们使用频率最高的词就是"艰难"、"困苦"、"饥饿"、"风雨"、"空袭"、"躲避"之类。

关于伙食,1940年考入西南联大外文系的彭国涛回忆道:

"联大学生食堂不仅伙食质量极差,而且很长一段时间每天只能吃两顿饭,上午10点和下午4点各吃一餐。很多学生因无钱购买早点,肚子又饿,甚至没力气去上头两堂课……早上一般是稀饭,晚上才能吃到米饭。但因政府供给的是劣质米,米饭里沙石、老鼠屎、糠屑很多,学生们戏称为'八宝饭'。"

关于住宿,西南联大物理系1945届毕业生周锦荪回忆道:

"宿舍也是土坯墙,但是茅草顶。每到外面下大雨,屋内就下小雨,这时候睡在上铺的人只得取脸盆、油布四处接雨。下完雨,宿舍里就变得泥泞不堪,甚至长起了杂草,学生们的鞋子往往穿一个雨季就烂了。同学们诙谐地称鞋底磨穿了是'脚踏实地',鞋尖鞋跟通洞叫做'空前绝后'。"

同样在西南联大物理系就读的杨振宁后来也回忆道：

"教室是铁皮屋顶的房子，下雨的时候，叮当之声不停。地面是泥土压成的，几年之后，满是泥坑。窗户没有玻璃，风吹时必须用东西把纸张压住，否则就会被吹掉。"

走幸田在其《联大八年》中详细、生动地叙述道：

"草顶，土墙，透明而又绝对通风的木格子窗，就在这种寝室里，我们每4个人两张双人床，可以有6尺（中国尺）见方的空间。一间寝室依照大小由6个人或是上面所说的'4个人'用油布或是破被单把它分开成为小'组'（Group）。除了床而外，桌子、椅子一概自己设法。这就是同学们一天中大部活动的天地。虽然墙上的白粉大都脱落，而天花板上全是灰尘、蜘蛛网，同学们大都还在寝室里贴上两张罗斯福的肖像或是自己欣赏的明星来补偿这破烂于万一。而床上或是桌上照例是东一堆，西一堆，臭袜子和笔记本揉成一团，从没有过整齐清爽的时候。

"学校对这茅草房，每年都要修补一次，因为经过风季一刮、雨季一淋，屋漏墙倒的总在所难免。在每年修补之前，一碰上倾盆大雨，半夜里床上就可能成为泽国，油布、脸盆都成为防御工具，打伞睡觉的事也并不稀奇。而图书馆和饭堂里一逢到下雨，门窗所在处当然不能站立；就是屋子的正中央，雨点滴在桌子上，滴滴托托也形成了四面楚歌。这是我们这里雨季的'风致'。雨季一过，等不上一两月就是风季了，这段时日里，从早上9点一直到太阳落山，整天是呼呼的大风，地上的草根都有被它拔起来的模样。风季来了，城里的人还可以欣赏'清风徐来'的滋味，我们城外的人便又遭了殃。教室、寝室、图书馆、桌子上、被盖上，到处都是一层黄土，即使费了天大的气力打扫干净，不过10分钟准又再蒙上一层；桌子上的纸张、小本子一不小心，没有捡好，过几分钟回来，就会连'尸体'都找不到。"

同学们生活艰苦，教授们亦然。"说来不信，你现在所知道的朱自清、闻一多等名人，当时在联大当教授，生活极端贫困到了难以想象的地步。"彭国涛说。当时国民政府滥发钞票，造成物价极速飞涨。与1937年卢沟桥事变之前相比，联大教授的月薪增长了6至7倍，而物价却上涨了405倍。而且自1937年9月起，教师薪资降为七成（以50元为基数，余额按70%发给），再加上名目繁多的捐款，实领不过五成左右。

教授仅靠那些微薄的月薪，根本难以维持一家生计。在联大社会科学系任教的费孝通卖起了大碗茶，物理系教授吴大猷则去菜市场捡牛骨头回家给妻子熬汤治病。萧涤非先后在多所中学教课，但生活依旧困难，不得不忍痛把初生的第三个孩子送给别人抚养。闻一多家庭人口多,不得已以刻章解决生活困难,梅贻琦等联名为之宣传。吴晗"九年困境,债台高筑",被迫把若干有关明史的藏书让给云南大学图书馆。在联大流传着一个笑话:一名乞丐在大街上追逐朱自清乞讨,朱自清被纠缠不过,便回头道:"别跟我要钱,我是教授!"那位乞丐听到这句话,扭头就走。

当时联大没有教师宿舍。有的教授为躲避日军空袭,且

国立西南联合大学教师宿舍

图个便宜房租,便迁到郊区居住,有的甚至住到了五十多里外的呈贡。由于住得分散,当时流传着一句话:"昆明有多大,西南联大就有多大。"

冯友兰回忆道:

"我家先住在龙头村的村子里,后来搬到一个旧庙里。那座庙修在村边的小土山上,已经没有神像了。这座庙有两层院子,后一层是龙泉镇镇公所,前一层的北房是一个公司的仓库,东厢住一对德国犹太人夫妇,据说男的原是德国外交部官员,被希特勒赶出来的。我家住在西边厢房里,旁边是个小学,叔明一度在院里设了一个油锅炸麻花,学生下课了就来买麻花吃。

"梅贻琦夫人韩咏华约集了几家联大家属,自己配方,自己动手,制出一种糕点,名叫'定胜糕',送到昆明的一家大食品商店'冠生园'代销。据她说,初次送货去的时候,还不敢说姓梅,只说是姓韩。还有一家眷属在云南大学及联大附近,开了一个小馆子。"

梅贻琦的太太韩咏华回忆道:

"抗战时期,不仅学生生活很艰苦,教授的生活也不宽裕。我们和潘光旦先生两家一起在办事处包饭,经常吃的是白饭拌辣椒,没有青菜,有时吃菠菜豆腐汤,大家就很高兴了。教授们的月薪,在1938、1939年还能够维持3个星期的生活,到后来就只够半个月用的了。不足之处,只好由夫人们去想办法,有的绣围巾,有的做帽子,也有的做一些食品拿出去卖。我年岁比别人大些,视力也不很好,只能

帮助做做围巾穗子。以后庶务赵世昌先生介绍我做糕点去卖。赵是上海人，教我做上海式的米粉碗糕，由潘光旦太太在乡下磨好七成大米、三成糯米的米粉，加上白糖和好面，用一个银锭形的木模子做成糕，两三分钟蒸一块，取名'定胜糕'（即抗战一定胜利之意），由我挎着篮子，步行45分钟到'冠生园'寄卖。月涵还不同意我们在办事处操作，只好到住在外面的地质系教授袁复礼太太家去做。袁家有6个孩子，比我们的孩子小，有时糕卖不掉时，就给他们的孩子吃。有人建议我们把炉子支在'冠生园'门前现做现卖，我碍于月涵的面子，没肯这样做。卖糕时我穿着蓝布褂子，自称姓韩而不说姓梅。尽管如此，还是谁都知道了梅校长夫人挎篮卖'定胜糕'的事。由于路走得多，鞋袜又不合脚，有一次把脚磨破，感染了，小腿全肿起来。

　　"月涵一向忙于校务，家里人怎样生活，是否挨饿，他全然不知。直到看见我这样狼狈，看到教授们的太太这样疲于奔命地维持生活，他才着了急，向重庆政府教育部为大家申请了一些补助。还有一次教育部给了些补助金，补助联大的学生，我们当时有4个子女在联大读书，月涵却不让领取补助金。我当时参加了昆明女青年会的活动，参加活动的还有龙云夫人、缪云台夫人等。大家要轮流备饭。一次轮到我备饭时，确实没有钱，就在大西门旁铺一块油布摆个地摊，把孩子们长大后穿不上的小衣服、毛线头编结的东西以及我自己的衣服等摆上卖，一个早上卖了10元钱，总算勉强把这顿饭备上了。"

　　在教学条件上，西南联大亦远较战前的3校为差，而较其中最好的清华尤甚。由于战事影响，大部分仪器设备未能迁出，沦于敌手；迁出的部分贵重图书，亦在重庆北碚毁于日机轰炸。此一时期，不仅仪器设备差，图书亦十分缺乏，学生阅读的指定参考书或者没有，或者只有很少几本。学生要上图书馆排长队挤借，形成"抢"风，馆门屡次被挤破。因抢借参考书或过期不还而被记过的学生，占联大受校纪处分学生的大多数。这种现象，在教育史上应是难得一见的吧！

国立西南联合大学教室

冯友兰回忆说：

"西南联大原先借用了昆明的几个学校的校舍和几个会馆的房子。后来在北城墙外边弄来了一大片空地，在其上建筑了一些简易平房，虽然简易，可是应有尽有：有宿舍，有教室，有图书馆，有大饭厅，肝胆俱全。有了这座校舍，联大可以说是在昆明定居了。"

条件恶劣、生活贫困、学习艰苦倒还不算是最可怕的，最可怕的是日军的空袭。1938 年 9 月 28 日，日军第一次空袭昆明。1940 年和 1941 年空袭最为频繁。到 1943 年，在陈纳德率领的美国援华空军"飞虎队"的打击下，才终于消歇。在此期间，"跑警报"成为西南联大师生的"必修课"。

自 1938 年到 1941 年，昆明民众在日机轰炸中死亡 1044 人、伤 1414 人。其中西南联大师生员工（含家属）大约死 10 人、伤 10 人。这个比例还是很小的，说明联大在防空袭上是比较成功的。

住最简陋的屋，吃最粗糙的饭，在最破烂的教室里上课；在轰炸下看书，在硝烟中听讲，在匆忙躲避时思考和研究。"艰难困苦，玉汝于成。"在这样艰难、危险的情况下，教师们认真上课，学生们认真读书，竟创造了那么多成果，诞生了那么多人才！尽管物质条件异常艰苦，但西南联大却堪称中国历史上最光彩照人的一所大学。

【第 27 回】
教师杰出学生优秀
掌故丰富轶事多趣

彩云之南，春城昆明。西南联大，风景独好。

西南联合大学自组建以后，汇集了一批著名专家、学者、教授，师资充实，人才济济，各显所长，五色交辉，相得益彰。他们在极为特殊的时代背景下，坚持严谨的治学态度，树立优良的教风学风，使联大成为当时中国规模最大、水平最高、教学科研与民主运动成就最显著的著名高等学府。

据 1939 年统计，联大当时便已有 192 名教授（包括少数副教授），占全校教职工的 22.3%。教授所占的比例，比当时美国著名的麻省理工学院还高（该校占

22%）。据周锦荪说：

"西南联大的老师们，有很多是在抗战前和抗战期间，放弃了国外高薪聘请和优越的工作条件回到祖国，为的是救国救亡，振兴中华，培育人才回来的，心甘情愿一箪食一瓢饮搞好研究，教好学。"

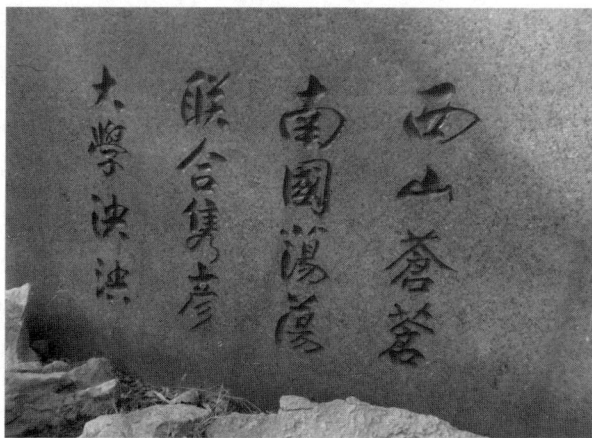

国立西南联合大学纪念碑

西南联大继承并发扬 3 校的优良校风和学风，以通才教育为宗旨，人文、理科、工科并重；坚持学术自由、教学自由，倡导民主、科学的精神；实行学年制与学分制、选修课与必修课相结合的制度。联大分散在昆明数处，教学条件十分简陋，物质生活条件非常艰苦，且战火纷飞、时刻危险，但教师努力克服各种困难，仍坚持严格认真的教学传统，同学们的学习热情没有丝毫减少，反而更加高涨。在困苦危难中，3 校师生精诚合作、互敬互爱、休戚与共。

联大以学分制为主体，具体是"选修课"制和"共同必修课"制。学生 4 年（或 5 年）必须修满 132 个以上学分，相当于 40 门课方可毕业。大一横贯文理的必修课一般为 8 门（国文和中国通史所有院系都必修），达 40 个学分之多。1/3 的学分课程不及格要留级，1/2 的学分课程不及格则勒令退学。联大 8 年中，共开出了 1600 多门课，如涓涓乳汁，哺育了一代优秀青年。

前文已经说过，梅贻琦校长一贯主张通才教育，坚持反对重实用、轻文理的办学思想。他认为，教给学生所谓"一艺之长"，其实是在培养匠人，与大学宗旨不符。

有名师的精心教导，有科学合理的培养方案，青年才俊们十分珍惜战乱之中万分难得的优良条件，他们刻苦勤奋，在这里迅速成长起来。

时任物理系教授的吴大猷这样回忆学生李政道：

"他求知心切，真到了奇怪的程度。有时我有风湿痛，他替我捶背，他帮我做家里的任何琐事。我无论给他什么难的书和题目，他很快地做完了，又来索更多的。我由他做问题的步骤，很容易发现他的思想敏捷，大异寻常。"

李政道后来说，当时学校晚上电灯不亮，无法看书，只好到街上茶馆里去坐。

茶馆里有汽灯挂着,比较亮。花很少的钱,泡一杯茶,坐一个晚上或一天,老板都不会撵人。汪曾祺也说,他这个小说家,就是在昆明的茶馆里泡出来的。

在学术研究方面,联大师生在战时极度艰难困苦的环境下,仍能以自强不息的精神,开展一系列学术研究,尤其是在纯理论科学研究方面取得了一定进展,特别是清华大学。如算学系华罗庚在解析数论、陈省身在现代微分几何方面的研究均有重要成果;物理学系周培源在湍流理论、王竹溪在热力学与统计物理研究方面成绩斐然;化学系黄子卿、生物系李继侗和陈桢等在其研究领域都取得了出色成果。特种研究所也取得了一定的科研成果,如航空研究所建立了当时国内唯一可供进行航空试验及研究的风洞;无线电研究所研制成功抗战时的中国第一只电子管等。

在文科方面,有的教师将多年来的研究成果整理成专著,有的则因地制宜开拓新的研究领域。如清华大学教授闻一多完成《周易义证类纂》、《楚辞校补》及《中国文学史稿》等;朱自清完成《诗言志辨》、《新诗杂话》;王力出版《中国现代语法》、《中国语法理论》和《现代语法摘要》等;陈寅恪完成《唐代政治史述论稿》、《隋唐制度渊源略论稿》;钱穆完成史学巨著《国史大纲》;金岳霖出版《论道》与《逻辑》等,并构成"新实在论"哲学体系;冯友兰出版《新理学》、《新事论》等"贞元六书",并构成"新理学"哲学体系。

一所好大学,粗略来说,杰出的教师是条件,优秀的毕业生是证明。

西南联大师生后来担任中央研究院首届院士(1949年)的共27人,中国科学院、中国工程院院士共166人(其中学生92人)。杨振宁、李政道2人获得诺贝尔奖;赵九章、邓稼先等8人获得"两弹一星功勋"奖;叶笃正、吴征镒、黄昆、刘东生4人获国家最高科学技术奖;宋平、王汉斌、彭珮云等人成为国家领导人。

联大8年,前后任教的教授有350余位,他们都是各个学科和专业的泰斗、顶级专家。如:吴大猷、周培源、王竹溪、梁思成、华罗庚、吴有训、陈省身、叶企孙、姜立夫、李继侗、金岳霖、吴宓、王力、朱自清、冯友兰、陈寅恪、吴晗、潘光旦、汤用彤、张奚若、刘文典、陈岱孙、闻一多、钱穆、费孝通、李楷文、饶毓泰、林徽因、沈从文、钱钟书、朱光潜、熊十力、卞之琳、冯至、陈序经等。

西南联大在办学的8年中,学生共有8000余人,其中毕业2522人,均学有成就,有的成为举世闻名的专家、学者;有的参加民主运动或搞政治活动,解放后大多成了各地各级领导。他们对中国的建设事业、高等教育的发展和世界学术研究均作出了突出贡献。

联大著名校友除了上述人物外,还有朱光亚、王希季、郭永怀、林景、屠守锷、唐敖庆、殷海光、朱德熙、任继愈、许国璋、王佐良、何其芳、李长之等。

在大学里，学生是主体。学校的面貌，可以说就是学生的面貌。而学生的面貌，绝不仅仅只体现在学习的用功上，朝气、抱负和热血更是青年的标志。

联大学生虽然学习、生活条件十分艰苦，但是在课堂有名师指导学习，在课外有丰富多彩的活动。学生们在众多的社团、壁报、读书会、讨论会里，开展政治、学术、文艺、体育、学生自治、社会服务等各种活动，抒发爱国热情，交流思想观点，发挥兴趣特长，提高文化素养。

天下兴亡，匹夫有责。西南联大从军学生前后一共达到834人，其中不乏主动投笔从戎的热血青年，梅贻琦之子梅祖彦就是其中之一。联大学生除担任翻译之外，还参加了远征军和空军。在1942年至1945年间，为保证空中运输线"驼峰"航线的畅通，1500名中美健儿血洒长空，其中就有联大的从军学生。

西南联大的魅力，主要是在于它的坚毅卓绝，它的独立自由，它的名师云集，它的桃李满天下。但还有一个方面，同样被后世经久不衰地谈论，那就是一批文化科学大师在联大留下的种种掌故轶事。

1938年11月，西南联大作出一个让人震惊的决定：聘请36岁的沈从文为教授。联大集中了此时全国学界精英，留学欧美名校，获得博士、硕士学位归来的教师数不胜数，纵使极少数没有高层次学位者、没有出国"镀金"者，亦大多是自北大、清华等国内顶级院校毕业，并已在学术界取得显赫成就。而这位沈从文，论学历，小学没毕业；论学术研究成绩，他是作家，不是学者，没有任何学术著作。

当时在学术界毫无过人之处的沈从文，竟然能在国内一流学府——西南联大任教授。这种不拘一格，激起了该校一些教授的抵触乃至愤怒情绪。态度最激烈的，是有"国学大师"之誉的著名学者刘文典。此君精研传统文化，尤其是《庄子》。他说，自古以来只有两个半人懂庄子，一个是庄子自己，另一个他没说，半个就是他刘大教授。

刘文典学问精深不说，还脾气暴烈。1928年他当安徽大学首任校长时，鲜明地提出"大学不是衙门"。此年11月安大闹学潮，蒋介石正好来安庆视察。第一次见刘文典时，蒋介石见他外表邋里邋遢，就问："你就是刘文典吗？"刘文典回问："你就是蒋介石吗？"刺激得蒋介石一愣神。蒋介石要求刘文典惩办罢课学生。刘文典说："我这里只有教师、学生，不知道谁是共产党。你是总司令，应该带好你的兵；我是大学校长，学校的事由我负责。"蒋介石大怒，对他拍案斥责。刘文典顿时发飙，指着蒋介石的鼻子说："你就是军阀！"竟然扑上来要打蒋介石。卫兵把刘文典拖下后，蒋介石自下台阶骂道："真是个疯子！"

刘文典看不起武夫,也看不起新文学。在他眼里,现代白话文学浅薄粗糙不堪,有何研究价值?而这个沈从文,连对白话文学的研究都没有,只是个写小说的作家。与被他瞧不起的"沈某"同为教授,刘文典十分不平,觉得跌了身价。他曾公开质问:"他沈从文有什么资格当教授?"还在课堂上说:"要讲教授嘛,陈寅恪可以一块钱,我刘文典一毛钱,沈从文那教授只能值一分钱。"

昆明空袭警报频繁拉响时,刘文典和学生一起护卫着大学者陈寅恪(时已眼盲)离开教室。看到沈从文也匆匆跑出,他当众大骂:"我被炸死了,就没人给学生讲庄子了,你沈从文跑什么跑?"

一贯自称"乡下人"的沈从文非常敏感,来联大后自卑而自尊。面对前辈刘文典的屡屡粗暴伤害,他一言不发,只是认真讲授他的写作课。可他的湖南方言,又时常让学生不知其所云。但他还是培养出了与自己的风格一脉相承、后来被称为"最后一个京派作家"的汪曾祺。联大校方不拘一格,顶住压力,坚持给了沈从文教授职位,让一位杰出的文学家在年轻时候就获得了应有的地位,让人感佩。

张狂不羁的刘文典在联大也引起过风波:1943年,刘文典擅自离校,到云南南部普洱县的磨黑待了半年。他到磨黑,是因为他嗜食鸦片,而磨黑产上好鸦片。在当地学校和乡绅的邀请下,他只跟联大常委蒋梦麟等少数人打了个口头招呼,就丢下联大课程一去半年。联大中文系代主任闻一多拒不发放他的教授聘书,将他解聘。

刘文典平时上课,都是边吸鸦片边讲授。在他旁边,校方还专门安排一个杂役提着茶壶随时为他加水。这种做派本已令师生们议论纷纷,这次又为了鸦片而旷教半年之久,影响更坏。闻一多遂坚决主张不再聘用。王力教授为刘文典讲情,说老先生从北平随校南迁,还是爱国的。闻一多发怒道:"难道不当汉奸就可以擅离职守、不负教学责任吗?"

连蒋介石都不放在眼里的刘文典,哪肯咽下这口气?他一回昆明,就赶到北郊司家营找闻一多论理。两人情绪冲动,争吵不休,在场的朱自清极力劝解。

因为闻一多寸步不让,加上刘文典平时经常公开嘲笑同事学问差,得罪了很多人,舆论形势对他很不利。最后,刘文典恨恨地去了同在昆明、由熊庆来执掌的云南大学,任云大中文系教授,直到1958年去世。

在那个年代,教授可以自由流动。只要你真有才学,自有学府礼聘,而没有编制、档案、组织关系之类的羁绊约束,这也是当时知识分子能张扬个性的条件。而有个性的张扬,才有智慧的喷薄。在重重"管理"之下谋生的人,即便资质优异、勤奋刻苦，也不大可能成为开拓创新之才。

刘文典是资深教授，而在后起之秀里同样有一位狂人，也是在不愉快之中离开西南联大的。他就是后来人称"文化昆仑"、"民国第一才子"的钱钟书。钱钟书任西南联大外文系副教授时只有 28 岁，却已名满学界。他的老师吴宓说，在老一辈学者里最强的是陈寅恪，而年轻一辈里的"人之龙"就是钱钟书。

钱钟书讲课常穿一套淡咖啡色西装，或者藏青色礼服，风度潇洒。他讲课只用英语，不用汉语，也从不提问，让学生既倾倒又轻松。但到 1939 年夏，钱钟书就离开了联大，改任湖南蓝田国立师范学院教授。他离开的原因，学界一般认为是他心高气傲，口无遮拦，时常伤人，人际关系恶化。

比如他曾这样批评联大外文系："西南联大的外文系根本不行，叶公超太懒，吴宓太笨，陈福田太俗。"这 3 人当中，陈福田是系主任，叶公超后任国民政府外交部长，而吴宓则是其恩师，都是名重一时的著名学者。这段刻薄的评论流传甚广，但到 20 世纪 90 年代，钱钟书夫人杨绛专文辟谣，声称绝无此事。

另外的原因是联大原拟聘其为教授，最后只聘了个副教授，钱钟书心里不快，不愿久留；再加上当时他父亲钱基博在蓝田任教，希望儿子去照顾自己。钱钟书的确是在不愉快中离开联大的。他后来的小说《围城》，就有很大的挖苦西南联大的动机。书中的"三闾大学"，不就是暗讽北大、清华和南开 3 校合并的西南联大吗？

知识分子的自我意识极强，因此极容易文人相轻。被西方人称为"中国 20 世纪上半叶唯一一个真正的哲学家"的联大文学院长冯友兰，同样在课堂上臧否人物。他"攻击"的对象是胡适，说："胡适到 1927 年就完了，以后再没有东西了，也没起多大的作用。"胡适本被定为西南联大文学院院长，只是旋即出任中国驻美大使，因此没有在西南联大留下足迹。

这些大师之间的纠葛，也许是当事人的烦心事，但流传到后世，已成为可以津津乐道的趣闻。

联大学生里同样"狂徒"多多。比如今天已看不出丝毫狂傲、对人谦恭有礼的科学泰斗杨振宁，在当时也不是一般的狂。西南联大物理系学生里有两大才子——杨振宁和黄昆，他俩经常在茶馆里高谈阔论。当时有同学听到，黄昆问："爱因斯坦最近又发表了一篇文章，你看了没有？"杨振宁说看了。黄昆问如何。杨振宁把手一摆，很不屑地说："毫无 originality（创新），是老糊涂了吧。"

于是有人感喟道：大学是智慧和才情、个性的集中地。一所大学，如果没有一批奇人、狂人、怪人、畸人，即便其资金再充裕、大楼再多、景致再优美、学风再严谨、毕业生出路再宽阔,其魅力也要逊色不少。唯有西南联大,如此充分地诠释了"大学"二字。

60多年过去了,这所大学早已不存在,但它仍然深深地留在人们心中。一座无形的丰碑,也同时在联大师生及后世的心里巍峨矗立。

中国史专家、美国弗吉尼亚大学荣誉退休教授易社强说:

"我特别钦佩西南联大人在政治、经济压力下仍然能够坚持不懈地追求民主、学术自由、思想多元化,以及对不同意识形态和学术观点的包容。这种价值,是最佳的中国传统和最佳的西方传统的相结合。它不仅是中国大学最鲜活的血液,也是全世界的。西南联大人使得这种原则成为了西南联大不可分割的部分,也是西南联大能够在漫长而黑暗的战争年代中存在的基础,这确实是一个非凡的成就,在世界教育史中写下了独特的一页。

"……正当某些国家大量借鉴西方教育的经验时,中国人却能以他们现代化的教育制度引以自豪;并且在半个世纪以前就能够产生一所具有世界水平的大学,这所大学的遗产是属于全人类的!

"……在一个国家生死救亡的关头,还有人肯定学术自由以及多元性的价值,是非常了不起、也非常少见的。"

在这一点上,中国迄今还没有一所大学能够超越西南联大。

【第28回】
民主运动如火如荼
进步师生血洒春城

清华、北大、南开原均为著名高等学府,它们一个是洋气的留美预备学校,一个是老牌的国立大学,一个是私立大学的典范,虽有各自独特的经历,有各自鲜明的教学作风,但都有爱国的传统,师生中有不少是五四运动、五卅运动、"三一八"运动、"一二·九"运动的直接参加者。师生们从北到南,由东而西,目睹山河破碎、人民受难,更加激发了爱国热情。特别是由于中共地下党组织的艰苦斗争和宣传教育,进步的声音、革命的思想在西南联大广为传播。

西南联大校方尊重五四以来蔡元培在北大倡导的"兼容并包"精神,提倡学术自由,影响所及,学生中沿袭成风,各种团体林立、壁报众多。学生们互相争鸣,共同切磋,思想活跃。于是,北大的自由、民主,清华的严谨、认真,南开的开拓、活泼融为了一炉,互相取长补短、求同存异,开拓出了更为高迈的境界。

西南联大后来修建的教学楼

当时昆明是全国的民主大本营,而其中坚正是西南联大。在1941年皖南事变之前和1943年以后,联大的民主气氛异常活跃,曾尽心举行过盛大的“五四纪念周”,带头发起过“一二·一”爱国学生运动,培养和锻炼了不少爱国青年,所以它既是“人才摇篮”,又被称为“民主堡垒”,许多爱国民主活动都在这里举行。

西南联大的精神,除了战时办学必有的“艰苦奋斗”之外,就是“大学独立”。联大的高层和教授认为,政府的职责是保证办学条件,而不应干涉校政。1939年,时任教育部长陈立夫三度训令联大必须遵守新规定,由教育部安排应设课程、统一教材、举行统一考试等。联大对此不以为然,推冯友兰教授执笔抗辩。抗辩函说,这种做法的结果是“大学将直等于教育部高等教育司中一科”。还说:

“盖本校承北大、清华、南开三校之旧,一切设施均有成规,行之多年,纵不敢谓为极有成绩,亦可谓为当无流弊,似不必轻易更张。”

1940年10月,教育部又公布《大学及独立学院教员资格审查暂行规程》,要重新“审查”大学教师的“资格”。这一文件在联大教授会上激起公愤,全体教授拒填“审查”表格,导致被扣当年的学术津贴。

联大不但抵制国民政府对内部事务的干涉,而且在1942年把大一新生必修的“三民主义”课改为若干专题,不做考试,不计学分。

为加强对高校的控制,国民党当局规定,凡担任院长者都必须加入国民党。联大法商学院院长陈序经教授听到消息后,马上表示拒绝。

联大有一批追求中国政治进步的教授,闻一多、吴晗等著名民主人士自不在话下,即便是理科教授,同样有这样的思想倾向。在1945年5月西南联大的五四运动纪念会上,数学家华罗庚发表演讲说:“科学的基础应建立在民主上。”这句话,把"民主与科学"的五四精神更深入了一层。

在这批充满自由思想和独立意识的知识精英的全力呵护下,西南联大不仅是战火中的宁静港湾,也是民国末年污浊社会中的绿洲。联大学生在进步教授和中共地下党组织的宣传带动下,在政治上一贯活跃。他们不畏强暴,奋起抗争,经常给国民党政府以沉重打击。除了与侵略者日本斗争,他们更同日趋走向反动、企图驯化大学生而维护统治的当局进行坚决的斗争。

西南联大北区南端校门东侧一带围墙内侧,原是张贴各种启事、海报的公告栏,后来成了张贴壁报的地方,被学生称为"民主墙"。校园中涌现出青年话剧社、戏剧研究社、群声歌咏队、冬青文艺社、铁马体育会等众多学生社团和各种百家争鸣的壁报,表达对时局的意见和对理想的追求。1939年春,联大第一届学生自治会成立。此年3月,中共联大地下支部成立,袁永熙任支部书记。

1941年12月7日,太平洋战争爆发。不久,日本侵略军攻占香港。当时,包括国学大师陈寅恪在内的一大批文化名人,都无法及时撤离"孤岛"。而国民党政府的行政院副院长孔祥熙,却垄断中航公司的飞机抢运他的私人财物,甚至把他家的保姆与7条宠物狗也从香港运回重庆。重庆《大公报》于12月22日发表社论《拥护政治修明案》,透露了孔祥熙用飞机运洋狗之事,顿时舆论大哗,国人义愤填膺。吴晗在给大一学生讲的中国通史课上尖锐地抨击此事,说中国古代有"蟋蟀相公",现在又有"洋狗院长"。

1942年1月6日,住在昆华中学的联大一年级同学首先行动起来,发起示威游行。他们来到新校舍校本部后,二、三、四年级的同学也参加了进来,1000余人一起走上街头。沿途又有云南大学、中法大学和一些中学的同学加入,住在拓东路的联大工学院同学也赶来参加,形成浩浩荡荡的队伍,高呼"争取民主自由"、"孔贼不死,贪污不止"、"打倒发国难财的孔祥熙"等口号,在昆明的主要街道游行了三四个小时。游行过后,全市各大、中学校纷纷停课,联大、云大学生自治会都发表宣言,发出通电,声讨孔祥熙,社会上一时人心大快。

1944年,孔祥熙来云南,在云南大学"至公堂"为昆明大学生讲话。当一白二胖的他讲到"今天我们大家生活都很苦"时,联大学生齐声高喊:"你不苦!"随后起哄声经久不息。当天晚饭后,孔祥熙的二女儿代表父亲向联大参军学生赠送慰问品,却被大家扔了一地。

1945年春,世界反法西斯战争节节胜利,国内正面战场却连连败退。4月4日,西南联大学生代表大会通过了《国立西南联合大学全体学生对国是的意见》(简称《国是宣言》),呼吁停止一党专政,组织联合政府,增强团结抗战的力量。

抗战胜利后,由于交通工具紧张,以及平、津校舍尚待接收、修缮,准备复原北返的 3 校一时无法成行,决定在昆明续办 1 年。

此年 10 月,张奚若和周炳琳一同起草,并同朱自清、李继侗、陈序经、陈岱孙、汤用彤、闻一多、吴之椿、钱端升共 10 位西南联大教授联名致电蒋介石、毛泽东,要求立即召开政治会议,成立联合政府等。

1946 年《双十协定》签订后不久,国民党背信弃义,向华北、东北、华东、华中各解放区发动进攻,全面内战爆发。11 月 5 日,中共号召"全国人民动员起来,用一切方法制止内战"。11 月 25 日晚,西南联大、云南大学、中法大学、英语专科学校 4 校学生自治会在联大新校舍举办反内战时事晚会,云南省代理主席李宗黄派出军警进行武装骚扰。次日,中央社发出消息,诬称学生的正当集会为"匪警"。联大学生自治会通过罢课决议,率先进行罢课。

11 月 26 日,西南联大常委会代理主席周炳琳签发《西南联大致教育部长朱家骅急电》,报告 25 日昆明学生在联大举行时事晚会,遭到"军警在本校四围施放枪炮,断绝交通"的情况,要求"派员来昆彻查"。电文称:

"急。教育部朱部长钧鉴:本校学生与云南大学、中法大学及英语专科学校学生,于本月 25 日晚在本校举行时事晚会,由本校教授钱端升、伍启元、费孝通及云大教授潘大逵四先生讲演,对于内战问题有所讨论,秩序良好。事前地方当局与学校当局商洽,不准学生开会。学校以为学生在校内开会事,事属寻常,请勿操之过急,并负责不使学生有轨外行动。乃于甫开会之时,竟有军警在本校四围施放枪炮,断绝交通。学生愤慨,于今日罢课。除已函省府交涉,勿再有此项措施,并令学生即日复课外,诚恐传闻失实,谨电请并派员来昆撤查,以明真相。"

就在梅贻琦去北平接收清华园期间,12 月 1 日上午,在李宗黄、关麟征、邱清泉等人的精心策划下,国民党云南省党部和三青团省团部、第五军政治部便衣队和军政部军官总队的数百名暴徒,分头对昆明诸校师生进行袭击。血案造成南菁中学教师于再、联大师院女学生潘琰、联大师院学生李鲁连、昆华工校学生张华昌遇害;重伤 29 人,轻伤 30 多人,联大地质系教授袁复礼,电机系教授马大猷、钱钟韩等人亦在制止暴徒行凶时被殴致伤。这就是震惊全国的"一二·一"惨案。

12 月 2 日,西南联大讲师、教员、助教及联大附中教员表示一致罢课。3 日,联大学生自治会发表《致教师书》,希望教授们用罢教来表示对学生的支持。4 日,联大教授会第三次会议由叶企孙主持,89 位教授到会。会议决议:从即日起停课 7 天,"对地方当局不法之横暴表示抗议";委托校务会议召开中外记者招待会,以书面材料说明惨案真相;督促法律委员会加紧工作,务期早日办到惩凶及取消非法集会之禁令;由校务会议迅速设法劝导学生复课。

蒋介石急派教育部副部长朱经农,联大常委、北大代校长傅斯年来昆明,协助新任云南省主席卢汉办理惨案善后。蒋介石密令卢汉,如学生拒绝复课,准备作"最后处置",即解散联大,3校提前复原。西南联大则除重申《罢课宣言》中的各项要求外,还进一步提出:(一)严惩12月1日事件之主谋关麟征、李宗黄、邱清泉;(二)当局应负担死难同学之抚恤费、受伤同学之医药费;(三)赔偿一切公私损失。此后,双方陷入僵局。

12月17日,梅贻琦从北平返回昆明。19日下午,梅贻琦主持召开的教授会第六次会议作出决议:由教授会发布公告,劝告学生星期四一律照常上课;教授会呼请政府对此次事变之行政首脑人员从速予以撤职处分,务期达到目的;教授会推举代表与云南省军政当局洽商,由地方军政当局发表声明,对合法之自由决定予以尊重。当晚,教授会发布《告同学书》,提出要"以去就力争"当局将李宗黄撤职,同时也表示同学如不复课"只好辞职"。

12月20日,梅贻琦主持召开第七次教授会会议,研究学生会提出的修改后的复课条件。这些条件是:(一)惩凶;(二)取消禁止集会游行之非法禁令;(三)保障人身自由;(四)要求中央社更正诬蔑教授及同学之荒谬言论,请教授会会同罢联将事实真相交《中央日报》等报刊公布;(五)由政府负担安葬、抚恤、治疗费用,赔偿公私损失。

自从12月2日起,昆明全城为四烈士举行公祭。一个半月中,参加公祭的各界人士有15万人,近700个团体。全国各地学生亦纷纷举行集会游行,声援昆明学生的正义斗争。

在舆论的压力下,国民党被迫"公审"并枪决了直接杀害学生的凶手;并免去国民党云南省党部主任委员、代理省主席李宗黄的职务。西南联大的民主运动取得胜利。

"一二·一"运动令国民党当局如坐针毡,最活跃的左派教授之一闻一多(时任中国民主政团同盟云南省负责人)更是成了反动派们的眼中钉、肉中刺。闻一多在联大任教期间,留了一大把胡子,发誓不取得抗战的胜利绝不剃去,表示了抗战到底的决心。

西南联大的最后岁月,是被鲜血染红的。此年7月11日晚,民主人士李公朴先生被国民党特务杀害。7月15日,在云南大学悼念李公朴的大会上,闻一多忍受着连日饥饿所带来的折磨,发表了气壮山河的"最后一次讲演"。他横眉立目,拍案振臂,慷慨激昂、痛快淋漓地怒斥国民党反动派的卑劣行径和心理,一时山河含悲,风云变色。当天下午,闻一多在昆明西仓坡自家附近被特务乱枪暗杀,身中数弹,转瞬死亡。而此时离联大正式撤销竟只有 16 天。他用殷红的鲜血,谱写了清华学者的正气之歌。

闻一多之死,令国民党当局陷入孤立。梅贻琦在日记中写道:

"日来情形极不佳,此类事可能继李(即李公朴)后再出现,而一多近年来之行动又最有招致之可能,但一旦果竟实现,而察其当时之情形,以多人围击,必欲置之于死,此何等仇恨,何等阴谋,殊使人痛惜而更为来日惧尔。"

朱自清则用"这种卑鄙凶狠的手段,这世界还成什么世界"一语表达悲愤。7月21 日,西南联大校友会召开闻一多先生追悼会。在会上,朱自清激动地说:

"闻一多先生表现了我们民族的英雄气概,激起全国人民的同情。这是民主主义运动的大损失,又是中国学术的大损失。"

第六章　新中国成立前夕

【第29回】
复原北返归心似箭
修葺校舍扩充规模

1945年8月15日,日本帝国主义宣布投降,而"复原"一词在中国的大学里就成为了流行语。自翌年5月起,国立清华大学的师生分批北上,于8月至10月间陆续回到北平清华园,终于实现"待驱除仇寇,复神京,还燕碣"的夙愿。1948年毕业于清华电机系的吴佑寿回忆道:

"1945年间,'复原'一词是大后方的流行语。七七事变,家园涂炭,全民总动员,抗击日寇入侵,保家卫国。好不容易盼到了胜利,可以'复原'了。真个是'剑外忽传收蓟北,初闻涕泪满衣裳'、'白日放歌须纵酒,青春做伴好还乡'……"

但西南联大地处祖国西南边陲,而北平和天津远在北方,路途遥远;联大3个学校还得分家;再加上国民党在昆明制造"一二·一"惨案,同学罢课抗争,到1945年12月下旬才复课。学校决定:1946年5月分家搬迁,3校分别返回北平和天津,10月份复校开学。

国立西南联合大学纪念碑

1945 年 11 月,清华校长梅贻琦飞返北平,勘测清华园校舍。此年底,清华成立由陈岱孙教授主持的学校接收委员会,负责接收和复原工作。然而翌年 1 月,清华园又被国民党军队"劫收",再次蒙受劫难。2 月,清华部分系所勉强于清华园重新复课。直

云南师范大学

到 1946 年 7 月,学校才真正被收回。但不久,闻一多教授在昆明遭国民党特务刺杀,发生学潮,梅贻琦又奔赴滇境解决。

联大之战时使命完成,于 1946 年 5 月 4 日举行结业典礼,并特在昆明立碑以纪念 3 校在抗战八年中的艰苦合作,到 7 月 31 日正式宣布解体和结束。学生依志愿分发,入清华者 932 人,入北大者 644 人,入南开者 65 人。

为报答云南父老的一片恩情和支援当地的教育事业,应云南省政府请求,西南联大师范学院留昆独立设院,改称国立昆明师范学院,新中国成立后更名为昆明师范学院、云南师范大学。

临走之际,云南全省商会联合会赠给清华一副对联:

万里采莩来载将时雨春风已为遐方开气运

九年移帐去种得天南桃李常留嘉荫咏清华

关于旅途的艰辛和似箭的归心,1947 年毕业于清华土木工程系的李国鼎回忆道:

"……5 月 4 日,清华第一批北线复原学生 100 余人离昆北上。接着在 10 日又有另一批 210 人分乘'善救署'调来的 7 辆敞篷卡车(每车载 30 人)由昆明开赴长沙,而我就是这批被运送的学生中之一员。

"……记得当天上午,我是带着个人行装,按序号乘上停在盐行宿舍门前马路旁的一辆卡车的。等卡车会齐并清点完毕后,我们这批学生就由此向东沿滇黔公路朝贵阳方向驶去,离别了昆明。

"……此段公路计程 651 公里,(当日晚间借宿曲靖)于第二日上午过小街子(今胜境关,乃滇黔交界处)进入贵州,再向东经盘县、普安、安南(今晴隆)、关岭、

黄果树、镇宁、安顺、平坝、清镇直达贵阳,此程连续行驶约计 4 日。

　　"……在贵阳滞留数日后,我们继续乘车沿东段行驶。途经贵定、甘粑哨(今福泉县属)、炉山(今属凯里),北上经黄平、施秉,向东经镇远,南下经三穗,继而再北上过玉屏,进鲇鱼铺(黔湘交界处)而入湖南境内。然后再向东沿新晃、芷江、洪江、洞口、隆回、邵阳、双峰、湘乡、湘潭,转北上抵达此程终点——长沙。此二段公路(即黔省贵东段和湘境 320 国道)里程近 1100 公里。

　　"……我们是在离开昆明近半月后的一天午前抵达长沙的。

　　"……我们立即在驻地重新登记人数并组织队伍(与离昆时比较,减去近四成),于傍晚时分带行装去长沙北站办理进站手续。晚间乘坐的是'四等'闷(罐)子车,我们 100 余人挤进一节车厢里,'见缝插针'地摊开铺盖卷偎卧一起。好在我们已多日疲倦难耐,倒下即可入睡,等到第二天早上睁开眼睛时,车已过武昌,快要到达汉口站了。

　　"……经过重组,我们不足 70 人(又减少近四成,其中也有少数是新加入的)的队伍,在驻地不久接到起航通知。于是我们这批'义民'又被'疏散'到了南京。

　　"……等我们再次集结乘坐沪宁线硬席火车前往上海时又减员过半,余下不足 40 人。

　　"……在上海,我们受到了虹口区某所中学的接待。

　　"……我们一行约 60 余人(其中包括电机系教师马世雄夫妇、外语系教师王佐良夫妇等,还有多名女同学和新登记加入的共计二三十人),于 7 月下旬赴十六铺码头乘煤轮顺黄浦江出吴淞口,离别了上海。

　　"……自吴淞口入海至秦皇岛航程约计 1200 海里……铁路'平(北平)—哈(哈尔滨)'线的南段'平—山(山海关)'线(里程 419 公里)运输尚通行无阻。我们自码头登陆后,径赴秦皇岛站,坐进了硬席客车。约七八个小时后,列车驶进了北平的大门口——前门站。"

　　1946 年 10 月 10 日,清华、北大、南开 3 校相约同时开学。国立清华大学在大礼堂举行开学典礼时,全校师生教职员工已达到 3000 余人(其中学生增至2300 多人),实在是济济一堂,蔚然大观。

　　抗战北平沦陷期间,清华园被日本侵略军占领,沦为日军兵营和伤兵医院,建筑、图书、用具、仪器等设备遭到严重破坏,损失达 90%以上。在日寇的破坏下,美丽的校园已是疮痍满目,杂草丛生,面目全非,修葺整理颇费周章。清华师生以高昂的热情投入复校工作,克服重重困难,以求恢复学校原貌。

　　参与清华复原时的准备工作的王继明回忆道:

"我回到学校时,这个举世闻名的最高学府,已被日本侵略军毁坏得不成样子,疮痍满目,面目全非,到处是瓦砾垃圾废物,杂草丛生,凄惨荒凉,令人痛恨。破坏严重者如体育馆变成了马厩,后馆改为厨房,前馆的健身房内健身设备荡然无存,原有的学生存衣室、衣柜等均遭破坏,浴室改成日式浴池,门前操场也长满杂草;图书馆改成伤兵医院,阅览室改成病房,书库中图书被劫掠一空,书架也被拆毁,改做手术室;据说北院内还有一个特殊的手术室,是专门将中国人作为日军伤兵输血和补换器官的场所,极其恐怖,惨绝人寰;在图书馆东侧的土山后是当时医院的焚尸场,在解放后建设给排水实验室挖地基时曾挖出很多人骨,不知日军害了多少中国人;在整理系馆时,从土木系、生物系系馆中发现很多玻璃瓶装的人体器官标本,后来送给了生物系。这一切都充分反映了日军惨无人道的暴行。大礼堂也未幸免,座位破坏,连铺的高级软木地板也被损坏无遗。这种软木地板是防止人行噪声的,国内只有清华图书馆阅览室和大礼堂有此设施。其他各系馆,实习工厂,一、二、三院,宿舍楼等也都被洗劫一空。日军暴行罄竹难书,禽兽不如。"

1947 年 4 月,在校庆时的《清华周刊》上,训导长褚士荃写道:

"复原以来,大厦依旧,而内部之破损,实七七事变前曾在清华之人不能想象。欲恢复原有之设备,恐非短时期内所能达到,遑论增益。而同学人数则已超出二千,一二年内即达三千。因之今日清华同学人数,已倍于清华所能容纳之量。宿舍拥挤,教室不敷分配,实验更成问题,举凡生活与受教,在在感到不满,此乃事实,无可讳言。"

梅贻琦校长也看到了这个问题。他说:

"盖我校即因容量之关系,学生人数终须加以限制,则毋宁多重质而少重量,舍其广而求其深。"

复原之后,清华的办学方针、教学制度、课程设置等与战前基本上一脉相承,承袭了过去的教授治学传统和校园文化特征。梅贻琦明确指出,学校"在政策方面,则于计划训练大量青年之外,尤应注意于学术研究之提倡"。

学校领导不仅仅满足于恢复到 1937 年以前的水平,对未来的发展还有着宏伟、远大的规划。尽管处境艰难,校方还是尽力而为,收集补充图书、仪器、用具等设备,兴建学生食堂,并招考新生。这一时期,校园面积和建筑面积也有所扩大,到 1948 年校园面积为 1708 亩,并在校园以南建设教授住宅区"胜因院"和教职员住宅区"普吉院"。

学校恢复且扩充的一个重要内容,就是扩大院系、研究所的设置规模。全校设 5 个学院与 26 个学系、1 个研究院与多个研究所，比抗战前增加了 1 个学院、10 个学系和若干个研究所。即在 1947 年，清华在农业研究所的基础上成立了农学院，设农艺、植物病理、昆虫学、农业化学等 4 个学系；同时，人文学院增设人类学系；理学院增设气象学系；法学院增设

国立西南联大校友返校留念石

法律学系；工学院除保留西南联大时增设的航空工程学系、化学工程学系外，又增设建筑工程学系。

此时应届本科生主要有两个来源：一是教育部规定有应试大学资格且经清华审查合格的中学毕业生；一是在其他公立或曾经立案之私立大学，本科修业满 1 年或 2 年，且有原校之修业证书及成绩单，经清华审查合格准予参加转学考试的转学生。学生入学后，可以申请转系。

关于转系，学校规定：本人申请并经所在系的系主任核准后，方可转出该系。转入另系后，按照该系的规定课程，重新审定其原有学分，并核定其年级。本科期间，学生只能转系 1 次。

从复原到中华人民共和国成立，清华一共设立了中文、历史、哲学、外文、社会、经济、政治、数学、物理、化学、生物、地学、气象、心理、土木、机械、电机、航空、化工、建筑、植物病理、植物生理、昆虫 23 个研究所。研究生学制一般为 2 年，最多不超过 4 年，修习学分不少于 24 个。各项考试，70 分为及格，学年平均成绩不及 65 分即令退学。此时研究所规模较小，多数并未招收研究生。全校研究生仅有 30 至 50 人，1947 年与 1948 年两届仅有 5 名研究生毕业。

【第 30 回】

反对饥饿内战迫害
革命堡垒摇篮熔炉

抗战期间,国民党政府在军事上的无能、政治上的腐败与独裁已尽失人心。抗战胜利后,当局变本加厉,军事上依靠美国,积极筹备内战;经济上恶性通货膨胀以至于彻底崩溃。清华师生一边工作和学习,一边投身于"反饥饿、反迫害、反内战"和反对美帝国主义等爱国民主运动的洪流之中。

曾经饱受战争苦难的清华人,盼望回到母校后,能够拥有一个和平、安宁的环境去重建家园,安心读书和治学。然而,残酷的社会现实打碎了他们的梦想。就在 3 校北上复原之时,国民党政府悍然发动了全面内战,再次将国家推向灾难的深渊。

面对国民党的专制统治以及在饥饿线上苦苦挣扎的百姓,在中共地下党的引导和影响下,清华大学的师生员工团结一致,奋起抗争,勇敢地投入到"反饥饿、反内战、反迫害"的爱国民主运动中,为推翻国民党的反动统治、迎接新中国的到来作出了巨大贡献。

1947 年,国民党政府为挽救军事上的失败,不断加大内战军费开支,国统区经济迅速恶化,濒于崩溃,直接导致恶性通货膨胀愈演愈烈,法币贬值,物价扶摇直上,清华师生的生活每况愈下。

在 1946 年 12 月时,底薪 600 元的教授,实领薪金 83 万元,可买 23 袋面粉有余;底薪 170 元的助教,实领薪金 35.7 万元,可买 10 袋面粉有余,生活比抗战时要好。但到 1947 年 5 月上旬,物价陡涨,一个教授实领薪金 142 万元,却不够买 10 袋面粉;助教实领薪金 64.6 万元,不够买 5 袋面粉。以后虽每隔一两月调整一次薪金,但与物价上涨的速度相比还是望尘莫及。到 1947 年底,10 万元大钞出笼,物价更如脱缰之马。一个教授的实际收入,此时已不及战前 30 元;助教的实际收入,此时已不及战前 10 元。

1948 年 1 月,政府公布公教人员待遇调整办法,这个办法表面上按照 3 个月调整一次的"生活指数"发薪,实际上公教人员的收入仍然继续下降。如 1948 年

1月至3月的生活指数达11.5万倍,薪水最高的教授实领薪金1000万余元,不够买5袋面粉,实际收入只合战前十六七元。教授生活如此,助教的生活更不堪设想。从1948年4月起,虽然月月"调整"生活指数,但是实际收入仍直线下降。

同样,大学生的生活亦每况愈下,到1947年5月,即便是在严格控制公费生名额的情况下,每名全公费生的全部公费也不够买一袋面粉了。由于公费不足,学生饮食很差,营养严重不良,1947年参加体重测量及营养检验的不到1000人中,不合格者共343人,占全校同学人数的1/5。其中肺结核患者104人(含女生9人),体重过轻者88人(含女生6人),营养指数在90%以下者151人。

由于经费紧张,战前清华的一些学术性刊物,如《清华学报》、《科学报告》、《社会科学》、《工程学报》以及新创办的《农学记录》等,均先后勉强出版了一期便不得不停刊。

生活危机、教育危机等严重地笼罩在人们心头。1947年,上海、南京等地学生开始发动"抢救教育危机"的运动,喊出"向炮口要饭吃"的口号,"反饥饿"的浪潮遂由南而北涌入。5月16日,清华大学学生决定自17日起罢课3天,并成立罢课委员会,发表罢课宣言。罢课期间,清华学生还进城示威游行,到各中学宣传。清华罢课的消息传到城内,北大也于17日开会决定罢课3天。

5月20日,在北平中共地下党组织的统一领导下,清华与兄弟院系学生共约7000人,举行"五二〇"反饥饿、反内战大游行。南京、上海、武汉、长沙、广州、济南等地的学生,也在同日举行了示威游行。全国各地的"五二〇"反饥饿、反内战大游行,大大促进了人民运动的发展。在学生运动的推动下,各地工人罢工、教员罢课的反美、反蒋斗争风起云涌,遍及60多个大、中城市,持续时间达2个月之久。

早在复原初期,北平进步力量较弱。即使是在进步力量较强的清华,也只有中共党员十几人、"民青"盟员二三十人,学生运动一度陷入沉寂。为此,中共地下党提出迅速适应新的环境,深入团结同学,重新聚集力量,准备迎接新的斗争的方针。根据这一方针,在广泛团结同学的基础上,1946年12月26日,清华建立了复原后第一届中共领导下的学生自治会。在团结和领导组织清华学生运动中,自治会发挥了重要作用。1946年12月30日爆发的"抗暴运动"(即抗议美国兵皮尔逊等人12月24日在东单广场强奸北大女学生沈崇),首先掀起了北平学生爱国民主运动的第一个高潮,成为北平学生运动的转折点。之后,清华学子们便参加了著名的"五二〇"等运动,并成为主力军。

清华校友、北平地下党负责人、上述学生运动的主要领导人之一王汉斌,在

《西南联大复原北平时的形势和任务》一文中回忆道：

"……西南联大、燕京大学等校复原到北平以后，清华条件好些，进步力量较强，很快掌握了学生自治会。燕京的进步力量比北大强，比清华弱，但也掌握了学生自治会。北大的进步力量和反动力量斗争很激烈，谁也占不了优势……

"（在12月24日美国兵强奸北大女生事件发生后，）激起了群众的愤慨。地下党组织决定必须发动群众，坚决进行反击。清华连夜召开系级代表大会，决定举行罢课游行。燕京大学学生会也作出了举行游行示威的决定。第二天，即30日清早，清华、燕京的游行队伍徒步进城游行，与城内各大专院校会师北大。然后，以清华为先导、北大为后卫，一支万人的游行示威队伍胜利前进，震撼了古都北平。斗争的发展超出了我们原来的预料。

"北平学生的抗暴运动，是全面内战爆发以后，蒋管区学生大规模反美反蒋斗争的第一炮，标志着蒋管区人民斗争的新高潮，是解放战争期间北平学运的转折点。全国许多城市的学生，纷纷起来响应，举行罢课，游行示威，参加人数达五十余万，超过了'一二·九'运动的规模。这一运动打击了美蒋反动派，教育了广大学生和人民群众。从此，北大、清华、燕京、中法等校的进步力量占了优势，许多学校的进步力量有了较大的发展。解放战争期间领导平津学生运动的公开组织'华北学联'，就是在抗暴运动的基础上建立起来的。

"……5月18日，清华、北大等校宣传队上街进行'反饥饿、反内战'的宣传，在西单遭到国民党青年军的包围和毒打。我们地下党组织迅速决定，自下而上地发动群众签名，提出罢课游行抗议的要求。北大、清华等校召开紧急学生代表大会，讨论决定罢课游行。在此基础上，平、津、唐的大专院校共同成立了'华北学生反饥饿、反内战联合会'，决定5月20日联合举行'反饥饿、反内战、反迫害'游行示威抗议。南北呼应，上海、南京学生也在同一天举行了声势浩大的、大规模的游行示威。这是一次非常成功的斗争……"

清华从五四运动的生力军到"一二·九"运动的中坚，发展到联大时期抗日大后方的"民主堡垒"，再发展到解放战争时期国统区里的"小解放区"，光荣地成为白区中的革命堡垒、摇篮和熔炉。清华学子的爱国民主运动，在中国革命历史上写下了浓重一笔。在承受国耻的清华园里，清华人孕育和滋长了极大的爱国热忱；在高昂的爱国民主运动中，清华人迸发和激扬了极大的爱国热情。

这些汹涌澎湃的学生运动，有力地支援和配合了人民解放战争。对此，毛泽东曾给予高度评价：

"中国境内已有了两条战线。蒋介石进犯军和人民解放军的战争，这是第一条战线。现在又出现了第二条战线,这就是伟大的正义的学生运动和蒋介石反动政府之间的尖锐斗争。"

而令清华人感到自豪和骄傲的是,具有光荣革命传统的清华大学在一系列学生运动中,"始终表现得坚强、勇敢,做了全国同学的忠实伙伴和战友"。

【第31回】
朱自清拒领救济粮
梅贻琦依依别北平

1946年6月18日,闻一多等西南联大多位著名教授联名发表了《抗议美国扶日政策并拒绝领取美援面粉宣言》。整整两年以后,1948年6月17日,清华110名教师在同一则宣言上郑重签名:

"为反对美国政府的扶日政策,为抗议上海美国总领事卡宝德和美国驻华大使司徒雷登对中国人民的诬蔑和侮辱,为表示中国人民的尊严和气节,我们断然拒绝美国具有收买灵魂性质的一切施舍物资,无论是购买的或给予的。下列同人同意拒绝购买美援平价面粉,一致退还配购证,特此声明。"

朱自清教授就是这110名签名教师中的一员。

当吴晗拿着声明去找朱自清签名时,他的胃病已经非常严重,几乎每日呕吐。抗战以来动荡、贫困的生活,彻底摧毁了他的健康。然而,当他听说要在拒绝美援的宣言上签名时,虽然吴晗同情地对他说"你可以不签",但他仍毫

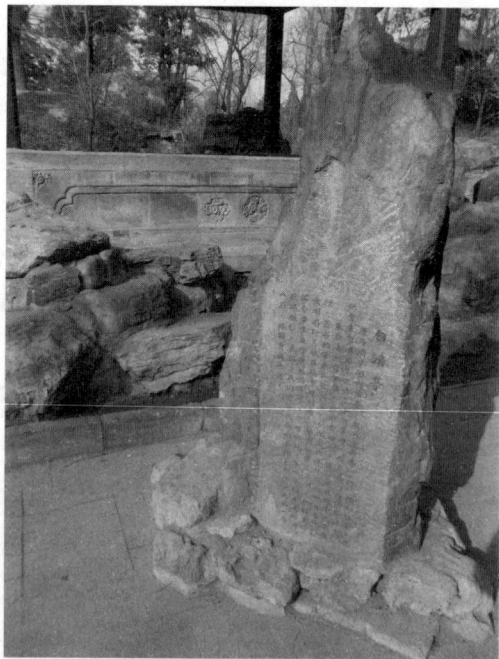

自清亭石
(纪念朱自清)

不犹豫地"用颤动的手,一笔不苟地签上他的名字"。在 6 月 18 日的日记里,朱自清写道:

"此事每月须损失 600 万法币,影响家中甚大,但余仍决定签名。因余等既反美扶日,自应直接由己身做起。"

不久,时年 8 月 12 日,朱自清教授在贫病交加中去世。去世前,身体极度虚弱的他仍不忘叮嘱夫人:"我已拒绝美援,不要去买配售的美国面粉。"

8 月 18 日,毛泽东在著名的《别了,司徒雷登》一文中写道:

"闻一多拍案而起,横眉怒对国民党的手枪,宁可倒下去,不愿屈服。朱自清一身重病,宁可饿死,不领美国的'救济粮'……我们应当写闻一多颂,写朱自清颂,他们表现了我们民族的英雄气概。"

1948 年 11 月,在国民党政府策划的"迁校"计划中,清华绝大多数师生都采取了高度一致的立场:"拒迁!"当这一阴谋破产后,国民党政府又紧急制定了"挽救平津学术教育界知名人士"计划,于 1948 年 12 月 14、15 日派专机接平津文教界名流南下。但是最终,清华除了梅贻琦等极个别教师乘飞机离开外,全校 269 位教师基本上留校,迎接新中国的诞生。

此年 12 月 15 日,中国人民解放军进驻北平海淀,清华园解放;12 月 18 日,解放军在清华西门贴出布告;1949 年 1 月 10 日,解放军正式接管清华。清华人终于迎来了新的曙光,准备开启新的征程。

1948 年冬,当时清华学子还在上课,解放军突然由南口进至北平西郊,与国军交战于学校墙外。不久国军退守城内,处在郊外的清华园于是落入解放军的势力范围。梅贻琦校长恰好于前一日因公入城,当时城郊交通断绝,校长只好留在城内,电令校政暂由校务委员会主持,校印交由冯友兰保管。政府眼见局势日非,于是派遣专机迎接梅贻琦南下。

1948 年 12 月 21 日,梅贻琦搭第二架教授专机离开北平到南京,担任南来教授招待委员会委员。1949 年 2 月,教育部迁广州,召开

荷塘

历任部长会议,决定请梅贻琦赴美处理清华基金事宜。7月,梅贻琦作为我国联合国教科文组织首席代表赴法开会,并随即转到美国处理清华基金相关事宜。他推荐胡适代理执行长,并补足董事,恢复清华基金运作。

抗战胜利后,我国曾欲发展原子弹。1946年11月底,梅贻琦曾致函在法国的钱三强,邀请其回母校任教,以主持开发核科学。1947年2月1日,钱三强在给梅贻琦的回信中,接受了清华聘请,并提出"甚望教学工作外,尚能树立一原子核物理研究中心"。然而由于当时美国的强烈干涉,以及国共内战爆发,大陆政权易帜,我国早期发展原子能事业的努力遭受严重挫折。尽管如此,梅贻琦却一直并未放弃努力,而最终在台湾创建了新竹清华大学。

新中国成立前夕,政权易手,两岸分流,骨肉离散。当梅贻琦双脚踏上飞机,即将离开清华、离开北平、离开华北时,他心里一定非常难过,依依不舍,痛楚难禁。想起自己学习、生活、工作、掌管了几十年的清华园,那可是自己的第二故乡、自己的精神家园、自己的"主要作品"啊!通过梅贻琦这么多年的精心、刻意、全力经营和建设,当时的清华已经拥有1700余亩的大"地盘",设有5个学院、26个系,师生达2400多人,不管是人员、物质上的规模,还是教学、科研上的实力,都名至实归、有口皆碑乃中国最高学府、第一名校——自己何时能够再回来?清华是否又会被破坏?此刻的他,一定喟然长叹、老泪纵横!

第三部

第七章　新中国成立至"文革"前

【第32回】
部队入校接受军管
开国大典参加游行

"虎踞龙盘今胜昔,天翻地覆慨而慷。"随着解放战争形势的迅猛发展,清华爱国进步力量日益壮大。在中共清华地下党组织的引导和影响下,全校师生的爱国运动一浪高过一浪,终于在1948年底冲破黎明前的黑暗,迎来了清华园的解放。广大师生积极迎接清华的解放与接管,并热情投入到新中国成立的各项准备工作中去。从此,清华的历史掀开了新的一页。

1948年4月,清华37周年校庆纪念刊社论旗帜鲜明地指出:

"我们清华是爱国的,所以我们痛恨中国的罪人。惟其我们清华是爱民族的,所以我们反抗民族的仇敌⋯⋯目前可能是最黑暗的时间,但前面一定是旷远与清明。暴风雨即将过去,新清华的航船即将驶入充满阳光和微风的大海。"

在这种必胜的信念激励下,清华师生积极迎接新中国的成立。

随着解放战争的胜利推进,对于新解放区大学的管理,中共早有计划。6月20日,中共中央宣传部作出《关于对中原新解放区知识分子方针的指示》,指出对于当地学校教育,应采取严格的保护政策,"我军所到之处,不许侵犯学校的财产、图书、仪器及各种设备"。在这个指示中,第一次提出了对于原有学校的政策:

"在敌我往来的不巩固的地区,对于原有学校,一概维持原状。在较巩固的地区,应帮助一切原有的学校使之开学。在原有学校的基础之上,加以必要与可能的改良。"

1948年下半年,在清华地下党组织的引导下,师生们为迎接解放做了大量准备工作:一方面,地下党员积极宣传革命形势,发动、组织群众护厂护校,保护学校财产和文物档案;另一方面,他们分头联络在清华园中享有名望的教授,介绍和宣传党的各项政策,深入细致地谈心,说服动员他们留在北平。通

清华大学东门

过这些工作,清华师生员工坚定了安心留校、迎接新中国成立的思想和信心。

11月上旬,辽沈战役结束,解放战争胜利推进。下旬,清华开展了反对南京政府策划的强迫"迁校"斗争。24日,教育部督学来北平,与清华、北大校长交换有关"迁校"意见,声称:"在遇万一时,政府为保护民族文化,决定全力设法'抢救'。"企图拉拢一些教授,把清华大学这块牌子迁到南方。通过各种社团,清华地下党组织通过壁报等宣传工具进行揭露斥责,教授们乃至校领导的绝大多数也都反对"迁校"。

12月13日,解放军攻占颐和园和圆明园之间的平川地带,遇到国民党军队的猛烈炮击。追击敌军的解放军团政治处主任李乐之是清华1940届校友。他了解到前面就是母校清华后,立即报告上级。司令部果断命令部队火速避开名胜古迹和学校区,绕道前进。

15日凌晨2时,毛泽东亲笔批示,急电平津前线部队"注意保护清华、燕京等学校及名胜古迹"。当月,毛泽东还批改了中央军委关于保护清华、燕京等校的通知。17日,毛泽东手拟关于保护重要工业区的军委命令的电稿,文中提到:

"沙河、清河、海甸(淀)、西山系重要文化古迹区,与清华、燕京等大学教职员学生联系,和他们共同商量如何在作战时减少损失。"

15日,清华园终于获得解放。清华成为全国第一个获得解放的国立大学。17日下午3点,学校在甲所召开第九十五次校务会议,议决在校长梅贻琦返校之前,由冯友兰任校务会议临时主席。

18日,解放军第十三兵团政治部在清华西校门贴出布告:

"……清华大学为中国北方高等学府之一。凡我军政民机关一切人员,均应

本我党、我军既定爱护与重视文化教育之方针,严加保护,不准滋扰。尚望学校当局及全体学生,照常进行教育,安心求学,维持学校秩序……"

1949年1月10日,北平区军事管制委员会文化接管委员会主任钱俊瑞到校,正式宣布接管清华。上午11时许,清华校务委员会召开会议,校务委员会代主席冯友兰,教务长霍秉权,秘书长沈履,训导长褚士荃,各院院长叶企孙、陈岱孙、施嘉炀、汤佩松等人出席。钱俊瑞在会上传达了接管方针:第一,清华以后应实行新民主主义的文化教育,取消过去教育中反对人民、脱离人民的东西。第二,教育改革逐步进行,现有机构与制度,除了立即取消国民党反动训练制度和立即停止国民党员、三青团员反革命活动外,其他一律照旧。第三,学校经费由军管会负责供给,教职员一般采取原职原薪,暂不变动。

下午2时,全校教职员、学生、校工、校警共2000余人在大礼堂开会,听取钱俊瑞宣布上述接管方针。钱俊瑞说:

"今天清华大学从反动派手里解放出来,变成人民的大学,是清华历史上的新纪元。从今以后,它将永远是一所中国人民的大学了。"

顿时全场热烈鼓掌。

下午3时,学校召开教授会议。钱俊瑞在会上简要介绍了解放区工农业及文化教育事业的建设概况,并着重解释了中共和人民政府重视科学研究、保障人民思想信仰自由的方针。

1月11日,即清华被接管翌日,该校训导处被撤销。

冯友兰高度评价清华园的解放与接管:

"在全中国的解放中,清华是首先被解放的国立大学;在全中国的解放中,人民政府宣布一个正规大学为人民的大学,清华是第一个,这是清华的莫大光荣。"

为迎接解放军开进北平入城仪式,清华大学、燕京大学的广大师生都怀着喜悦激动的心情,为宣传工作做了较长时间的充分的准备,对于联合其他学校参加欢迎解放军入城式,起了很大作用。

清华同学专门成立了"迎接解放人民服务委员会",下设宣传部、联络部、生活部、总务部、秘书处等,还把全校同学编成5个大队,每个大队有6至7个中队,每个中队有3个小队。当时全校同学大约有1900人,而参加工作的同学就有1821人,还有不少教师也积极参与其中。

许多小队来到附近的青龙桥、海淀、蓝靛厂等地,宣传天津解放和毛泽东关于时局的声明;到石景山三家店给工人演戏,和解放军联欢。为了使入城宣传效果更好,大家在校内预先进行演讲比赛,看谁最能用群众的语言说明群众最急于了解的问题。此外,他们还组织全校同学学习政策理论,各系各级举行形式多样的座谈会,大家畅所欲言,交流思想。

1月31日,东北野战军开入北平城内。一大早,清华同学便乘坐火车进城。上午9点多,前门广场人山人海,各个学校的行列聚拢在一起。游行的清华队伍举起了1丈长、8尺宽的巨幅毛主席像,军乐队也列队演奏了起来。

解放军进城队伍开了过来,各校同学兴奋地向人民子弟兵欢呼致意。有同学把宣传品抛向车上,坐在车上的解放军欢笑着向同学们使劲挥动红旗。坦克和卡车拖着重炮过来时,许多同学跳到炮上坐着,在炮身上写:"炮口对准蒋介石,打到台湾去!""给四大家族每人一颗炮弹!"箭楼下,燕京大学的艺工队高高地站在卡车上,指挥群众唱《解放区十唱》。北平城内处处洋溢着欢乐祥和的气氛。

清华师生们兴奋异常,清华的宣传委员会自2月12日起留驻城内,一直到2月15日。他们分别在前门、崇文门一带进行街头宣传或文娱演出;在汇文、慕贞等校发动中学生,宣讲革命形势、毛泽东主席的时局声明、和平谈判八项条件等。

3月初,为做好北平市新政权的建设,根据北平市委的要求,清华党总支安排学生和教师153人参加北平市政权的建设工作。同时,又有250名师生(以文学院、法学院为主)参加了四野南下工作团。

3月1日,在清华大礼堂举行了新民主主义青年联盟全体盟员大会。在毛泽东像和党旗下,500多名盟员第一次公开唱起了雄壮的《国际歌》。

3月15日,青年联盟在清华园正式公开,成立了清华新民主主义青年联盟代表大会和新民主主义青年团筹委会,并召开了建团大会。

3月18日,清华民主墙上公布了被批准入团的青年团员名单。全国第一个新民主主义青年团基层组织率先在清华建立。

在迎接北平解放、新中国成立筹备等过程中,清华广大师生满怀激情,积极投身到各项工作中去,作出了重要贡献。

在北平解放前的一个晚上,两名解放军代表秘密来到清华,找到梁思成家,请其将北平市内的重要文物建筑标在一份军用地图上,以备一旦攻城时保护它们免受炮击。不久又来了几位解放军,请梁思成编写了一份全国的重要文物建筑简目,准备发到解放军各部队。梁思成立即带领年轻教师胡允敬、朱畅中、汪国瑜、罗哲文等人连夜工作。

1个月后,一本厚厚的《全国重要文物简目》及一份《古建筑保护须知》送到了解放军手中。新中国成立后,国务院于20世纪60年代末颁布的《第一批全国重点文物保护单位名单》和《文物保护管理暂行条例》,即是以梁思成的两个报告为蓝本制定的。

早在北平解放前夕(1949年1月16日),周恩来在民主人士座谈会上作了关于时局的报告,再次重申了对原有大学的政策:

"大学要维持原状。如清华有人要吴老(即吴玉章)搞,我的意见可由学生、教授主持校务,等于工厂管理委员会的机构一样,先维持下来再说。"

在上述政策的指导下,清华在新中国成立前后的一段时间内,采取了"坚决改造,逐步实现"的方针,学校管理实现了平稳过渡。

新中国成立之前,清华设有许多专门委员会,协助校务进行。新中国成立后,学校仍设有多个常设委员会。1950年5月,学校设有财务、生产管理、保卫等21个常设委员会。

新中国成立前后,虽然全国政局动荡,但清华基本保持稳定,教学试验设备和科研成果等均有所增加。例如电机系1948年12月初收到MIT(美国麻省理工学院)赠送的一批机器;建系不久的化工系则设计了流体传输、喷雾干燥等多套设备,并在1948年3月28日举行了展览,显示出蓬勃的发展势头。

新中国成立之前,清华实行校长负责制,校长"综理校务,由教育部长提请国民政府任命之"。学校实行以评议会为核心的,校长、校务会议、评议会、教授会并立的领导管理体制,校长是3会的当然成员和主席。

1949年5月4日,军管会成立新的清华大学校务委员会,任命叶企孙等21人为校务委员会委员,叶企孙等9人为常务委员,叶企孙任主席。军管会决定,自校务委员会成立之日起,旧有行政组织停止活动。

在管理体制上,校务委员会"归高等教育主管机关直接领导"。并规定:

"各校校委会委员,由校长、教务长、秘书长及各院院长、教授若干人及讲助教代表、学生代表组成之;为便于工作起见,得就委员中遴选若干人组织常务委员会,校长为校委会当然主席,如校长离校,由高等教育主管机关指定常委一人为主席,必要时设副主席一人。委员及常委均由高等教育主管机关提请任命之。校务委员会为全校最高权力机关,主持全校教务,并商定全校应兴应革事宜。"

校务委员会运作"采用民主集中制,主席有最后决定权,并对主管机关负责。当主席与大多数委员意见分歧时,应即报告主管机关作最后决定"。

在新的校务委员会中,周培源接替霍秉权任教务长,陈新民接替沈履任秘书长。此时,训导处已被撤销,无训导长一职。

6月28日,根据中共北平市委的指示,清华地下党正式向全校公开,在二校门张贴了当时全校187名党员及负责人名单,教职员党支部名单还同时在工字厅门口张贴。从此,清华党组织结束了秘密工作状态,在新的历史条件下开创了创建新中国社会主义大学的伟大征程。

清华的第一个中共党支部于 1926 年 11 月成立,领导进步师生开展革命运动。1937 年抗日战争全面爆发后,清华南迁。在南迁同学与北方同学中间,清华遂发展出北系、南系两个党组织系统。1945 年抗战胜利,清华返回北平后,根据党"隐蔽精干,长期埋伏,积蓄力量,以待时机"的地下工作方针,南系与北系仍保持相互独立。1948 年 11 月辽沈战役胜利结束,淮海战役开始,革命形势迅速发展。为迎接北平解放,北平地下组织的南系与北系合并,但学校一级仍分别成立党总支,加强联系,密切配合。随着革命的节节胜利,党员和党组织从内到外,一步一步走向公开。

1949 年 9 月,清华对部分院系领导进行调整。冯友兰不再担任文学院院长及哲学系主任一职,雷海宗不再担任历史系主任一职。吴晗任文学院院长兼历史系主任,金岳霖任哲学系主任。不久,吴晗因当选为北平市副市长,故辞去文学院院长职务,由金岳霖兼任。

吴晗塑像

9 月下旬,中国人民政治协商会议召开,制定了共同纲领,选举了中央人民政府成员,并庄严宣告中华人民共和国正式成立。清华教授张奚若、梁思成、吴晗、费孝通等人参加了新政协第一届全体会议。大会采纳了张奚若教授关于新中国国名由"中华人民民主共和国"改为"中华人民共和国"的建议。

此次会议还通过了由清华教授梁思成、林徽因夫妇领衔的国旗设计小组设计的方案。次年 6 月 23 日,全国政协全体会议又通过了由他们领衔的国徽设计小组设计的方案。天安门广场的人民英雄纪念碑,也是按照他们的设计方案施工的。

9 月 27 日晚,清华师生员工在大礼堂集会,庆祝新政协的成功召开,迎接中华人民共和国的诞生。德高望重的张子高先生首先发言,以自己的亲身经历和感受,阐述人民革命胜利的伟大意义,及他对新中国的希望。庄前鼎、张维、章名涛、孟昭英、钟士模等教授和同学都作了热情洋溢的发言。

为参加10月1日在天安门前举行的开国大典，清华师生好几天前就开始着手准备。在9月27日晚的全校大会上，钱伟长向大家提出了要求，包括如何绑扎五角星灯笼，穿什么样的衣服(男生为深色上衣、浅色裤子)等。为走好游行方阵，同学们还在体育馆前的操场上进行了认真的演练。

10月1日清早，参加开国大典的师生来到大操场集合，出南门到清华园火车站乘车进城，由马约翰教授领队。午后，清华队伍被带到天安门广场，大家席地而坐。下午3时，盛大的开国大典隆重开始。当毛泽东宣布："中华人民共和国中央人民政府今天成立了！"整个广场欢声雷动。在人民解放军阅兵式后，接着是各界群众游行。在国庆游行队伍中，清华走在最后压阵。

当清华的队伍走到天安门城楼下时，大家一路高呼"中华人民共和国万岁！""中国共产党万岁！""毛主席万岁！"等口号。毛泽东听到后，非常高兴，马上以高亢、洪亮的湖南口音回呼"清华同志们万岁！"翌年，毛泽东更亲自手书6幅清华校名并择其一，表现了党和政府对清华的高度重视与殷切希望。从此，大气磅礴、潇洒飘逸的毛体"清华大学"，成了学校最重要的标识之一。

在新中国阳光的沐浴下，清华园里处处生机勃勃。党和政府的关怀，极大地鼓舞和激励了广大师生以更加积极的姿态、更加饱满的热情，投入到新中国的建设事业中去。清华园解放后，冯友兰曾有一段总结过去、展望未来的话，他说：

"清华由游美学务处、清华学堂、清华学校至清华大学，由南迁到复原，经历帝制、军阀、国民党各时期的统治，到今成为人民的清华大学。校史与国运息息相关。此后在人民政府的领导培植之下，必能日益发展，为新民主主义的新中国尽其应负的使命。"

这也正是全体清华师生心声的真切表达。

清华大学校花紫荆花

【第 33 回】

效仿苏联高校调整
皇皇清华成工学院

开国伊始,万象更新。人民当家,红旗招展。

新中国成立以后,党和政府开始了建设现代化工业化强国的探索。与此相适应,包括高等教育在内的全国各行业、各领域都进行了巨大调整。其中,全国院系调整是高等教育改革中一个非常重要的步骤。在这次调整中,清华由一所综合性大学变为多科性工业大学,开始了新中国社会主义高等教育的积极探索,为新中国工业化建设培养了一大批合格建设者,被誉为"红色工程师的摇篮"。

新中国成立后,《中国人民政治协商会议共同纲领》提出:新中国的"文化教育为新民主主义的,即民族的、科学的、大众的文化教育"。"人民政府应有计划有步骤地改革旧的教育制度、教育内容和教学法。"这一切充分体现了毛泽东新民主主义文化教育的思想,奠定了新中国成立初期对旧教育进行改造的理论基础。"改革旧教育"已经成为当时文化教育工作的重要任务。

教育改革,首先是课程内容的改革,主要包括对业务课程的精简以及政治课学习的开始。政治课的学习是当时课程改革的中心环节。

1949 年 1 月清华被接管后,立即组织校制商讨委员会,讨论学制及课程改革问题。3 月 3 日,清华开始上课。新学期课程大部分承接上学期,新添的课程有:辩证唯物论、哲学问题讨论、历史哲学、社会法理、社会主义名著选读、毛泽东思想、中国财政问题、马克思经济、组织与管理、农村社会学、资本问题等。

为适应新的需要,业务课程也开始进行改革,例如社会调查课程,用新的方法在海淀进行农村调查。此外,清华、北大、北师大 3 校性质相同的系,分别举行联席会议,讨论课程教学方法等问题。清华、北大的理工学院与企业部门等,也开始有业务上的联系。

中央人民政府教育部成立后,提出精简理工学院课程的号召。继文法学院各系课程改革之后,开始了对大学理工学院的课程改革。清华工学院各系都在系务

会议或师生座谈会上讨论精简课程的问题,电机系还提出了 5 项精简原则:

(一)减去不必要的重复;(二)注重有系统的基本观念;(三)明确每门课程的目标,即是认识和运用基本观念后,训练分析的能力和工程师的基本技能;(四)指出课程的重点;(五)加强计划性。

除了课程改革外,清华师生也展开讨论院系调整及学制等问题。华北高等教育委员会召开常务委员会第二次会议,讨论了各大学院系调整问题。1949 年 6 月 27 日公布《华北高等教育委员会关于南开、北大、清华、北洋、师大等校院系调整的决定》:

"取消下列各校中之各系:南开哲教系,北大教育系,清华法律系、人类学系。南开哲教系、北大教育系三年级生提前毕业,二年级以下转系。清华法律系学生可转入该校各系或北大法律系或政法学院,人类学系并入该校社会学系。取消各系教授之工作,在征得本人同意后尽各校先分配,亦得由高教会分配。"

根据决定,清华文学院人类学系并入法学院社会学系,并在该系设立"边疆社会组"(第二年改为"少数民族组"),取消法律学系(13 名学生转入北大)。

华北高教会为贯彻新民主主义的教育方针,使大学农科更能配合新中国的农业建设,决定将华大、北大、清华 3 校农学院合并,组成一个全国性的农业大学。1949 年 9 月 29 日公布《华北高等教育委员会关于成立农业大学令》。此后组成农业大学筹备委员会,校址设在北大农学院旧址。这样,清华的农学院就被分了出去,院系调整正式拉开序幕。

为使高等教育更好地为国防和经济建设服务,教育部又在 1951 年 3 月 7 日召开了全国航空系会议。经过讨论,会议决定将西北工学院、北洋大学、厦门大学、清华大学 4 校的航空系合并在华北,准备在清华成立航空学院;西南各校的航空系合并在四川;华东其他各校的航空系暂不合并。

新中国在当时,对旧教育的改革是以苏联模式为样板的。在北京召开的第一次全国高等教育会议上,苏联专家阿尔辛节夫分析了苏联在十月革命胜利后改革旧教育的情况,认为中国高等学校所遇到的任务与苏联遇到的任务是相同的;中国各大学改造的方针,亦应该与那时候苏联各大学改造的方针在原则上一样。中国各大学应该培养的,不是抽象的学者,而是具体的专才。他还特别指出:

"中国的大学不仅与过去的封建时代有某种程度的关系,而且反映着中国人民革命胜利以前的半殖民地的依赖性,这种依赖性表现在'只北京一个城市就有

3 个或甚至 4 个大学(北京、燕京、清华)','许多中国高等学校的授课,不是用自己的中国语文而是用英文',以及'中国高等学校图书馆的多数书籍是英文、法文、德文和日本的著作'。"

阿尔辛节夫主张中国的大学不应该包罗万象地大而无当,不应照这种只求其大的方针来扩充,而应该照专门化的方针发展;必须坚决地肃清这种半殖民地的色彩;必须对这些大学及其教育加以改组和改革。他的发言,反映了高等教育要向苏联教育模式转变已经是不可逆转的。

1952 年 4 月 16 日,全国工学院调整方案公布。同日,《人民日报》发表社论《积极实现全国工学院调整方案》,阐明院系调整要为国家工业化服务的重大意义。社论指出:

"旧中国遗留给我们的高等学校,是半殖民地半封建社会的产物。它是适合于帝国主义和反动统治阶级的需要的。因此,这些学校并不能很好地担负起为新中国培养大批能够全心全意为人民服务的高级建设人才的巨大任务。而'我们的国家正在积极地准备走向工业化。要发展工业,首先是重工业,就迫切地需要大批的高级技术人才'。'培养工业技术人才,对国家的工业化具有决定的意义。全国工学院的调整对于我国工业人才的培养将有重大的贡献。'"

在全国工学院调整方案公布后不久,全国高等学校 1952 年的调整设置方案也拟定了,调整重点是"整顿与加强综合大学,发展专门学院,首先是工学院"。

调整到清华的院系,包括北京大学、燕京大学两校工学院,还有察哈尔工业学院水利系,天津大学(即原北洋大学)采矿系二年级、石油钻探组、石油炼制系,以及北京铁道学院(今北京交通大学)材料鉴定专修科等。

而清华的文、理、法学院,则基本上调整到了他校。自然,许多相关方面的著名学者、教授如冯友兰、陈岱孙、张岱年、潘光旦、浦江清、费孝通、钱钟书、雷海宗、贺麟等等也只得离开工作、生活了许多年的清华园,转入北大燕园等地。

其中,清华文学院和理学院多数系科转入北大;原属理学院地学系的地质组并入新设的北京地质学院(今中国地质大学),地理组并入北大;法学院经济系的财经部分转入新成立的中央财经学院(今中央财经大学)、理论部分转入北大,政治系转入新设的北京政法学院(今中国政法大学),社会学系取消。工学院化工系中除石油专业部分暂时留在清华,其他部分转入天大,采矿系采煤组并入中国矿业学院(今中国矿业大学);航空学院调出,与北京工业学院(今北京理工大学)、四川大学的航空系合并成立北京航空工业学院(今北京航空航天大学)。其实工学院当时只保留了建筑、土木、机械、电机 4 个系。

为具体进行京、津高等学校的院系调整工作,此年 6 月 25 日,中央教育部成立"京津高等学校院系调整办公室"。清华教务长周培源,校务委员会常委钱伟长、何东昌进入该办公室。同日,为筹备建立新北大和新清华,决定成立"京津高等学校院系调整北京大学筹备委员会"与"京津高等学校院系调整清华大学筹备委员会"。27 日,清华筹委会正式成立。

8 月 16 日,教育部下发通知,作出对清华、北大、燕京、天大、南开、唐山铁道学院(今西南交通大学)6 校的化学工程系进行全面调整的决定。除在清华设立有关石油方面的专业外,其余人力、物力均集中到天大,设立化工方面的各种专业。在全国高校院系调整时,清华还被抽调不少教师到其他学校、科研单位和政府部门去工作。

到此年 9 月底,经过与教育部的反复沟通后,清华应设置的专业系和专修科才最终确定下来,设有机械制造、动力机械、土木工程、水利工程、建筑、电机工程、无线电工程和石油工程 8 个系,共 32 个专业,还有 18 个专修科。当年有各专业新生总计为 1030 人,专修科总计为 900 人,共计 1930 人。1953 年,石油工程系又从清华分出,成立北京石油学院(今中国石油大学)。直到 1958 年,清华方恢复化学工程系,又增设工程物理系、工程力学系。

为了向苏联学习,了解高等教育的实况,清华筹委会印发苏联各专业的教学计划(不十分完全)、苏联高等教育组织、师范大学教学工作的种种形式、哈尔滨工业大学教学工作中的几个问题等教学参考资料,供各系学习。同时,还从校外请苏联专家和哈工大部分教授来校交流。筹委会还在各教科组下成立一个翻译小组,主要翻译有关课程的苏联教学大纲。

由于院系调整后的教学制度和教材内容都要采用苏联的,因此,筹委会要求所有教师都学习俄文。开始由一部分教师组织成一个速成工程俄文试验班,接着便是全校学习。参加学习的总计 238 人,其中教授 66 位,也有一部分是外校教师。从 8 月 20 日起至 9 月 7 日止,绝大部分教师完成学习任务。总结测验的结果,71.8%得了 5 分(满分),17.3%得了 4 分。筹委会总结成绩,认为短期学会看俄文专业书籍是可能的,这主要是为后来的教材改进服务。后来,清华把总结报告送到教育部。清华首创的专业俄文阅读速成法被广泛推广,全国各高校掀起学习俄文的热潮。

1952 年 12 月 16 日,清华筹委会向教育部提请结束任务,并把"京津高等学校院系调整清华大学筹备委员会"呈部撤销,宣告清华院系调整的结束。

早在 1945 年抗战胜利时,清华曾对复校有长远宏大的规划,力图在恢复的同时有所扩大。新中国成立后不久,在讨论院系调整时,学校也曾有"大清华"的规划,预备设立 14 个学院、43 个系。但根据国家战略需要,学校的文、理、法、农、航等学院及工学院部分系科和专业(如化工、采矿、石油等)先后被调出,清华变为一所多科性工业大学。这次院系调整,适应了新中国成立以后工业化建设的客观需要,对全国高等教育的发展作出了突出贡献。

但这次调整,对清华本身来说却影响很大,甚至可以说清华的发展受到严重损害。这一做法,现为多数校友及学术界、教育界强烈否定。1956 年,蒋南翔曾有一段深刻反思:

"1952 年全国高等学校的院系调整有很大成绩,但是有某些措施是不够妥当的……我们认为学习苏联经验进行院系调整在总的方面是对的,这使我国高等教育更加适应社会主义建设的需要。但当时没有更多地考虑到不要破坏我国原有的基础和传统,对于我国过去学习英、美资产阶级的方法办了几十年教育,其中某些有用的经验也没有采取批判的态度来吸收,而有一概否定的倾向。工科和理科是有密切联系的,当代最新的技术科学都需要坚实的理论基础,美国著名的麻省理工学院就是把工科和理科办在一起的。如果个别学校如清华大学参考他们的经验,兼办理科与工科,未尝没有好处。"

【第 34 回】
学习苏联教育经验
全面进行教学改革

1952 年 11 月,蒋南翔出任清华大学校长。蒋南翔,江苏宜兴人,1932 年考入清华中文系,1934 年任中共清华支部书记,是 1935 年"一二·九"运动领导人之一。

蒋南翔积极探索符合中国国情的社会主义高等教育的办学道路,在培养又红又专、全面发展的工程技术和尖端科技人才方面成绩卓著。

1953 年,随着国民经济恢复时期的结束,我国开始由新民主主义向社会主义过渡,全国的中心任务是社会主义建设,第一个五年计划开始实行。为顺应这一变革,在大规模的院系调整基本结束以后,清华和兄弟院校开始了以"学习苏联先进教育经验"为主要内容的教学改革,建立新的适合我国社会主义建设时期要求的教学模式。经过这次改革,清华逐步改造为实行苏联 5 年制教育制度的新型多科性工业大学,为清华进入新的历史阶段奠定了基础。

顺应这一变革,清华进行了"从教育思想、教育方针、教学内容、教学制度到教学方法的全面的系统的改革"。至 1955 年底,大部分专业在学习苏联高等学校全部教学过程中"过了河",为今后进一步提高教学质量奠定了坚实的基础,也为开拓适应中国国情的高等教育进行了积极的探索。

学者史轩指出,学习苏联经验进行教学改革,在当时有其特定的含义,是指以苏联高等教育的教学模式为蓝本,建立新的适合我国社会主义建设时期要求的教学模式。

在这次全国范围的学苏教学改革中,清华坚持学习苏联先进教育经验同中国实际相结合的方针,广大师生以饱满的热情投身于教学改革,学校的教学改革顺利进行,教学和育人工作发生了深刻变化。

专业设置 院系调整前,清华各院系不设专业,实行"通才教育",重视外语、基础理论和人文知识的学习,一、二、三年级重在学习基础理论,四年级着重学习专门知识。院系调整后,根据国家建设需要,按照苏联工科大学教育模式,按系设立专业,有计划、分专业培养技术人才。

专业是培养规格的一种具体表现形式,反映了专门人才的业务范围和工作方向。1952 年,全国高等学校设置专业 215 种,1957 年扩大到 323 种。其中,清华在 1952 年设置 32 个专业、18 个专修科。由于此后几年陆续有专业调出及校内调整,1956 年底全校设置 25 个专业,至 1959 年又增至 32 个。这一转变,在计划经济体制下,使包括清华在内的全国高等教育人才培养纳入了国家计划的轨道,总体上适应了国家建设的需要,为经济建设和社会发展输送了大批急需的人才。

但其专业比英、美高等学校的系科,业务范围狭窄,过分强调专业教育,在一定程度上削弱了基础理论;某些专业面过窄,少数学生毕业后工作不对专业口径,也造成人才培养的浪费。

学制调整 新中国成立前,清华实行学分制,必修与选修相结合。学苏后,取消学分制,实行学年制。学生在修业期间必须按照专业教学大纲的要求,完成和通过每学年所规定的学习课程和教学环节,不能自由选课,一般也不能转系或转专业。学生的学习目标十分明确,但是在某些程度上限制了学生的学习主动性和他们的兴趣与特长的发挥。

教学改革之初,清华学制为 4 年,而从苏联引进的教学课程和内容是 5 年制,学生学习负担过重。1953 年 3 月 31 日,蒋南翔在《向习仲勋、杨秀峰、中宣部、北京市委并中央的报告》中,提出"希望即把清华大学的学制改为 5 年制"。5 月 31 日,蒋南翔再次向中央报告:"请求把清华大学的学制从今年起改为 5 年制。"

蒋南翔指出:

"现在我国高等工业学校的学制一般为 4 年,根据苏联的经验,要培养具有高度质量的工程师,4 年的学习期限是不够的;将来我国高等工业学校的学制,必须学习苏联的榜样,有计划有步骤地逐渐改为 5 年制,同时现在就须选定适当学校,首先典型试验,以便及早取得创办 5 年制高等工业学校的经验,将来好向其他学校推广。清华大学过去的基础较好,同时又靠近中央的领导,是具有较好条件来试办'5 年制'的学校之一。"

此年 6 月,中央文教委员会和高等教育部批准清华延长学制,先行将本科改为 5 年制,规定修业时间为 5 年(建筑系建筑学专业学制为 6 年)。从此时至1958 年,清华本科学制为 5 年,1955 年创建的新技术专业学制为五年半。

教学计划 这是学校组织教学过程的主要依据。从 1952 年秋起,全国高等学校学习苏联,开始制订统一的教学计划。

在教学改革中,清华将修订教学计划作为教学改革的首要环节。教学计划是按照所设置的专业及培养目标来制订的,包括以下内容:(一)专业的培养目标与修业年限;(二)教学学历表、学时分配,每学期上课时间、寒暑假时间、考试时间、实习与课程设计及毕业设计时间、毕业时间等;(三)教学进程计划等。

此年,清华参照苏联高等工业学校 5 年制教学计划,制订了本校各专业教学计划。1953 年,在苏联专家指导下又进行了修订。修订后的教学计划特点如下:(一)加强基础课,课程体系明确划分为基础理论课、技术基础课和专业课。(二)增加实践教学环节,在教学计划中确定了讲课、辅导(习题课)、实验、考试考查、课程设计、生产实习、毕业设计等一系列教学环节,建立了新的教学秩序。(三)增设马克思主义政治理论课程。

到 1954 年,清华全校 21 个专业都有了教学计划。新的教学计划以培养学生成为工程师为目标,明确了在整个教学过程中应该理论与实践相结合,突出工程教育,在德、智、体全面发展的基础上进行专门的技术训练,以便加强培养学生的独立工作能力。尤其是加强理论联系实际,把生产实习列入教学计划,作为一项教学环节,是对旧中国教育体制、教学内容和教学方法实行社会主义改造的重要措施之一。

在当时,学习苏联经验拟订统一的教学计划指导教学工作,保证了教学工作有序进行,培养人的过程比较规范。但也存在统得太死、计划单一的缺陷;并且硬性机械地要求执行统一的教学计划,使某些专业的学生学习负担过重。

1955年3月12日召开的清华大学第十七次校务会议,着重讨论了这一问题,决议指出要"把克服长期存在的学生学习负担过重问题,看做是学校能否完成培养全面发展的社会主义建设干部人物的重要关键之一"。会后,按照"提高质量,保证学时"的原则,学校采取积极措施,改进教学环节,克服超学时现象,学生负担过重的情况渐趋好转。

1957年6月,高等教育部发出通知,将全国统一教学计划和教学大纲都改为指定性文件,由学校参照部定教学计划、教学大纲的基本原则,自行制订教学计划。这样,学校教学有了灵活性。

课程教学 新中国成立前,没有划一的大纲,课程讲授内容、方法因人而异。学习苏联后,各门课程都制定有教学大纲并规定基本教学内容,是一次大的转变。院系调整后,清华课程设置分为4种类型:(一)公共课程,包括马克思主义政治理论课(哲学、中国革命史、马克思列宁主义基础、政治经济学等)、体育、外语等。(二)基础理论课程,主要包括高等数学、普通物理、普通化学、理论力学、材料力学等。(三)技术基础课程,主要有画法几何与工程画、机械制图、机械原理与机械零件、电工基础、电子学等。(四)专业课程。

长期以来,这4类课程就构成了清华本科教学的课程体系。课程建设成为清华教学的基本建设之一。

选用苏联教材 这是与课程改革配套的措施。1952年,高等教育部统一组织全国高校教材的编译工作,在大量引进苏联教材的基础上,首先翻译出版了一、二年级基础课和部分专业课教材。据1954年统计,按清华5年制教学计划应开课388门,使用中译本苏联教科书及教学参考书155种、俄文版教科书及教学参考书162种,其中只有一门课采用中国自编教材。对于没有教科书和参考书的课程,学校组织编写讲义66种。完全没有教材的只有5门课程,仅占1.3%。

随着对学习苏联经验的认识的不断深化,从1956年起,高等学校的教材工作重点由翻译苏联教材转向我国高校自编。1952年至1960年期间,清华共翻译出版各类校外教材(主要是苏联教材)90余种,出版各类自编教材30余种。

教学研究组织的设立　这也是学习苏联教学经验之一。清华早在 1951 年 9 月便开始设立教学研究指导组(简称教研组),1952 年又建立专业教研组,并于 1953 年 3 月召开第二次教学研究会,讨论教研组建设和制订教研组工作计划。1952 年院系调整后,全校设立 38 个教研组,其中公共教研组 7 个、各系教研组 30 个。随着学校的发展,教研组数量逐渐增加。1954 年全校教研组有 46 个,1955 年达到 48 个,1956 年增至 65 个。教研组不仅是承担教学工作的组织,而且是科研、行政管理单位。从此,清华逐步形成了学校、系和教研组的 3 级管理体制。

1952 年开始的教学改革,始终抓住教学培养这一中心环节展开,涉及到教学计划、教学大纲、教学方法、教材乃至与教学相关的其他方面,是新中国建立新的高等教育的全面探索。1956 年,高等教育部在高等学校校长和教务长会议上指出:按照当前一般高等学校教学工作的基本情况,可以说教学改革的要求已经基本上达到。

在这次教学改革的过程中,清华始终积极开展并注意保持清醒头脑,坚持学习苏联先进经验要同中国实际相结合的方针,反对形式主义,防止保守,也防止冒进。

1953 年 3 月,蒋南翔在给全校教师党、团员的讲话中指出:

"我们要求学习苏联,不能满足在形式上,不能满足于简单地抄袭,要用思想,要开动脑筋……不能简单地照搬和偷懒。"

同年 8 月,蒋南翔在第五次教学研究会上作报告,强调要"正确地学习苏联,稳步前进"。他指出:

"在学习苏联中,我们特别注意了和本国及本校的实际情况结合,防止冒进,也防止保守。所谓'冒进',就是只从主观愿望出发,不估计客观条件,去做不可能达到的事情。所谓'保守',就是有可能

校徽碑刻

做到的事情不努力去做,停滞不前,不发挥主观能动性去创造条件,适应国家的需要。"

1956 年,蒋南翔再次强调:

"反对只是简单抄袭苏联现成做法而自己不假思索和具体分析的那种学习态度,主张研究我们国家和我们学校的实际情况,努力把苏联经验同我们的实际情况适当地结合起来。"

在学习苏联的同时,蒋南翔还强调博采众长,注意学习英、美。他指出:

"我们学习苏联,绝不是说就要完全拒绝学习英、美有用的东西。相反,我们是要采取批判的态度,吸收一切国家有用的东西。"

此年 8 月 30 日,蒋南翔等人在《北京日报》发表文章,再次提出:

"向苏联先进经验学习,同时也要向英、美等资本主义国家学习有用的东西。例如英、美高等学校所通行的自由选课制度,我们也可以批判地加以吸收……过去对于吸收和学习英、美或其他资产阶级国家的有用的东西,曾有重视不够的地方,应该克服这种缺点。"

正是由于清华领导的高瞻远瞩,使得学校在学苏的过程中,尽管出现了一些偏差、困难和缺点,但总体而言,学校工作取得了显著成绩,尤其是多科性工业大学的建设取得了长足的发展。

蒋南翔在第十次教学研究会上总结说:

"3 年来我们学校的教学制度、教学内容和教学方法彻底改革了;我们的教学质量显著提高了;我们教师的队伍扩大了,水平提高了;全校工作人员的社会主义觉悟提高了;我校和兄弟学校、产业部门、中国科学院的互助合作关系也发展和加强了。所有这些变化,就使得我们清华大学的面貌焕然一新。"

清华一直比较注重合理地学习国外的办学经验和学术思想,从早年清华学校独立办大学教育,到办国学研究院,到建设新的院系,以及 20 世纪 50 年代学习苏联经验的教学改革,都始终注意"中西荟萃"和"洋为中用",消化吸收并有所创新,努力探索在适合中国国情的高等教育的发展道路上前进。

【第35回】
发展高新技术学科
奠定清华工科优势

新中国成立之初，即大力开展工业建设，力图尽快建立自己独立的工业体系。旧中国的工业基础相当薄弱，绝大多数工业产品不能自给。毛泽东曾形象地说：

"现在我们能造什么？能造桌子椅子，能造茶碗茶壶，能种粮食，还能磨成面粉，还能造纸。但是，一辆汽车、一架飞机、一辆坦克、一辆拖拉机都不能造。"

为此，"一五"期间采取了优先发展重工业的指导方针。与此同时，国家开展了以"156工程"为中心的工业布局。"一五"期间共计划安排大中型建设项目694个，实际进行施工的为150项。军事工业企业44个，其中航空工业12个、电子工业10个、兵器工业16个、航天工业2个、船舶工业4个；冶金工业企业20个，其中钢铁工业7个、有色金属工业13个；能源工业企业52个，其中煤炭工业25个、电力工业25个、石油工业2个；化学工业企业7个；机械加工企业24个；轻工业和医药工业3个。

这是一个宏大的建设计划，在我国建立起了比较完整的基础工业体系和国防工业体系的骨架，奠定了我国工业化的初步基础。工业建设的迅速展开，必然引起对工业人才的大量需求。

1956年，中央政治局会议批准成立国务院科学规划委员会，调集600多名各种门类和学科的科学家，并邀请了近100名苏联专家，参加规划编制1956年到1967年科学技术发展远景规划。《科技规划纲要(草案)》提出重要的科技研究任务57项，研究课题600多个，其中的12项重点项目为：(一)原子能的和平利用；(二)电子学方面的半导体、超高频技术、电子计算机、遥控技术；(三)喷气技术；(四)生产过程自动化和精密仪器；(五)石油等奇缺资源的勘探，开矿基地的确定；(六)建立我国自己的合金系统，探寻新冶金技术；(七)综合利用燃料，发展多重有机合成；(八)新型动力机械和大型机械；(九)黄河、长江的综合开发；(十)农业的化学化、机械化和电气化；(十一)危害人民健康最大的几种主要疾病的防治和消灭;(十二)自然科学中若干重要的基本理论问题。

这 12 个项目指明了当时科技领域的研究重点,原子能、电子计算机、自动化等学科被提上议事日程,这也为清华设立一批与高技术相关的新专业提供了大的社会背景。

为研究和解决我国高等学校中和平利用原子能方面的干部培养问题,1956年 9 月初,国家高教部派遣一个代表团前往苏联考察和学习。代表团成员有蒋南翔、周培源(北京大学教授、教务长)、钱伟长(清华大学教授、教务长)、胡济民(北京大学教授)和翻译邢家鲤(清华大学教师)5 人。代表团仔细考察了苏联几所学校有关原子能专业的办学情况,于 10 月 14 日离开苏联返国。

这次考察给蒋南翔留下了深刻印象。此年 11 月 5 日,蒋南翔完成《高等教育考察团访苏报告》。这个报告详细阐述了培养原子能干部的几个问题,也全面反映了蒋南翔对在清华创建新专业的设想。它主要包括以下几方面内容:

第一,在北大和清华设立新专业。根据在苏联考察所了解到的实际情况以及苏联有关专家的建议,蒋南翔提出拟在北大设立核子物理、电子学、无线电物理、放射化学 4 个专门化。拟在清华设立核子实验物理、同位素物理、远距离自动控制、电子学技术、无线电物理等专业。(其中前 3 个专业此年便已招新生,后 2 个专业的学生准备从此年所招新生中选拔抽调)1956 年增设半导体及电介质、空气动力学、固体物理、热物理及稀有元素分离工艺等专业。为避免专业数目过多及便于领导,蒋南翔建议把实验核子物理及同位素物理合并作为 1 个专业 2 个专门化;无线电系的 3 个专业合成 1 个专业 3 个专门化,并把稀有元素分离工艺也放在工程物理系之内。

关于这些新专业和新专门化的设置,考察团在莫斯科时就正式提出并征求了苏联高教部的意见,副部长史脱立脱夫在会议上及书面复信中均表示同意。访苏期间,考察团还征得列宁格勒工学院及苏联高教部负责人同意,使清华与该校工程物理系建立并保持直接联系,只等中国高教部和国务院的批准。

第二,重新调整清华各专业的招生人数。清华在 1955 年已招新生 2050 人,达到当时高教部所规定的最大发展规模。如果要增设有关培养原子能干部方面的新专业,就需要减少其他专业的招生人数。蒋南翔设想一般专业招生 60 人,少数人才需求量较大的专业招收 90 至 120 人,这样工程物理系各专业一共可以招生 540 至 600 人。

第三,请求解决设立新专业所需要的师资问题。设立一门新专业,首先要解决的就是师资问题。蒋南翔首先希望,在高教部系统留苏回国的大学毕业生及研究生中,以及在留美回国的人员中,挑选合适人员到学校担任教师。在莫斯科时,考察团已向国内高教部及国务院请求,在留苏学生中选调专业相近的学生 30 人左右改学新专业,得到国务院批复。他们和当时中国驻苏联大使馆留学生管理处确定了抽调学生的原则,决定抽调 35 人,其中 20 人属清华,15 人属北大。北大需设立 4 个专门化,清华需设 10 个新专业。

蒋南翔请求国务院除了已经批准的 35 人以外,再增加一批改学新专业的学生。他建议可以从正在苏联学习的大一学生里,从工学院电机、动力、化工等专业,从莫斯科大学、列宁格勒大学数学、物理、化学等系中,挑选优秀的同学改学清华、北大所要建立的新专业。

第四,中科院、北大、清华的合作问题。开设新的高技术专业,培养原子能技术人才,是一个系统工程,需要集中各方面的力量。蒋南翔认为,当时清华建设新专业的任务较繁重,而由于院系调整,学校数理化方面师资非常空虚,因此他提出请中科院的教师来清华讲授某些专业课。他也希望能从北大数理化的毕业生中补充基础课程的师资。从这点可以说明,蒋南翔一直关注清华理科的恢复问题。他提议,为加强 3 家单位之间的联系与配合,可以在中科院、北大、清华之间成立一个联系小组,以协调相关工作。

蒋南翔对在清华创办一批新专业有很多思考。这些新专业有一个共同特点,它们都是围绕为核工业服务建立起来的,又是服务于国家下决心发展自己独立的核工业体系这个总体目标的。它们有些和原子能的利用直接相关,比如核子物理、放射化学、稀有元素工艺学等;有些是配合原子能的研究工作和实际运用所必需的,比如无线电物理方面的专业。这些新专业之间有什么关系?它们应该采取何种方针来发展?当时有分散和集中两种发展思路:相对分散的原则,就是把这些新专业分散到比较多的学校分别开设。相对集中的原则,就是指首先在北京建立第一个训练中心,在北大设立理科方面各有关专门化,采用莫斯科大学的教学计划及教学大纲;在清华设立工科方面的各有关专业,参考采用列宁格勒多科性工学院的教学计划及教学大纲,等到北京训练中心打好基础之后,再扩展到其他训练中心。

1955 年 12 月 19 日,蒋南翔在写给北京市领导彭真、刘仁并报中央及周恩来的信中表达了他的观点。他建议在创办这批新专业时采取相对集中的原则。因为这是一次全新的尝试,首先在北京试办,可以便于中央的监督与指导,也便于取得中科院的联系与帮助。此外,训练中心放在北京,可以与中科院的研究工作较好地联系和配合起来。既然我们在发展工业的时候采取了优先集中发展重工业的战略,且很快取得了成效,在发展原子能技术时也可采取集中的方式。

自 1955 年末始,清华陆续建立了实验核物理、同位素物理、放射性稀有元素工艺学、电子学、无线电物理、电介质及半导体、热物理、空气动力学、固体物理与自动控制 10 个新技术专业。1956 年设立工程物理系。1960 年及随后几年又相继增设工程化学、工程力学数学和自动控制等系,并有意识地发展应用理科。到 1965 年,清华已有 12 个系、40 个专业。

高新技术专业的创建,凝聚着蒋南翔的大量心血。学校从全校各系和校机关抽调优秀教师和干部充实新系和新专业,其中包括何东昌、滕藤、李传信、吕应中、余兴坤等人。从原有的系选调优秀学生进入这些新专业学习,后来担任学校领导的张孝文、梁尤能、王大中等都是从其他系调入的学生。由于本校资源有限,还从上海交通大学等校抽调三年级学生到计算机专业学习。这样,这些新专业一开始就有水平高的师资和干部队伍,又有好的生源,培养起点较高,为以后的发展创造了条件。

蒋南翔强调新技术专业要适应国家重点尖端工业和科研部门的需要,并主动去配合国家这方面的部署。1957 年初,国家尖端工业科研部门负责人林爽来到清华,建议与清华合作,蒋南翔很重视这件事。时任国防科工委副主任钱学森与清华校长蒋南翔签署了合作协议,确定清华的自动控制专业与计算机专业同他们配合,为其培养人才,并派骨干教师参与他们的工作。

同年 9 月,为满足尖端工业的人才需求,国家从全国 10 所高等院校抽调了 287 名四、五年级学生,到清华自动控制系学习,为五院(航天工业部)和二机部(核工业部)对口培养。这批学生在 1960 年到 1962 年陆续毕业,成为我国尖端工业的第一批技术骨干。

清华高新技术专业的科学研究取得了丰硕成果。在核能研究方面,2 兆瓦池式实验核反应堆于 1964 年达到临界,这是我国自行设计建造的首批反应堆之一;完成核燃料后处理提取钚萃取法的实验研究,并成功用于我国的核工业;开创了我国离心法分离铀同位素的研究等。电子系从 1956 年至 1966 年的 10 年中,完成了 600 / 1200 波特数传机、8 路 PCM 通信终端、3cm 周期磁场聚焦宽频带小功率行波管、10cm 固态低噪声参量放大器等当时属国内领先的项目,并在国内率先开始硅晶体管制造和集成电路的研究工作。

蒋南翔明确指示,自动控制系要为"一尖(航天)一圆(原子能)"服务。因此,计算机专业同自动控制专业紧密结合,以国家急需的核工业与航天工业为主要服务对象。1960 年研制出我国第一台六阶非线性小型模拟计算机,该机曾在波兰国际博览会上展出。1961 年清华自动控制系与机械系合作,研制出我国第一台三自由度飞行模拟实验台, 曾在我国新型歼击机驾驶仪的研制中起到重要作用。1959 年开始研制、1964 年正式投入运行的电子管计算机"911 机",是我国高校自行研制成功的第一台通用电子数字计算机, 标志着清华的计算机专业在全国处于领先地位,参加研制者的平均年龄只有 25 岁。1965 年至 1966 年研制成功的晶体管小型通用数字计算机"112 机",后由北京计算机三厂投产,当年产品即到日本展出,是我国第一台在国外展出的第二代数字计算机。1964 年研制成功核反应堆的控制系统。此外,工程化学、工程力学、精密仪器等其他新技术专业,也都逐渐发展壮大起来。

在清华设立新专业,既体现了蒋南翔作为一名党的高级干部,着眼于国家建设需要培养人才的高瞻远瞩;又体现了他作为一名教育家,按照教育规律办教育的远见卓识。他在清华建立起来的这批新技术专业,加上清华原有的基础,终于形成清华的工科优势。

清华校史研究室金富军认为:

"一个大学的学科设置,一要适应国家与社会发展的需要,二要适应科学技术发展的需要。国内外高等教育的实践证明,只要将二者关系处理好,就能促进高等教育的快速发展。20 世纪 50 年代,清华大学在蒋南翔校长领导下,设置新技术专业的教育实践所取得的成就,对上述结论做了最好的注脚,也为清华今后的发展提供了宝贵的经验。"

【第 36 回】
红色工程师要健康
政治辅导员爱文艺

清华校史研究室金富军认为:

"新政权领导之下的清华大学,着眼于国家建设与学校发展的需要,认真贯彻党的教育方针,在师资队伍建设、教育教学改革、科学技术研究、学生校园生活、学校校园建设等方面不断改革与发展,培养了一大批社会主义的合格接班人与建设者。"

院系调整后,由于清华原有的一批教师调离,师资匮乏的情况大大制约了学校的发展。到1952年底,清华校本部共有教师479人(另外还有即将分出的钢铁学院、航空学院的教师139人),其中教授61人、副教授50人、讲师90人、教员与助教276人、其他2人,许多助教还不能独立开课。

蒋南翔到任后,十分重视教师的培养和提高,深知办好学校的关键在于师资。因为"学生的思想品德和学习质量怎样,同教师的思想政治觉悟、业务水平直接有关"。此后几年里,"大力培养师资"成了清华的中心任务。清华以"培养师资必须政治业务并重、数量质量兼顾、理论实际结合"为目标,师资力量很快加强,教师素质进一步提高,对学校后来的发展产生了重要影响。

这个时期,清华的教师主要由两部分人组成:一部分是教授、副教授等老教师;另一部分是讲师、教员、助教等青年教师。老教师在业务上有较高成就,新教师大多为新留校的党、团员。清华针对新、老教师的不同特点,提出了"两种人会师"的目标。

老教师是学校最宝贵的财富,他们是学校办学、治学依靠的基本力量和进行教学、科研工作的骨干力量。对他们要"团结百分之百",同时要帮助他们在政治上不断追求进步,提高思想觉悟,可"各按步伐、共同前进"来改造人生观、世界观,并鼓励、吸收他们当中的优秀分子入党。1955年,蒋南翔亲自介绍我国工程教育界老前辈刘仙洲入党,并在《人民日报》、《北京日报》发表《共产党员是先进科学家的光荣归宿》一文,在全国知识界、教育界引起强烈反响。此后,梁思成、张子高、张维、张光斗等30多位知名老教师陆续入党,成为"又红又专"的典范。

清华也十分重视对青年教师的培养,要求他们向老教师学习,努力向科学进军,钻研业务,提高学术水平,尽快成长为学校教学、科研岗位上的中坚力量。经过几年的培养和锻炼,青年教师的教学和科研能力与水平得以迅速提高,在教学、科研、学生工作和管理岗位上发挥着越来越大的作用。

随着一批年轻教师的成长,至1957年,全校教师增至1230人,其中教授54人、副教授47人、讲师252人、教员和助教等877人。自1955年至1957年,清华教授钱伟长、刘仙洲、梁思成、张光斗、张维、孟昭英、章名涛、吴仲华、黄文熙等人荣膺中国科学院学部委员(院士)称号。

在又红又专方向上新、老教师的"两种人会师",后来逐渐成为清华培养教师的重要模式和机制。政治、业务过硬是清华对教师队伍建设的基本要求,同样也是培养干部、培育学生一直坚持的方向。

清华不但重视教师队伍的建设,同时也十分重视职工队伍的建设,重视发挥职工队伍的积极性，明确提出"教学工作和行政工作是推进学校工作的两个车轮，必须互相配合，协同工作"；制定职工工作要"为学校的教学工作服务、为学校的发展服务、为全校师生员工的生活需要服务"的方针。为此，学校党委一方面选派一些了解工人、能和广大工人群众打成一片的教师干部加强后勤领导，提高管理工作的水平；另一方面开办职工学校、夜大，提高广大职工的文化知识和业务能力；同时通过评选职工先进工作者、召开座谈会等活动，关心职工的进步成长、激发他们的积极性，鼓励他们在平凡的岗位上作出自己的贡献。

清华逐步形成了一支又红又专、高效敬业的职工队伍，他们成为学校建设和发展中不可或缺的重要力量。在20世纪60年代初我国经济困难时期，为改善广大师生员工的生活条件，校党委决定创办副食基地。1962年，学校近100名职工奔赴北大荒创办克山农场。他们带着全校师生的厚望，克服重重困难开荒建场，破除了开荒当年不能收粮的惯例。经过不到9个月的艰苦努力，他们运回大豆20万斤，第二年又运回大豆60万斤和副食品10余吨，为改善师生员工的生活、保证学校教育事业的发展作出了重要贡献。

1958年，为贯彻党的"教育为无产阶级的政治服务，教育与生产劳动结合"的工作方针，探索创立适合中国国情的社会主义高等教育体制，全国开展了以勤工俭学、教育与生产相结合为中心内容的教育革命。

从贯彻这一方针出发，清华对教学计划、内容、方法和学制等方面进行了一系列重大改革，同时推动了校办工厂的发展，以及教学、科研、生产三结合的校内实习基地的建设。

清华将生产劳动正式纳入教学计划，同时在部分系开始试行半工半读制度。1958年，在机械制造、铸工、焊接、水工等专业抽调学生100余人，以工读班的形式进行半工半读试点。9月下旬，为响应党中央关于动员2万名高校及中专师生支援钢铁生产的号召，清华组织237名师生分赴河南、河北等地，参加采矿、选矿及化验分析工作。10月24日，清华召开全校师生员工炼钢动员大会。会后各单位纷纷在东区铁道边建起土炉炼钢，为时1个月。这一时期通过生产劳动的实践，教师和学生都更加理解了学习必须理论联系实际，增强了劳动观点，但因活动和劳动安排过多，一度打乱了正常的教学秩序。

当时全国正值反右派斗争之后，高举"三面红旗"，反右倾，大搞群众性的政治运动，高等院校和清华的工作不可避免地受到冲击和"左"的影响。在此期间，清华也出现了反右斗争扩大化、"拔白旗、插红旗"、在学术业务领域开展"兴无灭资"斗争等失误，没有正确处理好人民内部矛盾，伤害了一些教师。但是，学校注意及时纠正偏差,及时总结经验教训,力图全面坚持贯彻党的教育方针,按照正确方向前进。

清华在贯彻"教育与生产劳动相结合"方针的过程中,在"真刀真枪"做毕业设计、进行校内外"三结合"等方面进行了有益的探索,这成为其在教学中创造出的最有特色的宝贵经验之一。

从1958年开始,清华以承担和完成某项实际生产或科研任务作为学生毕业设计的课题。学生在校学习的最后阶段,把模拟的设计训练发展为"真刀真枪的实际作战",使教学、科学研究、生产实践有机地结合起来,收到了良好效果,从此成为清华教学活动的重要环节。这既提高了师生理论联系实际的能力,又取得了生产和科研成果,并带动科研工作的发展和一批新学科的建设,开创了为经济建设和社会服务的新途径。

通过"真刀真枪"训练的师生们,日后在我国重大工程建设和学术领域中都发挥着重要的作用。1958年,全校1400余名毕业生,有70%的毕业设计是结合生产任务进行的,其中228项被校外有关部门鉴定为优秀设计,141项有创造性的成果。其中,水利系各专业和电机系发电专业应届毕业生约200人,在教师指导下深入工程实际,完成了密云水库等10多个水利工程的设计。8月24日,周恩来亲临在清华举办的毕业生"红专跃进展览会",对该校"真刀真枪"进行毕业设计的做法给予了充分肯定。

20世纪60年代初,我国因3年自然灾害等原因,国民经济发展受到影响。1961年中共中央提出实行"调整、巩固、充实、提高"的方针,同时在文化教育等方面也进行了政策调整。9月颁布《教育部直属高等学校暂行工作条例(草案)》。清华认真总结经验与教训,努力落实党的知识分子政策,对教学、科研和管理工作进行整顿,对如何办好社会主义大学进行探索;明确提出对待清华历史要"三阶段两点论",即对新中国成立前、院系调整后及1958年以来的3个时期都应一分为二地看待。从清华的历史可以看出,凡是办学道路正确的时期,就是学校稳步发展的时期。

1961年5月,清华通过《关于制订教育计划的若干规定》,明确提出学校的培养目标为:培养红专结合、体魄健全的,能创造性地解决科学技术问题和不断推动生产前进的工程师;学生不仅要学好知识,而且重要的是培养能力;规定修订教学计划所遵循的3个原则:德、智、体全面发展,以教学为主的教学、生产和科研相结合,理论联系实际。

由于曾经一度安排学生参加生产劳动和政治运动较多,为弥补学生缺课及由此对教学秩序的影响,清华果断采取"填平补齐"的办法,即按教学计划要求,对各班级缺少的课程进行补课。"填平补齐"的课程,在数学、物理、化学、理论力学和材料力学 5 门基础理论课外,还有专业基础课和毕业设计。学校教学计划规定 5 门基础理论课的总学时为 900 至 1000 学时,1961 届各专业学生毕业时完成规定学时的占 97%。

另外相继制定了一系列规章制度,修订教学计划;强调以教学为主,贯彻"少而精"的原则,更新教学内容,提高教学质量;纠正以往社会运动、活动过多而忽视教学的偏差,使学校的教学、科研工作重新走上健康发展的轨道。

经过调整,这段时期清华稳步发展。学校确立的又红又专和德、智、体全面发展的培养目标逐渐大见成效,培养出一大批在各行各业发挥作用的优秀建设人才,并有许多人走上工厂企业和政府管理岗位,清华大学被誉为"红色工程师的摇篮"。

为培养全面发展的人才,清华倡导和精心培育了 3 支"代表队":政治辅导员是政治工作代表队、因材施教的业务尖子是科学登山队、体育运动队和文艺社团是文体代表队。这 3 支队伍在培养学生走又红又专的道路上殊途同归,对推动培育学生的工作和提高学生的培养水平产生了重大影响。

清华历来重视对学生"为学"的培养、更注重对学生"为人"的教育,这对清华学子今后一生的成长道路有着重大甚至决定性的影响。但是,要成为对国家和社会有用的人,更主要的还是他们自己在以后的工作、生活中不懈努力和不断奋进。很多清华学子自强不息,最终成为了成功者。这不仅是指那些成为名人与大家、国家领导的人,更多的是包括那些在各个岗位上默默耕耘、为国家和社会作出贡献的人,他们同样也是成功者。

1953 年,为加强学生的政治思想工作,清华在全国高校中率先建立政治辅导员制度。学校从高年级中挑选出一些政治觉悟高、业务素质好的优秀学生党员从事学生思想政治工作,同时继续完成自己的专业学习。他们实行半脱产,在校学习年限延长 1 年。他们一边学习业务知识,一边做政治工作,"两个肩膀挑担子",被形象地称为"双肩挑"。此后,学校每年都从高年级学生党员中选拔一批新辅导员,补充学生工作干部队伍。后来也有一部分辅导员,由青年教师或研究生中的党员担任。

从 1953 年至 1966 年,辅导员制度由初建到逐步完善。这一时期,总共选拔培养 682 名辅导员。这些辅导员学习成绩好、能力强、又红又专全面发展,成为同学学习的榜样,有力地推动了全校学生思想政治工作的开展。

邓小平对此给予了充分的肯定。他说：

"清华过去从高年级学生和青年教师中选出人兼职做政治工作，经过若干年的培养形成了一支又红又专的政治工作队伍，这个经验好。"

后来，"双肩挑"逐步形成清华干部的一大特色，在清华校系各级领导岗位上活跃着一大批既懂业务、又会管理的干部。

自建校以来，清华素有重视学生身体健康、重视体育教育的传统。在继承这一传统的基础上，清华赋予了它新的时代内涵。

在1953年进行的教学改革中，与教学计划相配合，清华特别制订了健康工作计划，提出体育教育的基本目的在于"为国家培养体魄强健的干部，使全校工作人员有健康的身体从事工作和劳动"。为此，清华专门成立保健委员会，督促和帮助全校师生锻炼身体。

蒋南翔1957年提出的"争取健康地为祖国工作50年"的口号，响彻清华园。如今，这一口号已演绎为"每天锻炼1小时，健康工作50年，幸福生活一辈子"。它不仅成为激励全校师生积极自觉地参加体育锻炼的动力，并且更成为激励一代又一代校友自强不息、为国家多作贡献的人生奋斗目标。

清华在开展体育锻炼中，将普及与提高相结合，确定"要在普及的基础上提高，在提高的指导下广泛深入地开展体育运动"的方针。为提高体育水平，学校自1954年成立8个体育代表队起，到1959年已增加到38个代表队。除一些广为普及的体育项目（田径、体操、游泳、举重、篮球、排球、足球等）有代表队外，一些较为冷门的项目（冰球、摩托车、航海、舰艇、射击等）也成立了代表队，代表队总人数达450多人。他们都有体育教师专门指导，队员们大多是全面发展的三好学生。在学校体育代表队的带动下，各院系也都成立了各种体育锻炼组织，一直延续至今。

从1954年到1965年，清华各体育代表队共培养出国家级运动健将11人、一级运动员20余名。在1959年至1966年举办的6届北京市高校运动会上，清华连续取得6次男子团体第一名、5次女子团体第一名的骄人成绩。

热爱体育的清华学子

清华学生的课外文艺活动始终丰富多彩。这里既有学生艺术团体的排练、演出、交流、比赛活动,也有一般普通学生的课外文化娱乐生活。此外,清华还定期邀请国家一流专业剧团和艺术团体,如中国京剧院、中国昆曲剧院及中央乐团等单位到校为师生们演出,以高雅、健康的艺术熏陶与感染学生,更是为清华校园文化生活增添了一道道亮丽的风景。

新中国成立之初,清华合唱团、军乐队、弦乐队、剧艺社等学生文艺社团即有较大发展,也非常活跃。到1960年,学生文艺社团已具有相当规模,拥有13个队(军乐、民乐、弦乐、合唱、舞蹈、话剧、钢琴、口琴、手风琴、京剧、曲艺、地方戏、舞台美术)和1个文艺社,近1400人。清华学生文艺社团具有一定的水平,这对促进学生提高素质、全面成长起到了十分重要的作用。他们经常自编自演反映学生生活的文艺节目。他们不仅在校内为广大同学演出,还走出校门为党和国家领导人、各界群众公演,受到热烈欢迎。

1964年10月2日,在国庆15周年庆祝晚会上,清华合唱队100多人参加了在人民大会堂举行的大型音乐舞蹈史诗《东方红》的演出,将清华人的艺术水平和精神风貌展现在人们面前。

自1956年起,因开始新建多个新技术学科,清华的规模继续不断扩大。与此相适应,1960年6月,学校第四次对校园进行规划。规划确定学生人数为25000人(包括研究生),教职工8500人;明确校园需进一步从主楼向南发展、重点发展东部教学区的方针;确定东西和南北干道,以及东区的道路网。尤其是在上级部门支持下,学校将原贯穿校园的京张铁路东移。这一重大战略举措,为清华校园的长远建设奠定了基础。

自1958年至1966年,清华先后建成包括西主楼、东主楼、中央主楼在内的建筑面积达76871平方米的主楼建筑群,以及工程物理系馆、精密仪器系馆(9003大楼)等。图书馆、实验室和校办工厂都有很大发展,为学校教学、科研创造了有利的物质条件。

到1966年,清华的校园规模与新中国成立初期相比有了很大发展,校园面积由92公顷增至212.5公顷,总建筑面积由10万平方米增至43万平方米。

此外,从1960年开始,清华在北京昌平筹建原子能研究基地(即现在的核能研究院),至1966年先后建成主楼(屏蔽式反应堆)、教学楼和实验室、职工宿舍,建筑面积达3万平方米;还从1959年到1966年陆续建成清华三堡疗养所。

这一时期是清华历史上又一迅速发展的黄金时期。然而,正当学校发展欣欣向荣之时,"文革"爆发,全国陷入十年内乱,学校发展也遭受严重阻碍。

第八章　"文革"时期

【第 37 回】
魑魅魍魉粉墨登场
十年浩劫大闹革命

"千村薜荔人遗矢,万户萧疏鬼唱歌。"自 1966 年 5 月至 1976 年 10 月的"文化大革命",使党、国家和人民面临新中国成立以来最严重的挫折和损失。

从 1965 年底批判清华校友、著名历史学家、时任北京市副市长吴晗的《海瑞罢官》起,到 1966 年 5 月 16 日《中共中央通知》的发表,标志着"文革"十年浩劫的正式开始。历史证明,发动"文革"的主要论点及其极左路线,既不符合马克思列宁主义,也不符合中国实际,是完全错误的。"文革"给全国带来历时 10 年的动荡,清华正常的教学和科研工作也被打乱,进而成为"文革"的"重灾区"。

1966 年 6 月 1 日,中央人民广播电台全文广播由新华社提供的北京大学聂元梓的大字报,揭开了高校的"文革"序幕。与全国一样,清华在政治风云变幻中跌宕动荡,师生们被迫停课参加运动,大批干部与著名专家、教授被打成"黑帮"受到批斗。6 月 13 日,中共北京市委宣布派工作组进驻清华,并宣布党委书记、校长蒋南翔停职反省。之后,部分学生对工作组贴出诘问的大字报。8 月初,工作组撤离学校,由各系学生为主的"文革"联席会议组成的校"文革"临时筹委会主持学校运动和日常工作。但不久许多红卫兵组织在清华纷纷成立,学校工作完全处于混乱状态。

"文革"中席卷全国并震惊世界的红卫兵运动,就起源于清华大学附中。1966 年 6 月 2 日,清华附中正式贴出署名"红卫兵"的大字报,表示"坚决将无产阶级

'文化大革命'进行到底"。而后,北京各中学学生纷纷涌到清华附中表示支持和响应,于是,"红卫兵"的名字在全国各地不胫而走。8月1日,毛泽东复信清华附中红卫兵,对他们"对反动派造反有理"的行动"表示热烈的支持"。从8月18日起至11月,毛泽东在天安门广场先后8次接见全国红卫兵和学生总共1100万人。在全国兴起的"大串联"运动,将红卫兵运动推向了高潮。

红卫兵"充当了文化革命这个群众运动冲锋陷阵的急先锋",以"破四旧"为由进行"打砸抢",以"实行无产阶级专政"为名进行"红色恐怖",极其严重地破坏了中国的传统文化,并伤害了众多无辜的干部与群众。8月24日,清华的第一个校门——"二校门"("清华园"牌坊),亦在此时被他们以"象征封资修"的罪名拆毁。之后,土木建筑工程系教师程国英提出,在拆除后的空地上建立一座毛主席塑像。此建议被学校革命委员会采纳。1967年5月4日,毛主席全身塑像于"二校门"原址落成(该塑像于1987年8月29日拆除)。这是"文革"时期落成的中国第一座毛主席塑像。此后,全国各地、各大学掀起了树立毛主席塑像的热潮。

之后,清华全校"停课闹革命",学生们各行其是地进行大批判、大辩论。清华成立的红卫兵组织"井冈山兵团",经过"夺权"掌握了学校的行政权力。清华井冈山和北大、北航、北师大、地院等首都红卫兵组织,被"四人帮"极左路线所利用,在全国造成了恶劣影响。

1966年6月1日,在聂元梓的大字报被全文广播后,全国上下兴起造反运动。正在清华工程化学系上三年级的蒯大富,来到一些大学看大字报,不久便要求与驻清华工作组负责人进行公开辩论。此年6月,他率先"炮轰"压制"文革"的工作组,并要求夺权。工作组认为蒯大富是"假左派,真右派",将他打成右派学生。蒯大富绝食以示抗议,被开除团籍并关押18天。

7月21日,中央"文革"小组副组长陈伯达派王力、关锋来到清华,看望关押中的蒯大富。7月29日,工作组被撤销。8月4日,陈伯达等人亲自来到清华,参加批判以刘少奇夫人王光美为首的工作组执行"资产阶级反动路线"的大会,为蒯大富平反。蒯大富获得"解放",成了著名左派。随即,蒯大富参与创建了清华井冈山兵团并成为第一把手(人称"蒯司令"),并当上了首都大专院校红卫兵革命造反总司令部(又称首都红卫兵第三司令部,简称"三司")副司令。

此年12月18日,中央"文革"小组副组长张春桥,在中南海西门单独接见蒯大富,听取其汇报,并布置其打倒刘少奇和邓小平的任务。

蒯大富返回清华后,即召开井冈山总部的会议,传达了这一精神。12月25日,蒯大富率领5000余人从清华赴天安门广场游行,一路上打着"打倒刘少奇"、"打倒邓小平"的口号。到达天安门广场后,即召开"彻底打倒以刘、邓为代表的资产阶级反动路线誓师大会"。然后分 5 路以广播车开道在王府井、西单、北京站、菜市口等繁华地带演讲、散发传单、张贴大字报。此被称为"一二·二五"大行动。

1968 年 5 月,蒯大富组织清华大学井冈山兵团"文攻武卫总指挥部",指挥清华两派的武斗。5 月 30 日凌晨攻击反对自己的群众组织,导致 18 人死亡,1100 多人受伤,30 多人终生残疾,直接经济损失折合人民币逾 1000 万元。

清华的武斗,引起北大、北师大等校的大规模武斗。7 月 27 日,中共中央派首都工人毛泽东思想宣传队(简称工宣队)进驻清华,却遭到蒯大富手下的抵抗,开枪造成 5 名工宣队员死亡,数百人受伤,史称"七二七"事件。这是"文革"中的一个著名事件,它不仅给教育界等领域的"文革"发展带来了重大的转折,而且对"文革"初期的群众运动和群众组织产生了深刻的影响。

7 月 28 日凌晨,毛泽东召见聂元梓、蒯大富等首都"五大学生领袖"(蒯大富、聂元梓、韩爱晶、谭厚兰、王大宾),批评了他们。"五大领袖"返回学校后,即动员手下放下武器,停止战斗。

自 1968 年 7 月 27 日,首都工人毛泽东思想宣传队(简称工宣队)和解放军宣传队(简称军宣队)进驻清华后,武斗被制止,局势逐渐稳定,学校的全部领导权由他们接管。1969 年 1 月 25 日,由军宣队、工宣队为主组成的清华大学革命委员会成立。1970 年 1 月,清华成立党委会,全面领导学校工作。

在军宣队、工宣队的领导下,清华总算结束了无政府状况。但是,迟群等人在清华竭力推行极左路线,违背教育规律,严重干扰和破坏了清华一以贯之的办学道路。他们发动"清理阶级队伍"、揪"五一六"分子、反击"右倾翻案风"等一系列"斗、批、改"运动,提出"在上层建筑领域包括各个文化领域对资产阶级实行全面专政",致使广大干部和知识分子身心遭受迫害和摧残。1969 年 5 月,学校在江西鲤鱼洲建立试验农场,3000 余名教职工被先后下放到农场劳动,接受"再教育",其中 1000 余人染上血吸虫病。

另一方面,他们鼓吹极左路线的办学思想和"无产阶级教育革命"。1970 年 7 月 21 日,清华大学工人、解放军毛泽东思想宣传队在《红旗》杂志署名发表《为创办社会主义理工科大学而奋斗》的文章,推行"要始终以阶级斗争为主课"的所谓 6 条基本经验,并被推广成为全国高等学校的办学指导思想,给清华和全国高校造成了严重的错误影响。

"文革"期间,清华大学水力系教授陈祖东,在"清理阶级队伍"运动中,于圆明园上吊自杀身亡;水力系教授李丕济,因"清理阶级队伍"被关在学校的水力实验室中,跳楼自杀;机械系教授邹致圻亦跳楼自杀。此外还有许多教师、职工、学生也悲惨自杀或遭到他杀,其状不堪,给国家、学校、家庭造成了巨大的损失。

清华校史研究室金富军说:此一时期,清华的广大教职工和干部,凭着教育工作者的良知、对教育事业的忠诚,同"四人帮"及其极左路线的倒行逆施进行了坚决的抗争和抵制。蒋南翔在整个"文革"期间坚持真理,不向邪恶势力低头,于1972年批驳了《为创办》一文的错误观点。清华前党委副书记刘冰、何东昌等干部和广大师生,坚持认为清华不是"黑线",对迟群等人的逆行予以了揭露和抨击。

【第38回】
系科建制频繁变动
教学科研尽力而为

"文革"期间,清华的教师们在十分困难的条件下,努力教学,潜心科研,力图使学校的工作符合教育规律而少受损失。他们从实际出发,采取为工农兵学员补习文化课、恢复基础课教研组、增加系统理论教学时间、恢复和加强实验室开展科研工作、对年轻教师进行业务培训等措施,以期稳定教学秩序、提高教学质量。但是,这被迟群等人视为"右倾回潮的表现"而受到批判,使学校的教学工作再次受到严重干扰和破坏。

当时,清华的系科建制变动很大,专业设置变动频繁。1970年8月,根据《清华大学专业体制调整方案》,全校拟定设置三厂、七系、一连、一个基础课和两个分校。"三厂"即试验化工厂、汽车厂、精密仪器及机床厂;"七系"即电力工程系、

零零阁

工业自动化系、工程化学系、土木建筑工程系、水利工程系、工程物理系、工程力学数学系;"一连"即机修连;"两个分校"即四川绵阳分校、江西分校(试验农场)。

学校将原动力机械系的锅炉、燃气轮机等专业,与原电机工程系的电机、发电、高压等专业合并,成立电力工程系;将原电机工程系的电器、工业企业自动化专业,与原动力机械系热能动力装置专业中的热力设备自动化专门化及热工测量专业等合并,成立工业自动化系;将冶金系与原农业机械系的汽车拖拉机专业、精密仪器及机械制造系的机械制造专业与机械厂合并,成立清华大学汽车制造厂。同年,学校又经调整,将工程力学数学系计算数学专业的一部分转入自动控制系,组建计算机软件专业;又将无线电电子学系留在北京的电视专业和半导体车间并入自动控制系,其系名改为电子工程系。此外,土木建筑工程系改为建筑工程系,工程化学系改称化学工程系,工程力学数学系改为工程力学系。

校钟碑刻

至 1970 年底,清华大学本部设电力工程系、机械制造系、精密仪器系、水利工程系、建筑工程系、电子工程系(电子厂)、工业自动化系(后改称自动化系)、工程物理系、化学工程系、工程力学系 10 个系。1972 年,全校设有 10 个系和 1 个分校(四川绵阳分校),共有 48 个专业。1975 年,建筑工程系增设抗震工程专业;水利系增设治河泥沙专业;电子工程系增设微电机专业;工程物理系增设重同位素分离专业。全校 10 个系和绵阳分校共有 52 个本科专业。

"文革"期间,清华大学采取"开门办学"和多种形式办学的方式。学校在校外或京郊,先后建有江西鲤鱼洲试验农场(后又称为江西分校)、四川绵阳分校、大兴农村分校 3 个分校和水利系三门峡办学基地。

同时,清华大学还举办各类进修班和业余大学。1969 年,学校开展"教育革命"试点,就是从办老工人进修班开始。第一批老工人进修班的学员,首先提出

"上大学、管大学、用毛泽东思想改造大学"的口号,这一口号也迅速传遍了全国。随后几年每年都还招生,学制一年至一年半。至 1976 年 4 月,已有 42 个班、1000 多名学员毕业;在校的仍有 18 个班、500 多名学员。在此期间,清华还举办了多种专业进修班(如专门为解放军学员开办的计算数学进修班等)和各类短期培训班(如房屋抗震短期培训班等)。清华不仅在校内而且在校外还设立了多个办学点,采取"请进来,走出去"的办法,"给工农兵送学上门"。

清华大学开办的业余大学于 1975 年 3 月 31 日举行开学典礼。业余大学设有普通机械、普通电工、自动化、汽车维修、金相热处理、焊接、锻压、铸工、化工设备与原理、环境保护 10 个专业,学制分为半年、一年或两年不等,每周学习两个晚上加一个下午。招收学员采取自愿报名、群众推荐、本单位领导批准和学校同意的办法。首届学员共招收 1400 余人,来自 179 个工厂与单位。其中一年制的 518 人于 1976 年 5 月 22 日参加了毕业典礼,毕业学员全部回原单位工作。

而最为特殊、最有时代特色的,就是招收工农兵学员。1966 年 6 月"文革"开始后,学校"停课闹革命",正常的招生制度被废止,教学完全停顿,长达 4 年之久。直至 1970 年 6 月 27 日,中央批转了《北京大学、清华大学关于招生(试点)的请示报告》,时年 8 月,清华开始招收第一届"工农兵学员",教学工作得以恢复。

工农兵学员的学制为 3 年,实行群众推荐、领导批准、学校复审的招生办法,毕业后回原地区原单位工作。该请示报告根据毛泽东"到学校学几年之后,又回到生产实践中去"的"七二一"指示精神并将其具体化,就招生办法、学制、学习内容、学生条件、学生待遇、分配原则等问题,提出了具体意见和方案。同年 10 月 15 日,国务院电告各地,全国高校的招生工作均参照此报告执行。这种所谓"废除修正主义招生考试制度"的"改革"以及培养工农兵学员的教学工作,自然与"文革"前有了根本性的变化。

至 1976 年,清华一共招收了 6 届工农兵学员。到 1981 年最后一届毕业,学校共培养毕业生 16353 人——其中普通班 13671 人、进修班 2469 人、专科班 213 人。来自全国各地的工农兵学员们,都十分珍惜这次机会,刻苦学习,毕业后在各自的工作岗位上积极进取、发挥作用。其中也不乏优秀人才,不少人成为所在单位和地区的业务骨干与管理人才。

清华校史研究室金富军说:

"清华的教师们,以满腔热情爱护这批学生。虽然他们的文化水平参差不齐,教师们仍尽心努力培养,在课堂上循循善诱地从小数到微积分对他们进行补课,还到学生宿舍孜孜不倦地进行辅导。"

电力工程系第二届学员寇可新在《幸运的大学生活》一文中说：

"我是当时的 69 届初中毕业生,3 年的中学生活是在 1966 年至 1969 年中度过的。可想而知,我的实际文化程度是小学水平。这样的文化基础,怎能读好大学的课程呢？但是,我很幸运,我们清华的老师为我们如此参差不齐的学子们倾注了大量的心血,编写了适合我们的学习教材,使我们顺利完成学业。

"我们这个班,是'文革'中燃气轮机专业的第一批学生,我们得到了几乎所有老师的精心爱护和培养。按他们后来的话说:'你们当时是我们几年来的第一批学生啊,我们老师全力以赴来指导这个班。'回想起来,几乎所有的老师都给我们上过课,基础课的老师也都下到小班来讲课。试想,任何一届学生,都不会有我们这样的待遇。这真是我们在那个年代不幸中的有幸。这难道不是幸运的吗！"

"文革"期间,清华的研究生工作基本上陷于停顿状态。直至 1973 年,学校才重新开始试办研究班,学制 2 年,在激光、固体物理、物质结构、有机催化 4 个学科方向,从在职青年教师中共招收了 43 名学员,为这些新学科培养了研究人才。

"文革"开始后,清华的科学研究基本停止,研究人员流失,实验室关闭。据 1976 年统计,学校从事科学研究的教师,仅占在职教师总数的 10%以下;学校的实验室及仪器设备,也遭到了严重破坏。据 1977 年 8 月学校对各实验室的调查统计,从 1966 年 6 月至 1977 年 4 月,清华大学仪器设备损失约 1800 万元(约占原仪器设备总值的一半);实验室家具丢失 1 万多件;实验室工作人员从 1100 多人减少到 500 多人,其中实验技术人员从 480 人减少到 180 人;有 1/3 实验室需要重建。

直到 1970 年以后,在极端困难的条件下,清华师生员工才开始陆续开展科研工作,并获得了一些重大成果。在"文革"结束后 1978 年 3 月召开的全国科学大会上,清华大学有 77 项科研成果获得国家和部委奖,有些都是始于这一期间的科研工作。如:试验化工厂承担完成了利用钍建造增殖核电站的研究任务;精仪系和自动化系研制出激光定位分步重复照相机、双频激光干涉仪;机械系潘际銮等研制成节能逆变焊机,达到当时的先进水平;电机系高景德发表专著《串联电容引起的电动机的自激》,为许多地方的电力、石化系统解决了重大技术理论问题;水利系教师在三门峡工地结合治理黄河,开展了泥沙动力学及河床演变的研究。

1976 年 10 月,"文革"以粉碎"四人帮"而宣告结束。长达 10 年的"无产阶级文化大革命",无论对新中国还是对新清华而言,都是一段"史无前例"的特殊历史。1978 年中共中央《关于建国以来党的若干历史问题的决议》中指出:

　　"历史已经判明，'文化大革命'是一场由领导者错误发动，被反革命集团利用，给党、国家和各族人民带来严重灾难的内乱。

　　"1976年10月粉碎江青反革命集团的胜利，从危难中挽救了党，挽救了革命，使我们的国家进入了新的历史发展时期。"

　　清华也从"文革"的重灾区走出，经过拨乱反正、恢复整顿，迅速走上正确轨道，伴随着我国改革开放的号角，开始了伟大变革时代的新征程。

第九章　改革开放时期

【第 39 回】
拨乱反正恢复调整
科学春天重返校园

乍雷一声震大地,甘霖万条撒山川。雨过天晴风光好,花红柳绿万物欢。

清华校史研究室金富军在文章中写道:

"'文化大革命'结束后,百废待兴。清华大学坚持解放思想、实事求是的路线,拨乱反正,正本清源,恢复整顿教学与科

清华大学主楼

研等各方面工作,迅速走上了正常轨道,并提出把清华建成'高水平的中国式的社会主义大学'的奋斗目标。沐浴着改革开放的春风,清华大学进入了一个新的发展时期。"

1976 年"四人帮"倒台,标志着 10 年"文革"终告结束。10 月 16 日,中共北京市委派联络组进驻清华,恢复整顿学校的工作。翌年 4 月 29 日,刘达任清华大学党委书记兼革委会主任。1978 年 6 月,学校取消革命委员会体制,实行党委领导下的校长分工负责制,刘达兼任校长,直至 1983 年 5 月。

此前,刘达曾任东北农学院(今东北农业大学)院长、东北林学院(今东北林业大学)院长、黑龙江大学校长、中国科学技术大学党委书记等职。"文革"刚结束,刘达即受命承担起恢复重建清华大学的重任。他在主持清华工作期间,团结带领全校师生,坚持实事求是,进行拨乱反正,清除"文革"对清华的破坏与影响。他高瞻远瞩,调整学校布局,作出从多科性工业大学转变为以工科为主,理工结合,兼有经管、文科的综合性大学的初步规划,恢复和增设理科(应用数学系、现代应用物理系)、文科(外语系、社会科学系、经济管理系),提出把清华建成"高水平的中国式的社会主义大学"的奋斗目标,使学校的教学、科研和各项工作逐步走上正轨,为新时期清华的进一步发展奠定了良好的基础。

"文革"期间,清华的工作秩序混乱,严重影响教学与科研的进行。不少单位人心、组织涣散,学校里冤假错案成堆。在刘达等人的领导下,学校着重结合落实政策工作,批判"两个凡是",进行了"实践是检验真理的唯一标准"的教育,解放思想,发扬实事求是的传统,从组织上、思想上及时进行了一系列拨乱反正的工作。

第一,整顿领导班子,加强党的领导。清华党委改组以后,开展揭批查运动,对与"四人帮"有牵连的人和事逐个逐件进行内查外调,并按照党的政策进行处理。启用清华原有的优秀干部和教师,建立充实校、系两级领导班子。学校逐步恢复党课制度,健全党的组织生活,加强对积极分子的培养工作,吸收一些经过较长期考验锻炼的中年教职工骨干入党。同时,学校亦建立党的纪律检查小组,开展党风、党纪教育,执行党的纪律。

第二,纠正大量冤假错案。本着实事求是的精神和"有错必纠"的方针,推翻了 1969 年 1 月关于知识分子"再教育"的假经验、1973 年的"三个月运动"、1975年对刘冰等人的批判等几个关系全校、全国的大案。同时,对"文革"期间立案审查的 1120 人逐个复查并作书面结论,落实政策。按照中央要求,学校对"文革"前的历史老案也进行了实事求是的复查。对反右、反右倾以及党内、外其他历史老案、党团籍处分等,绝大部分也进行了复查和处理。

第三,改善教职工队伍结构。"文革"期间,清华教职工队伍极度膨胀,总数曾达到 9600 人,而当时在校学生仅为 6000 人,教职工与学生人数比例倒挂为 3:2。学校根据实际情况,精简人员和调整教职工比例,广开门路妥善安置,先后将1000 多人调离清华,并提高教师比例。同时安排因"文革"耽误了大学完整训练的年轻教师"回炉"进修。在当时纷繁复杂的情况下,清华教职工们没有严重的派性干扰和政治上的争吵,他们努力工作,为学校的恢复和发展珍惜光阴,积蓄力量。

1977 年,清华设立党委学生工作部,负责本科生的思想教育、形势任务教育、政治教育、党员和积极分子教育,以及政治辅导员的培训考察等工作。各系设有学生组,由一名系党委副书记(或系副主任)负责。恢复了辅导员制度等"文革"前一些行之有效的做法,重建了思想政治工作的队伍。

清华大学在经过拨乱反正,告别了"以阶级斗争为纲"的年代后,将工作重心转移到了教学、科研上,真正按照教育规律办事,学校发展进入了一个新的阶段。在新时期,清华明确了学校办学的指导方针,并进一步思索新的长远发展目标。

1977年冬,全国恢复高考制度。1978年2月,清华迎来了终止10年招生后的第一批新同学。为提高学生培养水平,增强教学工作的灵活性,1979年,学校制定了新的5年制教学计划,稳定、有效地进行教学改革。

"新的教学计划,坚持了社会主义方向;坚持了德、智、体全面发展的培养目标;适当扩大了专业面,提高学生对未来工作的适应性,努力做到基础厚、能力强、要求严;坚持理论联系实际,重视基本工程训练,更新部分教学内容;课内总学时有所减少,增加了教学的灵活性,减少了必修课,增加了选修课;试行有计划培养与按学分累计成绩的办法;广泛开展因材施教。"

自1978年恢复高考以来,清华的专业设置基本上恢复到了"文革"前的规模,共设12个系、40个专业。此外,由于当时北京各高校基础课和技术基础课师资缺乏,急需培养一批教师,清华在1978年增设了电子、电工、数学、物理、化学、力学、中学7个师资班。1979年教育部统一专业名称,以便招生与分配。是年,教育部直属工科重点院校专业调整会议确定清华设置42个专业。1981年,国务院学位委员会批准清华有权授予博士学位的学科(专业)31个、有权授予硕士学位的学科(专业)60个。

面对世界科学技术的迅速发展,工程领域大量引入的新设计、新工艺、新材料,强烈地依托于基础学科,理工结合的趋势日益明显。为适应这种趋势,就要培养一批具有较好的自然科学理论基础、能从事工程科学领域基础研究和高技术开发的科学应用人才。而且,从工科本身的建设来看,要提高理论水平、发展跨学科的教学和研究,也需要促进发展理工结合。因此,在专业调整中,清华增加了一批具有很强工程应用背景的理科专业。

同时,为适应国家经济建设的需要,提高理工科学生的素质和学校的学术水平,清华又增设了一批经济管理学科和文科专业,鼓励学生交叉选修自然科学和人文社会科学课程,提出"立足国情,注重应用,交叉见长,办出特色"的原则,推进系科专业结构的综合化。

清华在进行专业调整的同时,还进行了系科调整。1978年后,学校按照"理工结合、文理渗透"的发展战略,逐步增设了理科、文科、管理学科等方面的院系,并对原有的系科进行了适当调整、更新和改造。陆续增设了经济管理工程系(1979 年)、应用数学系(1979 年)、物理系(1982 年)等。

"文革"后,邓小平等中央领导非常重视科研工作。1977 年 7 月 29 日,邓小平在听取方毅、刘西尧等汇报工作时指出:

"要抓一批重点大学。重点大学既是教育的中心又是办科研的中心。高等学校的科学研究应纳入国家规划……清华、北大要恢复起来。要逐步培养研究生。"

这个时期,清华积极贯彻邓小平的指示,初步形成了既是教育中心又是科研中心的格局。

1978 年 3 月,全国科学大会在北京召开,动员全国人民向科学技术现代化进军。清华共有 77 项科学研究成果获奖。其中,由清华独立完成的项目有 12 项,与兄弟单位合作完成的项目有 65 项。科学大会以后,清华的教师们备受鼓舞,决心努力工作,追赶世界科技先进水平,学校科学研究的规模和水平得到迅速发展。1979 年,清华参加了中法和中德科学研究合作项目,开始了科学研究的国际交流和合作。1982 年,全校共有科研课题 507 个,其中国家重点课题约 90 个。科研的发展,同时为提高学生培养质量创造了重要条件。

自 1978 年至 1982 年,清华共获得国家级、省(市)部级科技奖及专利奖累计达 250 项。科研经费也有较大幅度的增长,从 1977 年的 476 万元增长到 1982 年的近 1300 万元。1982 年 10 月,全国科技奖励大会召开,清华有 11 个项目获奖。一些科研项目达到较高水平。例如:机械系的新型焊接电弧控制法达到国际先进水平,并经批准作为出口技术转让给瑞典;精仪系的紫外曝光精缩机获得北京市 1982 年度优秀科技成果一等奖,这是北京市 1982 年度工业技术方面唯一的一等奖;微电子所的大规模集成电路,无线电系的数字式电可控频率捷变系统,热能系的 20 万千瓦大型发电机组电子计算机模拟系统,工程力学系的直接点燃煤粉的电弧等离子喷枪以及喷射式平焰烧水

清华园风景

等项目,在国内都是首创;建筑系关于钓鱼台国际学术会议的大型建筑设计,获得国内评比最高奖并被国家采纳。

清华的科研成果中,还有一批具有较大经济效益的项目。例如:化学化工系的加盐萃取制造无水酒精和石油化工厂换热网络,电机系的节能风罩风扇等。换热网络不仅具有一定科学创见,而且在齐鲁石化总公司炼油厂应用后,将热回收率从66%提高到80%以上。东方红炼油厂装置热回收率由47%提高到71%,每年节约燃料1.6万吨、蒸汽4万多吨、循环水400多万吨、电15万度。

总之,面对"文革"造成的百废待兴的局面,清华的领导班子团结和带领全校师生,经过坚决彻底的拨乱反正,使学校中心迅速转入到教学、科研工作上。刘达高度评价清华师生的优良作风:

"在拨乱反正的过程中,我深深地体会到清华同志具有追求真理的精神和忠于社会主义事业、认真负责的态度。在当时极左空气很浓的情况下,清华同志敢于冲破束缚,坚持实事求是的原则,实现拨乱反正的任务,这是难能可贵的;另一方面,尽管许多同志挨过整、受过批,但他们从未动摇对党的信念,仍然为祖国、为民族忘我地工作着,默默地奉献着。这就是清华的品格!这就是清华的生命力所在!正是拥有了它,清华不但没有垮下去,而且很快从困境中走了出来。"

到1982年,清华基本完成恢复与调整任务,沐浴着改革开放的春风,又一次踏上新的征程。

【第40回】
一个根本两个中心
提高第一发展第二

1978年以来,在深化改革、扩大开放的过程中,除了原有的工科独步中华以外,清华大学又逐步复建了理科、经济、管理、人文、艺术、社会科学、医学等各学科,恢复了过去综合性大学的布局,进入了一个蓬勃发展的新时期。

水清木华,钟灵毓秀。清芬挺秀,华夏增辉。清华大学严谨、紧迫的学术风气,学生德、智、体全面发展的优良精神,亦令人景仰。每年全国各省市自治区高考前

50 名学子大多慕名奔清华园而来,号称"网罗半国英才"。

在整个中国进行改革开放的新形势下,清华也进入了改革发展的崭新阶段。学校遵循"教育要面向现代化、面向世界、面向未来"的办学方向,坚持"着重提高、在提高中发展"的办学指导思想,不断深化、更新教育理念,确立了"综合性、研究型、开放式"的办学模式与定位,在党和国家以及社会各界的大力支持下,正向世界一流大学的目标昂首阔步迈进。

办学理念是在结合实际的基础上,对办学规律的总结、概括和提炼,是指导学校发展和教育教学工作的根本原则。早在 20 世纪 50 年代,清华就提出了"教学、科研与生产劳动相结合"。1982 年,在清华第六次党代会上,学校明确把办学理念及指导方针归纳为"一个根本、两个中心、三方面结合"。

进入新世纪以来,根据现代大学的发展规律和我国现代化建设赋予高等教育的使命,清华大学进一步明确了"一个根本,两个中心,三项职能"的办学理念。

一个根本。就是以人才培养为学校的根本任务。重视人才培养是清华的优良传统。以培养又红又专,德、智、体全面发展的人才为根本,必须毫不动摇地坚持下去。教学工作始终是学校工作的基础。教师要以培养学生作为第一学术职责,广大教职工要认真做好教书育人、管理育人、服务育人的各项工作。

两个中心。就是既是教学中心、又是科研中心,实质上就是研究型大学的概念。研究型大学既是国家培养拔尖创新人才的基地,也是科技创新的基地。清华要把教育和科研紧密结合,广大教师要把培养学生与学术研究紧密结合。建设研究型大学是提高学生培养质量的根本途径, 也是教育教学改革和科研学术管理改革的重要方向。

三项职能。就是教学、科研与为社会服务。这是社会进步所逐步赋予的。大学在经济社会发展中的作用日益增强,不仅要从事教学,也要开展科研,还要以多种方式直接服务社会。三项职能有主次之分:教学始终是第一位的;科研和社会服务要把握好度,不能影响教学任务,不能以降低人才培养质量为代价。在保证教学的前提下,要提高学术研究水平和自主创新能力,争取多出达到世界先进水平、满足国家发展重大需要、具有自主知识产权的研究成果;还要重视社会服务,尽可能为地方和企业的发展多作贡献。

在清华,以人才培养为根本的理念,已日益深入到教职员工的心中,切实体现在学校工作的各个方面;"两个中心"的理念,推动着教育和科研紧密结合,建设高水平研究型大学, 使学校始终能成为国家培养拔尖创新人才和科技文化创新的重要基地;"三项职能"的理念,体现在学校不断适应社会发展要求,大学的功能不断扩展,在确保教学放在第一位的前提下,大力推进科学、技术和文化创新,努力通过多种方式直接为国家经济建设和社会发展服务。

清华大学一以贯之坚持的办学理念,体现了清华对高校职能的清醒认

高等研究院

识与自觉担当,更重要的是,清华始终都在围绕着人才培养这一大学的根本任务,致力于不断提高人才培养的质量和水平。这是从学校实际出发,贯彻党和国家教育方针的具体体现,也体现着新形势下社会发展的客观要求。

自建校以来,清华一直紧紧抓住提高办学质量和水平的主线,把提高人才培养质量和办学总体水平作为学校发展的重中之重。

早在 20 世纪 80 年代,清华根据学校自身已具备的基础条件和改革开放与现代化建设的要求,总结历史经验,提出了"着重提高,在提高中发展"的总体思路。这充分体现了清华一贯实事求是而又不断追求卓越的办学思想。与当时社会和媒体上大张旗鼓地宣传一些高校管理改革的"时尚"做法有所区别,清华提出要提高教学质量和科研水平,首先抓优化内部结构和"业务领域的改革",更加符合也更加突出了学校发展的主旋律。这是学校处理好办学规模、结构与质量关系的指导原则。当规模和质量发生矛盾时,以提高质量为主。

"着重提高,在提高中发展"首先指着重提高人才培养质量。要提高教育教学水平,提高师资队伍的水平,培养出高素质的人才。建校早期,清华就延聘各科大师和优秀学者来校任教,对学生严格选拔条件、培养过程和毕业标准,使培养质量得到保证并不断提高。新中国成立后,学校一方面切实加强教师队伍建设、提高教学水平,另一方面重视学生的基础课教学和实践教育,强调又红又专,德、智、体全面发展,很快建立了培养高质量本科生的培养方案、教学计划和课程体系,为社会主义建设培养和输送了大批优秀人才。进入改革开放新时期,学校始终坚持本科教育的基础地位,不断提高本科培养质量标准,推进学科专业建

设、课程建设、教学基地建设和学风建设"四项基本建设",不断完善质量监控与保证体系,不断改革教学内容、手段和方法,探索建立研究型人才培养模式,有力地促进了培养质量的持续提高,较好地反映了教育部"本科教学质量工程"的要求。

"着重提高,在提高中发展"同时指建立高层次人才培养体系。提高办学层次,构建高层次人才培养体系,是清华主动满足国家战略需求和积极适应科学技术发展要求的重要体现。1925 年设大学部、成立国学研究院,1928 年改建大学,17 年完成了从留美预备学校到独立大学的转变。1952 年院系调整后,清华主要培养本科层次的工程技术人才,研究生很少。1984 年在全国高校中率先成立研究生院以后,研究生教育蓬勃发展,在校研究生从 1984 年的 300 多人增加到 2001 年底的超过 1 万人,在又一个 17 年里实现了办学层次的跨越。目前,全校全日制研究生与本科生之比保持 1:1,此外还有各类专业学位研究生近5000 名。在保持本科教育优势的同时,研究生教育的迅速发展,为建设高水平研究型大学,进而跻身世界一流大学行列,奠定了坚实的基础。

"着重提高,在提高中发展"还指根据国家需要和科技发展前沿,优化学科结构,提高学科水平,以学科发展的前瞻性促进办学水平的提高。早在 20 世纪50 年代,学校主动从国家战略需要出发建立了工程物理系,为国家成功研制"两弹一星"培养和输送了一大批优秀人才。五六十年代,学校还相继新设无线电、自动控制、计算机科学技术等一批高技术学科,促进了工科优势的形成。80年代以来,学校在继续加强工科的同时,逐步恢复或新建了理科、文科、经济、管理、法律、新闻传播、医学等学科,发展艺术学科,并不断积极部署前沿学科和促进学科交叉。学科发展保持前瞻性和学科建设水平不断提高,为培养高层次人才和取得重要的科研学术成果,服务经济社会发展,提供了高水平的学科平台。

"着重提高,在提高中发展"的根本在于提高办学的水平。要提高教育教学水平、科学研究水平,还要提高学校管理水平,不断深化改革,不断探索在中国这样一个发展中的大国提高高等教育水平使之成为教育强国的道路。

改革开放时期,清华大学在院系设置、学科发展、外联内合、教学管理上有如下重大举措。

1984 年,建立中国国内第一个研究生院;建立经济管理学院;在已有理学科系的基础上恢复理学院。

1985 年,建立中国国内第一个继续教育学院。

1988 年,在已有的建筑系基础上建立建筑学院。

1993 年,在已有的人文社会科学类系所基础上成立人文社会科学学院。

1994 年,在已有的信息学科系所基础上建立信息科学技术学院。

1996 年,在已有的机械类学科系所基础上建立机械工程学院。

1999 年,恢复建立法学院;建立应用技术学院;原中央工艺美术学院并入,更名为清华大学美术学院。

2000 年,在已有的土木水利类学科基础上建立土木水利学院;在已有的公共管理系的基础上建立公共管理学院。

2001 年,建立医学院;工业工程专业从精密仪器系分离出来,建立工业工程系。

2002 年,在已有的传播系基础上建立新闻与传播学院。

2004 年,在已有的工程力学系、宇航技术研究

宏盟楼

机械工程学院

医学大楼

中心等基础上建立航天航空学院。

2006 年,中国协和医科大学更名为"北京协和医学院——清华大学医学部"。

2008 年,恢复心理学系;成立马克思主义学院。

2009 年,成立教育研究院;在已有的生物科学技术系基础上成立生命科学学院;成立地球系统科学研究中心和全球变化研究院,并在此基础上筹划恢复地学系和地球科学学院;成立出土文献研究与保护中心;复建清华国学研究院;在数理基础科学班(丘成桐任数学班首席教授)、姚期智计算机科学班、钱学森力学班等基础上实施"清华学堂拔尖创新人才培养计划",并筹划增加生命科学班(施一公任首席教授)、化学班等。

2011 年,在已有的环境科学系与环境工程系基础上建立环境学院。

【第 41 回】
杜甫李白孰一孰二
清华北大比高比低

清华大学历来便与毗邻的北京大学相媲美、共驰驱,两校乃中国高等教育的"泰山北斗"、"双子星座"。对这两所最著名、最杰出的学府,人们总喜欢拿它们来作对比、分高低。那么,究竟孰一孰二、谁兄谁弟?大家一直争得火热,"仁者见仁,智者见智",总之是众说纷纭,莫衷一是。

北大已故著名教授、几年前以耄耋之龄仙逝的季羡林老先生曾说:"清华好比中国古代'诗仙'李白,北大则好比'诗圣'杜甫。"季羡林在这两所著名学府学习、工作、生活了多年,从清华园到燕园,世纪沧桑,阅历无数,他的话自然有道理。他分析说:

"清华建于 1925 年,受当时资本主义影响深些;而北大从大学堂到国子监,一直是全国最高学府,对传统文化的秉承使之文化积淀深厚,缺点就是封建的东西多了点。清华的特点是清新俊逸,北大的特点是深厚凝重。"

但有人认为,清华才更像杜甫,而北大则更像李白。这是从两校的学科特色、学生个性来说的。在新中国成立以来的多年里,北大都以文科为优势,学校充满人文色彩,崇尚民主自由,教师学生均奔放热烈,想象丰富,性情鲜明。相反,以理工科为主的清华,则风格力求平和扎实,严谨规范,有条不紊,一丝不苟。至于杜甫与李白、"诗圣"与"诗仙",谁比谁更强一点呢?

答案很不好说。我们先且看看下面这些与清华有关的数据和材料吧。

清华大学是中华人民共和国教育部直属高等学校,名列国家"211工程"、"985工程"、"111计划"和"珠峰计划"之首,还在"中国一流大学"、"中国研究型大学"、"中国副部级大学"、"教育部直属大学"等名单里列第一第二,在中国历次重点大学建设中均被列入重中之重之列(1954年国务院首批确定的6所全国重点大学之一、1959年中共中央指定的16所全国普通重点大学之一、1984年国务院第一批列入国家重点建设项目的10所高校之一),是中国最杰出的高等学府、中国理工大学的排头兵,被公认为真正的"第一",也是享有国际声誉的亚洲和世界最重要的大学之一。依据2009年英国《泰晤士报·高等教育增刊》世界大学排名,清华总排名为世界第四十九名,位列中国大陆高校第一名。依据中国管理科学研究院《中国大学评价》的大学排名,清华连续13年位列中国大陆高校第一名。2009年中国首份官方权威大学排行——中央教育科学研究所高等研究中心评估,清华位列大陆高校第一名。

经过改革开放以后30多年的建设,截至到2008年底,清华已成为具有10个学科门类,15个学院,55个系,38个一级学科博士、硕士学位授权点,214个二级学科博士、硕士学位授权点,34个博士后科研流动站和62个本科专业的综合性大学,初步形成了教育教学、科学研究、社会服务的综合优势,为今后的发展奠定了宽厚扎实的学科基础。清华现有教授1262名、副教授1814名,在岗博士生导师1152名;本科生14608名,硕士生14445名,博士生7252名,博士后在站人员1191名,还有来自46个国家和地区的在校留学生近2000名。

作为中国大陆综合实力最强的大学,目前清华拥有22个国家一级重点学科、15个国家二级重点学科、2个国家实验室、15个国家重点实验室、4个国家工程实验室、6个国家工程研究中心、4个国家级文科重点研究基地、18个教育部重点实验室、3个教育部文科重点研究基地,在2007年至2009年全国第三次高校一级学科评估中有13个排名第一;教工中拥有诺贝尔奖得主名誉教授18人、诺贝尔奖获得者1人、图灵奖获得者1人、中国科学院院士38人、中国工程院院士34人、国家"973计划"首席科学家28人、国家"863计划"首席科学家7人、国家"攀登计划"首席科学家3人、"长江学者"152人……诸多数据均在中国学府之林中位居第一并遥遥领先。在1999年被授予"两弹一星勋章"的23位功勋当中,有14位是清华校友。截至2001年12月底,在1537名中国科学院和中国工程院院士当中，近 30% 为清华校友。此外，清华还先后有 400 多名校友就任国内兄弟院校校长或党委书记。多年以来，清华在 EI（工程索引）、ISTP（科技会议索引）发表的重要科技论文均居全国高校首位；专利授予数连续 10 余年居全国高校首位；近

校训碑

年来科研经费一直居全国高校之首，2008 年为 36 亿。

截至 2007 年底，清华大学占地面积已有 5.2 平方公里，合 7800 余亩（含水面），建筑面积 281 万平方米，体育馆建筑面积 3.2 万平方米，运动场面积 19.6 万平方米，游泳池面积 0.4 万平方米（其中游泳馆为奥运会、残奥会训练馆）。校园内设有公共交通车，面向社会开放。交通车从西门开始绕学校环形行驶，每 20 分钟发车一班，双向对开。2009 年增设电力环保观光车，在西门设购票点，票价 10 元。目前学校兴建的主要项目，包括射击馆、新清华学堂（清华百年学堂）、音乐厅、校史馆、艺术 / 博物馆、人文社科图书馆、图书馆四期扩建工程等，这些项目将在 2011 年百年校庆前全部竣工，并投入使用。

对高中毕业生来说，清华是中国大陆竞争最激烈的大学。每年只有中国各省市自治区高考成绩最优秀的高中毕业生，才有机会被清华录取。清华的本科生毕业以后，相当一部分到美国的院校攻读博士学位。据《高教年鉴》数据，2006 年清华是获得美国院校博士学位最多的本科生生源院校。

清华的校园文化具有悠久的历史，个性鲜明，丰富多彩，在中国众多大学中独树一帜。清华有着悠久的学生自治传统，各种学生社团在校园生活中扮演着重要的角色。至今清华的学生社团已逾 100 家，涉及公益、人文、科技、体育等各个领域。最新评出的 22 家五星级学生协会包括：绿色协会、山野协会、手语社、职业发展协会、国际象棋协会、陈帅佛易经协会、跆拳道协会、心理协会、爱心公益协会、海峡两岸交流协会、周易协会、对外交流协会、马拉松爱好者协会、汽车爱好者协会、京剧昆曲爱好者协会、理财协会、国际文化交流协会、摄影协会、越剧协

会、文学社、求是学会、TMS 协会。

曾有学生把选择清华作为自己的奋斗目标并罗列了 12 个理由——其实也就是 12 个"清华之最"：第一，清华是最具精神魅力的中国最高学府；第二，清华是中国综合实力最顶尖的大学；第三，清华拥有中

清华紫光公司

国最一流的人文与社会学科；第四，清华拥有中国最好的自然科学与工程学科；第五，清华拥有中国最好的生命科学与医学学科；第六，清华拥有中国最出色的经济与管理学科；第七，清华拥有中国最雄厚的师资力量；第八，清华拥有中国最好的育人环境；第九，清华拥有中国最优秀的生源；第十，清华学子拥有中国最好的毕业前景；第十一，清华培养出了中国最优秀的人才群体；第十二，清华园是中国求学成才的最理想之地。

亦正因为如此，近些年来，清华堪称是"院士名师踊跃来投；名人显贵讲演不断；明星冠军欢欣入读；高官富豪才俊辈出"。

清华校友、前国务院总理朱镕基曾长期兼任清华经济管理学院院长、博士生导师；清华校友、已故著名科学家钱学森，生前曾在清华主持力学班；清华校友、海外著名结构生物学家施一公回到清华，任生命科学学院院长、生命科学班首席教授；海外著名数学家丘成桐来到清华，任数理基础科学班首席教授；美籍华裔著名计算机学家姚期智来到清华，主持计算机科学班。

更有影响的是，美籍华裔著名科学家、诺贝尔物理学奖获得者杨振宁，于1997 年出任清华高等研究中心荣誉主任，1999 年出任清华教授。2003 年底他返归清华园，（其父亲曾是清华教授，他在清华园度过了青少年时代）回北京定居，并多次给大学生作学术讲演、参与各种重要活动。

近些年在清华园讲演的国内外名人显贵很多，内地有著名企业家（柳传志、潘石屹、俞敏洪）、政府高官（秦晓）；港台海外有政坛显要（宋楚瑜、刘兆玄），文学、国学、经济学方面的学者（李敖、傅佩荣、郎咸平），华人俊杰（朱棣文、赵小

兰、骆家辉）；国际上有政治领袖（安南、布什、克林顿、戈尔、萨科齐、布莱尔、卢武铉），企业家与富豪（比尔·盖茨）及获得过诺贝尔奖的文学家或经济学家（大江健三郎、威廉姆森）等。

清华科技园与校办企业在中国极有影响，著名公司有紫光、同方、搜狐网等。世界冠军邓亚萍、诸宸、伏明霞等曾先后进入清华学习；顺驰房产、融创地产董事长孙宏斌，搜狐网公司董事局主席兼首席执行官张朝阳，联想集团副总裁刘军，博客网首席执行官方兴东等都曾是清华的优秀学生。

清华科技园

【第 42 回】
百岁华诞群英聚首
名校目标世界一流

今年 4 月 24 日是清华大学诞辰 100 周年纪念日，如今佳节已咫尺在望。届时，全国乃至全世界各地的校友都要回母校聚首，群英荟萃，把盏欢话，共度良宵，恭祝明天。面向百年华诞，学校的追求目标就是建成真正的世界一流学府。

在长期的办学实践中，清华不断深化着对于世界一流大学及其建设规律的认识，发展思路更加清晰。在广泛调查研究的基础上，1995 年学校提出"综合性、研究型、开放式"的办学模式与思路。"综合性、研究型、开放式"成为将来清华向着世界一流大学迈进的带有指导性的办学思路。

综合性是清华办学类型的定位。清华在历史上曾经是综合性大学，具有综合性学科的悠久传统和文化底蕴。在 20 世纪五六十年代，清华成为工科大学，但也注重多学科的发展,发挥学科交叉综合的优势。改革开放以来,学校根据世界科学与教育发展的趋势,着眼于培养高素质、高层次的人才,把恢复综合性学科布局、重建综合性大学作为努力方向。

研究型是清华办学层次的定位,是建设高水平大学的一个重要标志。研究型大学是国家培养高层次人才和科技创新的基地,开展对国家经济社会发展具有重要意义的学术研究,力争对人类进步作出贡献。在人才培养上,研究型大学有着鲜明的特征,就是强调教学与科研紧密结合,通过科研促进教学,建立研究型人才培养体系。近年来,清华承担的国家重大科研任务大幅度增长,与地方和企业的科技文化合作日益密切,为国家的经济社会发展发挥了积极作用,沿着高水平研究型大学的道路迈出了坚实的步伐。

开放式是清华办学方式的定位。随着经济全球化进程和知识经济的发展,大学只有将自己置于一个开放的系统中,才能不断进步。清华的开放式办学,一方面是对国内开放,面向社会,密切与地方和企业的合作,承担社会发展的重大课题,加强知识创新、传播与科技成果转化,哺育知识型产业,为社会提供智力支持;另一方面是对国际开放,面向世界,加强教育、科技和文化的国际交流与合作,吸收各国高等教育之长,促进东西方文化结合。改革开放以来,学校坚持开放式办学,社会声誉和国际知名度显著提升。

清华始终与国家民族同呼吸、共命运。创建让中华民族引以为豪的大学,为中华民族复兴肩负起科学救国、科教兴国的使命,是一代代清华人的崇高理想和不懈追求。现阶段,这一追求集中体现在清华人努力探索建设世界一流大学。

"文革"甫一结束,清华即提出"为把清华大学举办成具有世界先进水平的社会主义理工科大学而奋斗"的目标。1980年,学校提出"把清华大学办成高水平的中国式的社会主义大学"的目标。其中,"社会主义大学",就是坚持中国共产党的领导和贯彻国家的教育方针、坚持社会主义的办学方向;"中国式的",就是要与我国的经济、政治、文化教育发展相适应、相结合,走我们自己的道路。

随着改革开放的日益

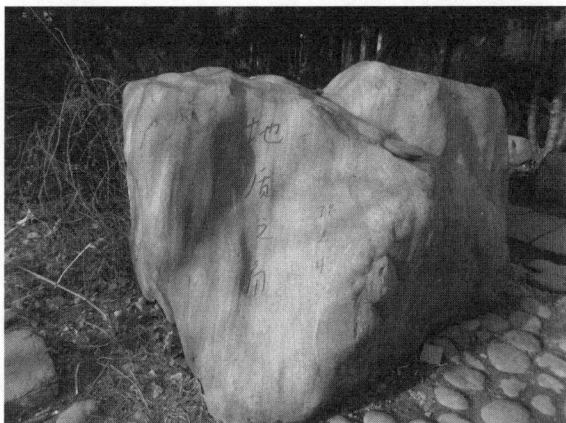

地质之角

深化,结合改革开放对高等教育的发展要求,并着眼世界科学技术和经济社会的发展趋势,清华逐步明确了新时期的办学目标。1985 年 8 月 21 日,在中共清华第七次党代会上,学校明确提出建设世界一流大学的奋斗目标:"从现在起的 10 年,是把清华大学逐步建设成为世界第一流的、具有中国特色的社会主义大学的重要发展阶段。"这是第一次在学校正式的重要文件中明确建设"世界一流大学"是学校的长远战略目标,并且把学校当前工作与这个目标联系起来。

1993 年 2 月,国家颁布《中国教育改革和发展纲要》,提出要集中各方面力量,重点建设 100 所左右的高等学校和一批重点学科与专业。同年 8 月 23 日,在清华暑期党政干部会上,学校提出有时间期限的建设世界一流大学的奋斗目标:"到 2011 年,清华大学建校 100 周年,争取把清华大学建成世界第一流的、具有中国特色的社会主义大学。"不久,清华即成为首批"211 工程"重点大学。

争取建设成为"世界一流的、具有中国特色的社会主义大学"这一长远奋斗目标,激励着广大师生积极进取,有力地促进了学校发展。

1998 年,江泽民讲话指出:"为了实现现代化,我国需要建设若干所具有世界先进水平的一流大学。"同年,国家决定实施"985 工程",重点支持若干高校建设世界一流大学。这标志着,创建世界一流大学不仅仅是清华自身的努力,而且已经成为国家科教兴国战略的重要组成部分。不久,清华又成为首批"985 工程"重点大学。

2009 年,清华校友、时任教育部部长周济说:

"建设世界一流大学是党和国家的战略决策,是国家意志的体现,是中华民族伟大复兴的重要标志。加快创建步伐,在今后不太长的时间内跻身世界一流大学行列,是党和人民交给清华大学的光荣任务,是现代化建设的迫切要求,是人民群众的热切期盼。"

2001 年 4 月 29 日,江泽民、朱镕基、胡锦涛、李岚清等中央领导来清华视察指导工作,并参加庆祝建校 90 周年大会。在庆祝大会上,江泽民发表重要讲话,并为清华亲笔题词:"建设世界一流大学,为实现中华民族伟大复兴而努力奋斗。"党和国家领导人的亲切关怀,为清华创建世界一流大学注入了强大的动力。

清华师生统一思想,齐心协力,不断明确实现这一宏伟目标的阶段性特征与工作。在党的十六大、十七大精神鼓舞下,结合全面建设小康社会目标,学校于2003 年初进一步明确了"三个九年,分三步走"的总体战略计划。

"1994 年至 2002 年第一个九年,调整结构,奠定基础,初步实现向综合性的研究型大学过渡;2003 年至 2011 年第二个九年,重点突破,跨越发展,力争跻身世界一流大学行列；2012年至2020年第三个九年，整体推进，全面提高，努力在总体上达到世界一流大学水平。此后学校还要继续努力。到2050年我国基本实现现代化时，清华要争取达到或接近世界著名一流大学的水平。"

清华在"九五"规划中提出：

"培养高质量人才，创建一流大学学科，具有较强的基础研究、应用研究和科技开发能力，建设一流的学术队伍和管理队伍，改革教学科研管理，扩大对外交流与合作，提高国际合作层次和水平，改善基础设施和条件，振奋精神，艰苦奋斗，为创建一流大学而奋斗。"

清华在"十五"规划中提出的总体目标是：

"坚持教育创新，以人才培养为根本，以学科建设为核心，以师资队伍建设为关键，将学校建设成为国家高层次人才培养的重要基地、国家创新体系中的重要力量，对国家发展作出重要贡献，并在国际上享有较高声誉的综合性、研究型、开放式大学，为实现跻身世界一流大学行列的目标迈出关键性的一步。"

清华在"十一五"规划中提出的建设目标是：

"要为国家重大战略需求作出突出贡献；有若干个学科达到世界先进水平；办学质量和办学水平显著提高；主要可比性指标进入世界高水平研究型大学行列。"

连续3个"五年计划"对学校发展的规划部署，既反映了清华对世界一流大学特征的认识的不断深入，也体现出学校上下的坚强决心和共同意志，这也是建设世界一流大学重要的思想基础。

建设世界先进水平的一流大学，是全面贯彻落实科学发展观、构建和谐社会与建设创新型国家的迫切需要。2005年，胡锦涛指出："高水平的大学是一个国家综合国力和科学文化水平的重要标志。"在中国由世界大国向世界强国迈进、由世界高等教育大国向世界高等教育强国迈进的伟大历史进程中，清华一直把为国家作出突出贡献作为建设一流大学的根本目的和重要标志，自觉把自身发展与国家现代化和中华民族伟大复兴紧紧联系在一起，满怀信心地走向未来。

清华大学是"中国20世纪影响最大的10所大学"之一。它的起源，记载着中国近代的苦难历史。作为美国庚子赔款留美预备学校，它为20世纪的中国培育了一大批享有世界声誉的、具有现代文明头脑的科学家、文学家、思想家、教育家、学术巨匠、政治活动家。尤其是自20世纪下半叶开始，特别是世纪之交的前后近30年，这所学校的一大批毕业生，目前正掌握着全中国人民的历史命运。中国未来的道路该怎么走，很大程度上要"天降大任于斯人也"。

清华，在它成长的早年，是国运衰败中的一个希望，一个梦想！

清华，在它壮丽的今天，是莘莘学子希望与梦想的摇篮！

附 录

清华大学相关资料

一、清华大学校庆日

1911 年 4 月 29 日,清华学堂在清华园正式开学,这是清华历史的开端。以后学校规定每年 4 月最后一个星期日为校庆日,遂延续至今。校庆日通常也被称为"校友返校日"。

二、清华大学校训

"自强不息,厚德载物。"

1914 年冬,清华时任校长周诒春邀请国学大师梁启超给大家演讲。梁启超以《君子》为题,引述《易经》中"天行健,君子以自强不息"及"地势坤,君子以厚德载物"勉励同学。周诒春遂将"自强不息,厚德载物"作为清华校训,直至今日。

三、清华大学传统

清华的校园文化具有悠久的历史,个性鲜明,丰富多彩,在中国众多大学中独树一帜。

清华传统:"中西荟萃、古今贯通、文理渗透。"

清华校风:"行胜于言。"这来源于 1920 级毕业纪念物——位于大礼堂前草坪南端的日晷上的铭言。"行胜于言"不是不言,而是言必求实,以行证言。

清华学风:"严谨、勤奋、求实、创新。"

四、清华大学精神

"独立之精神,自由之思想。"

1929 年 6 月 2 日,清华国学研究院导师王国维去世两周年,研究院师生在二校门北边小山下设立纪念碑。陈寅恪先生撰写碑文。这是其中最广为流传的一句,化作了一代代清华学人的精神风骨。

"清华精神"有以下 3 个特点:第一是耻不如人;第二是讲究科学;第三是重视实干。

五、清华大学校歌

1923 年前后,清华学校面向大家公开征求校歌。当时在高等科教授国文与哲学课的汪鸾翔,以其佳作"西山苍苍"应征。经校外名人审定膺选,又经张慧真配曲、赵元任编合唱,成为隽永流传、深受历代师生欢迎的佳作。

(1)

西山苍苍,东海茫茫,吾校庄严,巍然中央。
东西文化,荟萃一堂,大同爰跻,祖国以光。
莘莘学子来远方,莘莘学子来远方,
春风化雨乐未央,行健不息须自强。
自强,自强,行健不息须自强!
自强,自强,行健不息须自强!

(2)

左图右史,邺架巍巍,致知穷理,学古探微。
新旧合冶,殊途同归,肴核仁义,闻道日肥。
服膺守善心无违,服膺守善心无违,
海能卑下众水归,学问笃实生光辉。
光辉,光辉,学问笃实生光辉!
光辉,光辉,学问笃实生光辉!

(3)

器识其先,文艺其从,立德立言,无问西东。
孰介绍是,吾校之功,同仁一视,泱泱大风。
水木清华众秀钟,水木清华众秀钟,
万悃如一矢以忠,赫赫吾校名无穹。
无穹,无穹,赫赫吾校名无穹。
无穹,无穹,赫赫吾校名无穹。

六、清华大学校徽、校花与校旗

清华校徽是由 3 个同心圆构成的圆面。外环上下是英文校名;中环左右并列着"自强不息"与"厚德载物"两个词组;下面是学校成立的年份"1911"。

清华以紫荆和丁香为自己的校花;校旗亦由紫、白两色组成。紫色由红、蓝两色混合而成。红色是火焰,是中国的国色;蓝色是海水,是西土的象征。红蓝相融亦蕴涵着中西文化的会通,亦是清华的历史与文化的特征。

七、清华大学国家重点学科、国家重点实验室、排名全国第一的一级学科

国家一级重点学科22个:数学、物理学、生物学、力学、机械工程、光学工程、材料科学与工程、动力工程及工程热物理、电气工程、电子科学与技术、信息与通信工程、控制科学与工程、计算机科学与技术、建筑学、土木工程、水利工程、化学工程与技术、核科学与技术、生物医学工程、管理科学与工程、工商管理、药学。

国家二级重点学科15个:数量经济学、设计艺术学、专门史、分析化学、精密仪器及机械、环境工程、免疫学、病理学与病理生理学、内科学、皮肤病与性病学、影像医学与核医学、外科学、妇产科学、肿瘤学、麻醉学。

国家实验室2个:清华信息科学与技术国家实验室(筹)、重大疾病研究国家实验室。

国家重点实验室15个:摩擦学、智能技术与系统、生物膜与膜生物工程、集成光电子学清华大学实验区、化学工程萃取分离分室、电力系统及发电设备安全控制和仿真、微波与数字通信技术、新型陶瓷与精细工艺、汽车安全与节能、环境模拟与污染控制、精密测试技术及仪器、水沙科学与水利水电工程、医学分子生物学、分子肿瘤学、实验血液学。

排名全国第一的一级学科13个(全国总计80个):信息与通信工程、电子科学与技术、机械工程、力学、光学工程、仪器科学与技术、动力工程及工程热物理、电气工程、建筑学、水利工程、核科学与技术、艺术学、工商管理。

八、清华大学院系设置

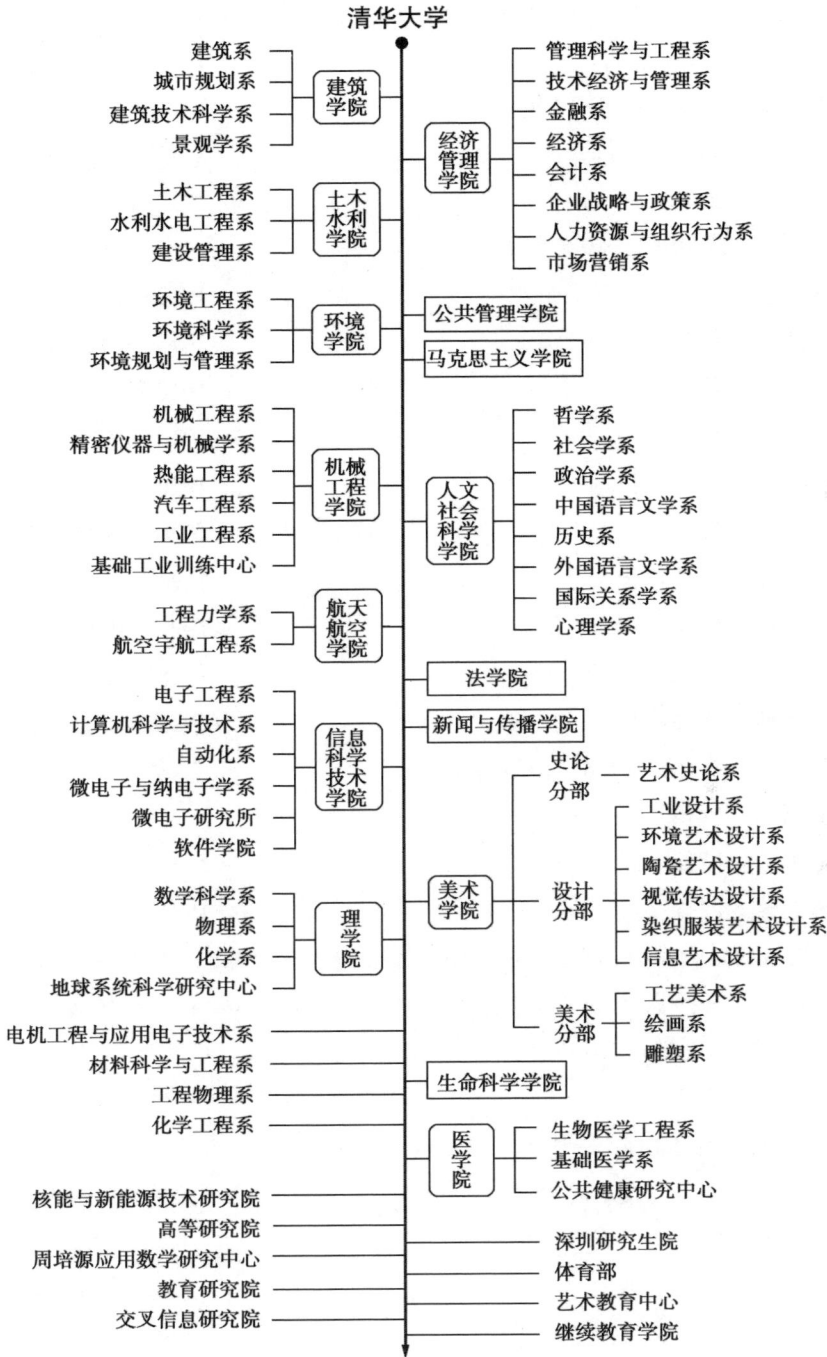

清华大学

建筑系 ── 建筑学院
城市规划系
建筑技术科学系
景观学系

土木工程系 ── 土木水利学院
水利水电工程系
建设管理系

环境工程系 ── 环境学院
环境科学系
环境规划与管理系

机械工程系 ── 机械工程学院
精密仪器与机械学系
热能工程系
汽车工程系
工业工程系
基础工业训练中心

工程力学系 ── 航天航空学院
航空宇航工程系

电子工程系 ── 信息科学技术学院
计算机科学与技术系
自动化系
微电子与纳电子学系
微电子研究所
软件学院

数学科学系 ── 理学院
物理系
化学系
地球系统科学研究中心

电机工程与应用电子技术系
材料科学与工程系
工程物理系
化学工程系

核能与新能源技术研究院
高等研究院
周培源应用数学研究中心
教育研究院
交叉信息研究院

管理科学与工程系 ── 经济管理学院
技术经济与管理系
金融系
经济系
会计系
企业战略与政策系
人力资源与组织行为系
市场营销系

公共管理学院

马克思主义学院

哲学系 ── 人文社会科学学院
社会学系
政治学系
中国语言文学系
历史系
外国语言文学系
国际关系学系
心理学系

法学院

新闻与传播学院

史论分部 ── 艺术史论系
设计分部 ── 工业设计系 ── 美术学院
环境艺术设计系
陶瓷艺术设计系
视觉传达设计系
染织服装艺术设计系
信息艺术设计系
美术分部 ── 工艺美术系
绘画系
雕塑系

生命科学学院

生物医学工程系 ── 医学院
基础医学系
公共健康研究中心

深圳研究生院
体育部
艺术教育中心
继续教育学院

九、清华大学历任领导

1.史前史时期(1909—1911 年)

周自齐	总办	1909—1911 年

2.清华学堂(1911—1912 年)

周自齐	监督	1911—1912 年
唐国安	监督	1912 年

3.清华学校(1912—1928 年)

唐国安	校长	1912—1913 年
周诒春	校长	1913—1918 年
赵国材	代理校长	1918 年
张煜全	校长	1918—1920 年
严鹤龄	代理校长	1920 年
金邦正	校长	1920—1921 年
王文显	代理校长	1921 年
曹云祥	校长	1922—1927 年
温应星	校长	1928 年
梅贻琦	代理校长	1928 年

4.国立清华大学(1928—1937 年)

罗家伦	校长	1928—1930 年
吴南轩	校长	1931 年
梅贻琦	校长	1931—1937 年

5.长沙临时大学(1937—1938 年);西南联合大学(1938—1946 年)

梅贻琦	长沙临大、西南联大校务委员会常委会主席	1937—1946 年

6.国立清华大学(1946—1948 年)

梅贻琦	校长	1946—1948 年

7.清华大学(1948 年至今)

冯友兰	校务会议临时主席	1948—1949 年
叶企孙	校务委员会主任委员	1949—1952 年
彭珮云	党总支书记	1949—1950 年
刘仙洲	院系调整筹委会主任	1952 年
何东昌	党委书记	1950—1953 年
袁永熙	党委书记	1953—1956 年

蒋南翔	校　　长	1952—1966 年
蒋南翔	党委书记	1956—1966 年
刘达	校　　长	1978—1983 年
刘　达	党委书记	1977—1982 年
高景德	校　　长	1983—1988 年
林克	党委书记	1982—1984 年
李传信	党委书记	1984—1988 年
张孝文	校　　长	1988—1994 年
方惠坚	党委书记	1988—1995 年
王大中	校　　长	1994—2003 年
贺美英	党委书记	1995—2002 年
顾秉林	校　　长	2003 年至今
陈希	党委书记	2002—2008 年
胡和平	党委书记	2008 年至今

十、清华大学名人（含师生）

在清华，有太多让我们引以为豪的学术大师、兴业之士和治国之才。他们共同构成了一个闪耀的星群，将中华大地映照得熠熠生辉。

在人文社会科学方面，清华先后诞生了一批又一批学术大师，可谓星光璀璨。他们中的代表人物有胡适、陈寅恪、梁启超、王国维、赵元任、李济、吴宓、杨树达、陈岱孙、朱自清、闻一多、曹禺、梁实秋、马寅初、李健吾、夏鼐、钱钟书、杨绛、金岳霖、潘光旦、冯友兰、熊十力、费孝通、汤用彤、徐中舒、张申府、张岱年、高亨、王力、姜亮夫、张奚若、谢国桢、刘文典、季羡林、吴晗、李方桂、张荫麟、何炳棣、杨联升、钱端升、李学勤、许国璋、王铁崖、英若诚、罗隆基、端木蕻良、陈鹤琴、贺麟、吴其昌、姚名达、陆侃如、沈有鼎、周传儒、殷海光、萧公权、唐兰、王佐良、朱光潜、朱德熙、任继愈、沈从文、钱穆、萧涤非、余冠英、林庚、胡风、浦江清、雷海宗、何兆武、于光远、俞平伯、穆旦、洪深、吴芳吉、朱湘、卞之琳、冯至、汪曾祺、何其芳等。

在自然科学方面，清华园里诞生的人才同样是济济多士。他们当中有陈省身、竺可桢、侯德榜、秉志、姜立夫、段学复、张子高、杨石先、叶企孙、周培源、钱学森、钱三强、钱伟长、茅以升、赵忠尧、王淦昌、王大珩、赵九章、邓稼先、彭桓武、陈芳允、王希季、郭永怀、林景、叶笃正、黄昆、刘东生、吴征镒、朱光亚、梁思成、林徽因、杨廷宝、饶毓泰、顾毓琇、郑桐荪、汤佩松、刘仙洲、萨本栋、李仪祉、陶葆楷、吴仲华、涂光炽、周光召、林宗棠、熊庆来、华罗庚、吴有训、丘成桐、黄万里、吴阶平、屠守锷、申泮文、唐敖庆、张光斗、马大猷、钱钟韩、高士其、马约翰、施一公、杨振宁、李政道、林家翘等。

在清华的历届校长、教务长中，有唐国安、周诒春、张伯苓、曹云祥、罗家伦、杨振声、梅贻琦、蒋南翔、刘达等贡献卓著的杰出教育家。

除此之外，清华园里还培养了大量各界精英，如胡锦涛、习近平、朱镕基、吴邦国、胡乔木、乔冠华、姚依林、吴官正、宋平、曾培炎、贾春旺、刘延东、华建敏、李刚、李蒙、王汉斌、彭珮云、丁石孙、汪恕诚、张福森、周济、叶选平、李锡铭、周小川、蒋廷黻、俞国华、孙立人等一大批领导之才，以及张朝阳、孙宏斌、方兴东等企业家，邓亚萍、伏明霞、诸宸等体育明星。

十一、清华大学校园景观

"西山苍苍，东海茫茫，吾校庄严，巍然中央。"清华大学主体校园面积近6000亩，湖光山色，林木俊秀，芳草依依，景色优雅，道路宽阔，气势磅礴。历史上，这里曾经是清代皇家园林圆明园的一部分。皇家建筑的尊贵气度、西洋建筑的诗情画意、苏式建筑的雄伟庄重、现代建筑的简洁典雅，融汇在清华的校园中。

山水花木衬托着各式建筑，是风景秀丽的清华园的特色，形成了优美、安静、宜人的育人环境。园内树木近20万株，绿化覆盖率超过50%。工字厅、古月堂、零零阁、水木清华、闻亭、自清亭、大礼堂、清华学堂、荷塘月色、近春园、新旧图书馆、二校门、西校门、新旧体育馆、天文台、科学馆、理学院、主楼、北院等新老景观，处处宜人。

清华校园以南北主干道为线分为东区、西区。西区校园为老校区，以美式的校园布局和众多西洋风格的砖石结构历史建筑为特色，大礼堂为其中心景观，图书馆(一、二、三期工程)、科学馆、清华学堂、同方部、西体育馆及新建的理学院等建筑分布其间，而原工字厅、古月堂、水木清华等古建筑，以及朱自清在《荷塘月色》中描述的近春园荒岛(即荷塘)等，则展示了中国传统的皇家园林风格。东区校园以20世纪50年代兴建的苏式主楼为主体。自90年代开始，主楼前后又新建了各院系(如建筑学院、法学院、经管学院等)大楼及逸夫科技馆、综合体育馆、游泳馆、紫荆公寓等现代风格的建筑物，雄伟大气而又安静舒适。

清华毗连北大，地处北京西北郊繁盛的园林区，是在几处清代著名皇家园林遗址上发展而成的。学校周围高等学府、名园古迹林立，园内林木俊秀，绿草青青，水光山色，景色优雅；清澈的万泉河从腹地蜿蜒流过，勾连成一处处湖泊和小溪,滋润着一代代清华学子高洁的志趣和情操。水木清华,荷塘月色,高楼挺拔,环境静谧,有大家风范。

十二、清华大学大事年表

1.史前史时期(1909年7月—1911年4月)

1909年7月20日,清朝游美学务处成立,利用美国退还的庚子赔款以考选留美学生。周自齐为总办,唐国安、范源濂为会办。

1909年9月,首次游美学生考试在北京举行,录取包括梅贻琦、金邦正、张子高、秉志等47名第一批庚子赔款留学生,不久赴美留学。

1909年9月,清华园被确定为游美肄业馆址,并开始施工修缮。

1910年8月2日,第二次留美考试举行,录取竺可桢、赵元任、胡适等70人。

2.清华学堂(1911年4月—1912年10月)

1911年1月,清朝学部批准游美肄业馆改名为清华学堂。总办周自齐和会办范源濂、唐国安分别兼任正、副监督。

1911年3月,清华学堂录取了最早的一批学生,包括侯德榜、吴宓、金岳霖等。

1911年3月30日,清华学堂中等科在工字厅举行暂开学仪式。4月1日,高等科举行暂开学仪式。4月3日,学堂暂行上课。4月29日,学堂正式宣布开学。

1911年6月,清华学堂举行第三次留美考试,选定姜立夫等63人赴美留学。

1911年8月,清华学堂第一任教务长胡敦复辞职,张伯苓继任。

1911年11月,因辛亥革命爆发,清华学堂被迫停课。

1912年5月1日,清华学堂重新开课,划归外交部。游美学务处被裁撤。

3.清华学校(1912年10月—1928年8月)

1912年10月,清华学堂改称清华学校,仍为留美预备学校性质。原学堂监督唐国安任第一任校长,周诒春为副校长兼教务长。

1913年3月,清华派选手参加在菲律宾首都马尼拉举行的第一届远东运动会,开我国学校参加国际竞技之先河。

1913年春,唐国安病逝,周诒春继任校长。周诒春主政时期,兴建了大礼堂、科学馆、图书馆、体育馆四大建筑。

1913年至1925年间的12次华北运动会,清华7次获得团体第一名。

1914 年 11 月 5 日，梁启超应周诒春邀请，向清华学生作题为《君子》的演讲。此后，清华便确定以"自强不息，厚德载物"作为校训。

1914 年起，清华间年选派专科女生 10 名留美，由公开考试决定。

1916 年，周诒春要求外交部增加学额，预备将清华改设为大学。

1917 年，清华主要建筑之一大礼堂竣工并投入使用。

1918 年 1 月 4 日，周诒春被迫辞职。此后，赵国材、张煜全、严鹤龄、金邦正、王文显先后掌校。

1919 年 5 月至 6 月，五四运动爆发，清华学子积极参与。学生领导人主要有闻一多、陈长桐、罗隆基、何浩若等，王造时、冀朝鼎等人被捕。

1920 年暑假，20 级毕业生在大礼堂前草坪南端树立日晷，后成为清华校园最著名的标志之一；日晷上所刻铭文"行胜于言"，后成为清华校风。

1920 年，清华篮球队获得华北地区大学联赛冠军。

1921 年 6 月 3 日，北京一些大专院校教职员，因北洋政府拖欠经费和薪水，至新华门请愿，遭到军警残暴殴打。6 月 10 日，清华全体学生大会通过"同情罢课案"。6 月 13 日期末大考，学生集体"蒸发"。是年辛酉级学生中有 29 人因坚持罢课，被迫留级 1 年，于翌年出洋。

1921 年 11 月 20 日，清华文学社成立。闻一多任书记，梁实秋任干事，此外还有顾毓琇、孙大雨、谢文炳（废名）、饶孟侃、杨世恩等人参加。

1922 年 4 月，外交部派曹云祥来清华主政，接替代校长王文显。

1923 年 2 月，曹云祥提出"十八年计划"，筹划将清华逐步改办为大学的具体方案。

1923 年 9 月，张彭春受曹云祥诚聘，任清华教务长。

1923 年前后，清华学校面向大家公开征求校歌。在高等科教授国文与哲学课的汪鸾翔，以其佳作"西山苍苍"应征。经校外名人审定膺选，又经张慧珍配曲、赵元任编合唱。

1924 年 4 月，《清华学报》正式创刊。

1924 年 4 月 29 日至 5 月 5 日，印度文豪泰戈尔在清华园驻留近 1 个星期，下榻工字厅，发表演讲，并与清华师生进行交流。

1925 年 5 月，清华学校大学部正式成立，并开始招生。

1925 年 7 月，清华学校设立国学研究院。四大导师梁启超、王国维、赵元任、陈寅恪先后到任，李济为讲师，吴宓为专职主任。

1925 年 9 月 1 日，清华国学研究院与大学部同时开学。国学研究院一共招生 4 届,实际完成学业 68 人。

1925 年 10 月,清华学校大学部成立普通科和专门科。

1926 年 3 月 18 日,北大、清华等校学生在天安门前举行"反对八国通牒国民示威大会"。在此后的示威游行中发生"三一八惨案",清华学生韦杰三牺牲。

1926 年 4 月 15 日,《清华学校组织大纲》颁布,宣布成立教授会。4 月 19 日,第一届清华教授会全体大会召开。梅贻琦当选为教务长,成为清华史上首位通过公选产生的教务长。

1926 年 11 月,清华第一个中共党支部正式成立,王达成为第一任支部书记。

1926 年,清华学校大学部共设 17 个系(分为文、理、法 3 个学院),其中已开出课程的有 11 个系。

1926 年,教务长梅贻琦撤科设系,把大学部改为 4 年一贯制。

1927 年 6 月 2 日,清华导师王国维自沉于颐和园昆明湖。

1927 年底到 1928 年初,曹云祥被迫离任,温应星出任清华校长,但不到两个月即下台。

4.国立清华大学(1928 年 8 月—1937 年 8 月)

1928 年南京国民政府成立,清华学校改名为清华大学。6 月 11 日,原清华教务长梅贻琦"暂代校务",听候南京国民政府接管。

1928 年 8 月 17 日,罗家伦被任命为清华校长。9 月 18 日,罗家伦正式就任国立清华大学首任校长。

1928 年 10 月 7 日,清华大学录取女生 15 人,真正实现男女同校。

1928 年 11 月,梅贻琦赴美,担任清华留美学生监督。

1928 年,罗家伦将农学、体育、音乐等系一律取消,增设地理系和土木工程系,同样分为文、理、法 3 个学院,学院之下包括 16 个系。

1929 年 5 月,在罗家伦的努力下,第二十八次国务会议通过清华大学改归教育部的决议。

1929 年 6 月 2 日,王国维去世两周年,清华国学研究院师生在二校门北边小山下设立其纪念碑。陈寅恪先生撰写碑文,其中"独立之精神,自由之思想"两句,后来便凝练成了清华精神。

1929 年上半年,原清华学校旧制生全部毕业,留美预备部随即被撤销。同时大学部第一届本科生毕业。

1929 年下半年,清华设立中国第一个综合性研究生院,下设文、理、法 3 个研究所。同时停办原国学研究院。

1930 年 5 月,罗家伦辞去清华大学校长职务。不久,阎锡山派乔万选接任,遭到清华师生反对。6 月 25 日,乔万选等人在清华西门被大家赶走。

1930 年 5 月 24 日至 7 月 10 日,叶企孙作为清华校务会议主席主持校务。

1930 年 7 月底,冯友兰代理清华校务会议主席,主持学校日常工作。

1930 年,国立清华大学研究院开始招收研究生。

1931 年 1 月,清华气象台(天文台)落成并启用。

1931 年 4 月 16 日,蒋介石派吴南轩担任国立清华大学校长。5 月 29 日,吴被迫离校。

1931 年 7 月至 9 月,清华由翁文灏"暂代校务"。

1931 年 10 月 14 日,国民政府任命梅贻琦为清华大学校长。12 月 31 日,梅贻琦来到清华就任。梅贻琦任大陆清华校长直到 1948 年 12 月。

1932 年,清华增设机械工程系、电机工程系并成立工学院。

1932 年,清华农业研究所成立。

1932 年,德国科学家冯·卡门莅临清华园讲学。

1932 年,第一届留美专科公费生考选 25 名,但不限清华毕业生。

1933 年 3 月,清华大学抗日会成立,赴东北修筑公路。

1934 年 10 月,刚从苏联回国的清华著名教授冯友兰被抓,轰动全国。

1934 年,清华航空研究所在江西南昌成立。

1934 年,清华无线电研究所在湖南长沙成立。

1934 年,蒋南翔接替牛荫冠,任中共清华支部书记。

1935 年 11 月 18 日,北平学联成立,总部设在清华园,姚依林任秘书长。

1935 年 11 月 27 日,清华全体学生大会召开,蒋南翔任主席,商量游行请愿事宜。

1935 年 12 月 3 日,蒋南翔起草《清华大学救国会告全国同胞书》。

1935 年 12 月 8 日,清华全体学生大会召开,通过全体学生参加游行示威的决议,并成立救国委员会。

1935 年 12 月 9 日至 16 日,广大清华学子参加"一二·九"爱国学生运动。

1935 年,清华研究院共设 10 个研究部。(当时全国大学共设 27 个研究部)

1936 年 1 月 4 日,清华参加南下请愿团的学生在操场集合,整装待发。

1936 年 1 月,清华提早放寒假,停止期末考试。

1936 年 2 月,梅贻琦与顾毓琇等赴湖南,与何键商洽等建湖南分校事宜。

1936 年 2 月 19 日,参与"一二·九"运动的救国委员会,与学校教授会为了上学期期终考试补考问题发生对立,教授集体辞职。23 日,校长梅贻琦处分了几个带头者,并慰留所有教授。

1936 年 2 月 29 日,大批军警闯进清华园,抓走 20 余名进步师生。

1936 年 12 月 9 日,清华评议会通过决议,确定在湖南的特种研究计划。

1936 年 12 月 28 日,清华教务长潘光旦宣布解散校园内一切学生运动。

1937 年 7 月 9 日,蒋介石邀请各界知名人士,到江西庐山举行国是问题谈话会。清华校长梅贻琦与陈岱孙、浦薛凤、顾毓琇、庄前鼎等教授应邀参加。

1937 年 8 月 5 日,日军正式占领清华园。

5.长沙临时大学(1937 年 8 月 –1938 年 2 月);西南联合大学(1938 年 3 月 –1946 年 5 月)

1937 年 8 月 28 日,国立长沙临时大学正式成立。

1937 年 9 月 10 日,长沙临大筹备委员会委员名单公布。

1937 年 10 月 25 日,长沙临大正式开学。11 月 1 日学生开始上课,此日后成为西南联大校庆日。

1937 年 11 月 15 日,长沙临大成立以梅贻琦为队长、黄钰生和毛鸿为副队长的大学军训队,对学生进行军事管理和训练。

1937 年 11 月,清华北平本部成立"平校保管委员会",以毕正宣为主席。

1937 年 12 月上旬,长沙临大设立国防工作介绍委员会。

1938 年 2 月中旬到 4 月 28 日,长沙临大从长沙搬迁到昆明,而这个过程史称"文军长征"。

1938 年 4 月 2 日,教育部发电命令:国立长沙临时大学改称国立西南联合大学,梅贻琦任联大校务委员会常委会主席。

1938 年 5 月 4 日,西南联大在昆明、蒙自两地正式开课。

1938 年 7 月,西南联大以昆明城外三分寺附近荒地为校址,修建新校舍。

1938 年 10 月,由罗庸作词、张清常谱曲的《西南联大校歌》诞生。

1938 年 11 月,西南联大聘请 36 岁的作家沈从文为教授,引起轰动。

1938 年 12 月 12 日,西南联大新设师范学院,至此共有 5 个学院。

1938 年,清华在昆明正式成立国情普查研究所、金属学研究所。

1939 年春,西南联大第一届学生自治会成立。

1939 年 3 月,中共西南联大地下支部成立。

1939 年 4 月,西南联大新校舍落成,总办公室及文、理、法商学院集中于此。

1939 年,清华研究院开始恢复招生,当年是文科研究所诸部。

1939 年,国民政府宣布庚款暂行停付,清华特种研究所仍继续维持。

1940 年 8 月,日军侵入越南,重庆政府欲让西南联大迁往四川。而联大只在四川叙永暂设分校。一年级新生及先修生在叙永上课,校本部则仍留昆明。

1940 年 11 月,西南联大成立师院附设学校。

1941 年初,蒋介石号召知识青年从军,西南联大许多学生响应。

1941 年 4 月,清华成立 30 年,师生于昆明举行纪念会,出版学报纪念专刊。梅贻琦出版教育学专著《大学一解》。

1941 年夏,西南联大叙永分校结束,学生迁返昆明上课。

1941 年 10 月,清华文科研究所正式成立于昆明司家营。

1941 年 11 月,西南联大与盟军合作于昆明成立译员训练班,并成立师范学院初级部。

1941 年,清华共设文科研究所、理科研究所和法科研究所 3 个研究所和 12 个学部,招收研究生。

1942 年 6 月,梅贻琦宣布西南联大将不再迁校。

1942 年 9 月,西南联大中文系与历史系合聘教授陈寅恪自香港脱险。

1943 年 3 月,梅贻琦邀请英国剑桥大学教授李约瑟到西南联大演讲。

1943 年 5 月,庚子赔款止付,自此清华经费改由国库拨给,特种研究所亦仍在昆明继续工作。

1943 年 8 月,清华、北大、南开 3 校研究生举行茶会,筹组研究生联合会。

1944 年 6 月,美国副总统华莱士赴西南联大参观。

1944 年 7 月,西南联大与中法大学、云南大学、英语专科学校于云大举办抗战 7 周年时事座谈会。

1944 年 11 月,日军进攻广西、贵州,西南联大发起知识青年从军演讲会,共有 189 人参军。

1945 年 4 月 4 日,西南联大学生代表大会通过了《国立西南联合大学全体学生对国是的意见》,呼吁停止一党专政,组织联合政府,增强团结抗战的力量。

1945 年 5 月,在西南联大的五四运动纪念会上,数学家华罗庚发表演讲说:"科学的基础应建立在民主上。"把"民主与科学"的五四精神更深入了一层。

1945 年 7 月,梅贻琦建议原各校文法、理工学生宜早分配,而师范学院则留昆明独立设置。

1945 年 8 月,日本无条件投降,西南联大筹办复原北返,但仍继续上课。

1945 年 9 月,梅贻琦赴重庆参加全国教育善后复原会议,任副议长。

1945 年 11 月,梅贻琦飞返北平,勘测清华园校舍。

1945 年 12 月 1 日上午,国民党云南省党部和三青团省团部、第五军政治部便衣队和军政部军官总队的数百名暴徒,分头对昆明诸校师生进行袭击,造成联大师院女学生潘琰、男学生李鲁连遇害;地质系教授袁复礼,电机系教授马大猷、钱钟韩等人被殴致伤,造成“一二·一”惨案。

1945 年底,清华成立由陈岱孙主持的接收委员会,负责接收和复原工作。

1945 年,清华诸研究所相继结束,其设备、人力等均并入有关各系。

1946 年 1 月,清华园被国民党军队“劫收”,再次蒙受劫难。

1946 年 2 月,清华部分系所勉强于北平清华园重新复课。

1946 年 5 月 4 日,西南联大举行结业典礼。

1946 年 6 月 18 日,闻一多等西南联大多位著名教授联名发表了《抗议美国扶日政策并拒绝领取美援面粉宣言》。

1946 年 7 月,清华园真正被学校收回。

1946 年 7 月 15 日,闻一多在云南大学悼念李公朴的大会上发表“最后一次讲演”,当天下午即被特务暗杀而身亡。

1946 年 7 月 31 日,西南联大宣布解体和结束。

6.国立清华大学(新中国成立前夕)(1946 年 10 月 –1948 年 12 月)

1946 年 10 月 10 日,清华、北大、南开 3 校相约同时开学。

1946 年 11 月底,梅贻琦致函在法国的钱三强,邀请其回母校任教,以主持开发核科学。

1946 年 12 月 30 日,由中共地下党组织的“抗暴运动”(抗议美国兵 12 月 24 日在东单广场强奸北大女生沈崇)在北平爆发,清华学生是主力军之一。

1947 年 5 月 20 日,在北平中共地下党组织的统一领导下,清华与兄弟院系学生共约 7000 人,举行“反饥饿、反内战”大游行。

1947 年,清华已拥有人文、法、理、工、农 5 个学院和 26 个系。

1948 年 4 月 6 日,清华和北大的教授会、教联会、职工会、工警联合会、研究生,为抗议政府无视他们要求改善生活待遇的反复呼吁,决定联合起来罢教、罢研、罢职、罢工 3 天。

1948 年 6 月 17 日,清华 110 名教师在《抗议美国扶日政策并拒绝领取美援面粉宣言》上签名。

1948 年 8 月 12 日,朱自清在贫病交加中去世。

1948 年下半年,在清华地下党组织的引导下,师生们为迎接解放做了大量准备工作。

1948 年 11 月下旬,清华开展了反对南京政府策划的强迫"迁校"斗争。

1948 年 12 月 14 日、15 日,国民党政府派专机接平津学术教育界知名人士南下。21 日,清华校长梅贻琦等少数几人离校。

7.清华大学(新中国成立至"文革"前)(1948 年 12 月—1966 年 5 月)

1948 年 12 月 15 日,清华园获得解放,成为第一个获得解放的国立大学。

1948 年 12 月 17 日,清华校务会议议决由冯友兰任临时主席。

1949 年 1 月 10 日,北平区军事管制委员会文化接管委员会主任钱俊瑞到校,正式宣布接管清华。翌日,清华训导处被撤销。清华被接管后,立即组织校制商讨委员会,讨论学制及课程改革问题。

1949 年 3 月 3 日,新清华开始上课。

1949 年 3 月,全国第一个新民主主义青年团基层组织率先在清华建立。

1949 年 5 月 4 日,军管会成立新的清华大学校务委员会,任命叶企孙等 21 人为校务委员会委员,叶企孙等 9 人为常务委员,叶企孙任主席。军管会决定,自校务委员会成立之日起,旧有行政组织即行停止活动。

1949 年 6 月 1 日,华北高等教育委员会成立。清华校务委员会主席叶企孙和常委陈岱孙被任命为华北高教会委员。

1949 年 6 月 27 日,《华北高等教育委员会关于南开、北大、清华、北洋、师大等校院系调整的决定》公布。

1949 年 6 月 28 日,根据中共北平市委的指示,清华地下党正式公开。

1949 年 9 月,清华对部分院系领导进行调整。吴晗任文学院院长兼历史系主任,金岳霖任哲学系主任。不久,吴晗当选为北平市副市长,文学院院长一职由金岳霖兼任。

1949 年 9 月下旬,中国人民政治协商会议召开,清华教授张奚若、梁思成、吴晗、费孝通等人参加。大会采纳了张奚若关于新中国国名由"中华人民民主共和国"改为"中华人民共和国"的建议。会议还通过了由清华教授梁思成、林徽因夫妇领衔的国旗设计小组的设计方案。

1949 年 9 月 27 日晚,清华师生员工在大礼堂集会,庆祝新政协成功召开,迎接中华人民共和国诞生。

1949 年 10 月 1 日下午 3 时,开国大典在天安门前举行。在国庆游行队伍中,清华走在最后压阵。

1949 年 10 月 3 日,陈毅来清华视察,并在体育馆操场上给师生作报告。

1950 年 6 月 23 日,全国政协全体会议通过了由梁思成、林徽因领衔的国徽设计小组的设计方案。

1950 年,毛泽东为清华大学手书校名。

1951 年 9 月,清华开始设立教学研究指导组。

1952 年 6 月 25 日,中央教育部成立"京津高等学校院系调整办公室"。清华教务长周培源、校务委员会常委钱伟长、何东昌加入了该办公室。27 日成立"京津高等学校院系调整清华大学筹备委员会"。

1952 年 9 月底,清华应设置的专业系和专修科最终确定下来,设有机械制造等 8 个系,共 32 个专业,还有 18 个专修科。

1952 年 11 月,蒋南翔出任清华大学校长。

1952 年 12 月 16 日,清华院系调整结束。

1952 年,清华建立专业教研组。

1952 年,清华开始聘请苏联专家。

1953 年 3 月 31 日和 5 月 31 日,蒋南翔在给中央的报告中,"希望把清华大学的学制改为 5 年制"。6 月,中央文教委员会和高等教育部批复同意。从此至 1958 年,清华本科学制为 5 年,1955 年创建的新技术专业学制为 5 年半。

1953 年,为加强学生的政治思想工作,清华在全国高校中率先建立政治辅导员制度。

1953 年,清华开始了以"学习苏联先进教育经验"为主要内容的教学改革,建立新的教学模式。至 1955 年底,大部分专业在学习苏联高等学校全部教学过程中"过了河"。

1955 年 9 月初,为研究我国高等学校中和平利用原子能方面的干部培养问题,国家高教部派遣一个代表团前往苏联考察和学习,代表团成员有清华校长蒋南翔、北大教务长周培源、清华教务长钱伟长等人。

自 1955 年至 1957 年,清华教授钱伟长、刘仙洲、梁思成、张光斗、张维、孟昭英、章名涛、吴仲华、黄文熙等人荣膺中国科学院学部委员(院士)。

1956 年,清华设立工程物理系。

1957 年,清华与国防科工委签署合作协议。

1957 年,马约翰、夏翔、王英杰等 7 位清华体育教师获得我国第一批国家级裁判员称号。

1957 年,蒋南翔提出"争取健康地为祖国工作 50 年"的口号。

1958 年 8 月 24 日,周恩来亲临在清华举办的毕业生"红专跃进展览会"。

1958 年 10 月 24 日,清华召开全校师生员工炼钢动员大会。

1959 年开始研制、1964 年投入运行的电子管计算机"911 机",是我国高校自行研制成功的第一台通用电子数字计算机,标志着清华的计算机专业在全国处于领先地位。

在 1959 年至 1966 年举办的 6 届北京市高校运动会上,清华连续取得 6 次男子团体第一名、5 次女子团体第一名的好成绩。

1960 年,清华研制出我国第一台六阶非线性小型模拟计算机。

1960 年,清华开始在北京昌平筹建原子能研究基地。

1961 年 5 月,清华通过《关于制订教育计划的若干规定》,明确提出学校的培养目标。

1961 年,清华研制出我国第一台三自由度飞行模拟实验台。

1964 年 10 月 2 日,在国庆 15 周年庆祝晚会上,清华合唱队参加在人民大会堂举行的大型音乐舞蹈史诗《东方红》的演出。

1964 年,清华研制的 2 兆瓦池式实验核反应堆达到临界,这是我国自行设计建造的首批核反应堆之一。

1965 年,清华已发展为 12 个系、40 个专业。

1965 年至 1966 年,清华研制成功晶体管小型通用数字计算机"112 机",曾到日本展出,是我国第一台在国外展出的第二代数字计算机。

8.清华大学("文革"时期)(1966 年 5 月—1976 年 10 月)

1966 年 5 月至 1976 年 10 月的"文化大革命",打乱了清华的正常秩序,教学、科研等工作几乎陷于停顿状态。

从 1965 年底批判清华校友、北京市副市长吴晗的《海瑞罢官》起,到 1966 年 5 月 16 日《中共中央通知》的发表,标志着"文革"正式开始。

1966 年 6 月 2 日,清华附中贴出署名"红卫兵"的大字报,表示"坚决将无产阶级'文化大革命'进行到底"。于是,"红卫兵"的名字不胫而走。

1966 年 6 月 13 日,中共北京市委宣布派工作组进驻清华,并宣布校长蒋南翔停职反省。

1966 年 8 月,清华学生蒯大富参与创建红卫兵组织——"清华井冈山兵团"并成为第一把手。

1966 年 8 月 24 日,清华"二校门"被该校红卫兵拆毁。

1967 年 4 月 14 日,清华红卫兵组织分裂为"井冈山总部"与"井冈山兵团

414 总部"两派,陷于无休止的争论。

1967 年 5 月 4 日,毛泽东全身塑像于"二校门"落成。这是"文革"时期全国第一座毛主席塑像。

1968 年 4 月,清华红卫兵组织的两派开始发生武斗,持续达 100 余日之久。

1968 年 7 月 27 日,工宣队进驻清华,却遭到蒯大富手下的抵抗,开枪造成 5 名工宣队员死亡、数百人受伤,史称"七二七"事件。翌日凌晨,毛泽东召见蒯大富等人,批评了他。此后武斗结束。

1969 年 1 月 25 日,由军宣队、工宣队为主组成的清华革命委员会成立。

1970 年 1 月,清华成立党委会,全面领导学校工作。

1970 年 6 月 27 日,中央批转《北京大学、清华大学关于招生(试点)的请示报告》。时年 8 月,清华开始招收第一届"工农兵学员"。

1970 年 7 月 21 日,清华大学工人、解放军毛泽东思想宣传队在《红旗》杂志发表《为创办社会主义理工科大学而奋斗》,推行"要始终以阶级斗争为主课",其成为全国高等学校的办学指导思想。

1970 年 8 月,根据《清华大学专业体制调整方案》,全校拟定设置三厂、七系、一连、一个基础课和两个分校。

1970 年底,清华本部设电力工程系、机械制造系、精密仪器系、水利工程系、建筑工程系、电子工程系、工业自动化、工程物理系、化学工程系、工程力学系 10 个系。

1973 年,清华重新开始试办研究班。

1975 年 3 月 31 日,清华开办的业余大学举行开学典礼。

1976 年 1 月,周恩来总理逝世。首都人民利用清明节,不顾"四人帮"的阻力举行悼念活动。不少清华师生也冲破封锁,步行到天安门广场献上白花。

9.清华大学(改革开放时期)(1976 年 10 月至今)

1976 年 10 月 16 日,北京市委派联络组进驻清华,恢复整顿学校的工作。

1977 年 4 月 29 日,刘达任清华党委书记兼革委会主任。

1977 年冬,全国恢复高考制度。1978 年 2 月,清华迎来了终止 10 年招生后的第一批新同学。

1978 年 3 月, 全国科学大会在北京召开。清华共有 77 项科学研究成果获奖。其中,由清华独立完成的项目 12 项,与兄弟单位合作完成的项目 65 项。

1978 年 6 月,清华取消革命委员会体制,实行党委领导下的校长分工负责制,刘达兼任校长,直至 1983 年 5 月。

1979 年,清华制定了新的 5 年制教学计划,稳定、有效地进行教学改革。

1980 年,清华提出把学校"办成高水平的中国式的社会主义大学"的目标。

1982 年 10 月,全国科技奖励大会召开,清华有 11 个项目获奖。

1982 年,清华第六次党代会召开,明确学校的办学指导方针为"一个根本、两个中心、三方面结合"。

1982 年,清华基本完成恢复与调整任务。

1984 年,清华建立中国国内第一个研究生院。

1985 年 8 月 21 日,在清华第七次党代会上,学校明确提出"建设世界一流大学"的奋斗目标。

1985 年,清华建立中国国内第一个继续教育学院。

1993 年,清华成为首批"211 工程"重点大学。

1995 年,清华提出"综合性、研究型、开放式"的办学模式与思路。

1998 年,清华成为首批"985 工程"重点大学。

1999 年,原中央工艺美术学院并入清华,更名为清华大学美术学院。

2001 年 4 月 29 日,江泽民、朱镕基、胡锦涛、李岚清等中央领导来清华视察指导工作,并参加庆祝建校 90 周年大会。

2003 年初,清华进一步明确了"三个九年,分三步走"的总体战略计划。

2003 年底,美籍华裔著名科学家杨振宁返归清华园,回北京定居。

2006 年,中国协和医科大学更名为"北京协和医学院——清华大学医学部"。

2009 年,清华复建国学研究院。

2009 年,英国《泰晤士报·高等教育增刊》为世界大学排名,清华总排名为世界第四十九名,位列中国大陆高校第一名。

2009 年,中央教育科学研究所高等研究中心的中国大学排行榜出炉,清华位列大陆高校第一名。

2011 年 4 月 24 日,清华大学诞辰 100 周年。